Die Reise in die Vergangenheit

Ein geschichtliches Arbeitsbuch

Von Hans Ebeling
und Prof. Dr. Wolfgang Birkenfeld

Bearbeitet von:
Michael Gollert – Martin Mirwald – Dr. Volker Punzel –
Gabriele Reißmann – Uta Usener – Anke Walzer-Mirwald

Band 1

westermann

Druck A^8/Jahr 2014
Alle Drucke der Serie A sind im Unterricht parallel verwendbar.

Redaktion: Dr. Christina Kupffer
Typographisches Konzept: Thomas Schröder
Layout und Herstellung: Sandra Grünberg
Umschlaggestaltung: Thomas Schröder
Satz: Henry N., Braunschweig
Druck und Bindung: westermann druck GmbH, Braunschweig

ISBN 978-3-14-**140726**-6

Liebe Schülerinnen und Schüler,

vor euch liegt euer neues Buch für das Fach Geschichte. Es will euch zu einer „Reise in die Vergangenheit“ einladen. Aus ihm könnt ihr jede Menge spannende und interessante Dinge erfahren, z. B. wer unsere Vorfahren waren, wie die Ägypter ihre Toten zu Mumien einbalsamierten und wie Caesar seinen Lorbeerkranz verdient hat.

Dieses Buch soll euch helfen, selbstständig Geschichte zu entdecken. Wir, die Autorinnen und Autoren dieses Buches, haben dazu viele Bilder und Texte zusammengestellt, die vom Leben der Menschen in früheren Zeiten berichten.

Für eine Reise benötigt ihr eine geeignete Ausrüstung. Euer Buch bietet euch verschiedene Hinweiszeichen. Sie helfen euch, euch bei eurer Reise in die Vergangenheit zurechtzufinden.

Arbeitsaufträge Die Arbeitsaufträge leiten euch dazu an, Texte und Abbildungen auszuwerten und die Zusammenhänge zu verstehen.

i Hier werden euch unbekannte Begriffe und schwer verständliche Wörter erklärt.

M1 Der Buchstabe M bezeichnet alle Materialien, die den Autorentext und die Quellen ergänzen.
M kann ein Bild, eine Karte, eine Zeichnung oder eine Tabelle sein.

Q1 In diesen Texten haben Menschen lange vor unserer Zeit ihre Gedanken aufgeschrieben. Diese Texte müsst ihr genauer untersuchen.

METHODE Hier stellen wir euch Methoden des Faches Geschichte vor. Mit diesen Seiten könnt ihr lernen, wie man eine Karte auswertet, eine Quelle untersucht usw.

PROJEKT Auf diesen Seiten findet ihr Anregungen zum Ausprobieren, Selbermachen und Entdecken. Ihr könnt z. B. mittelalterliche Spuren in eurem Wohnort suchen.

Damit ihr euch vorstellen könnt, mit welchen Schwierigkeiten die Menschen zurechtkommen mussten, erzählen wir euch in einigen Kapiteln vom Alltag der Menschen. Obwohl wir uns bemüht haben, dafür alles ganz genau zu erforschen, sind diese *Geschichtserzählungen* keine historischen Quellen.

Im Anhang findet ihr ein Register und Worterklärungen, mit denen ihr die wichtigsten Begriffe und Namen noch einmal nachschlagen könnt.

INHALT

Geschichts-
koffer

Erste Begegnungen mit Geschichte

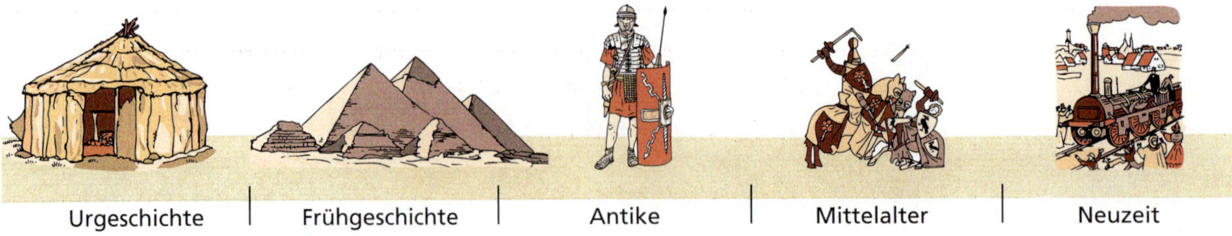

M1 *Einteilung in Epochen.*

Geschichte und Zeit

Die Zeit einteilen und darstellen

Warum leben wir im 21. Jahrhundert? Geschichtsforscher berechnen das erste Jahrhundert vom Jahr 1 bis zum Jahr 99, das zweite Jahrhundert von 100 bis 199. Das 21. Jahrhundert umfasst also die Jahre 2000 bis 2099.

Im Fach Geschichte beschäftigst du dich damit, wie die Menschen früher gelebt und gehandelt haben und welchen Einfluss dies auf das heutige Leben hat. Geschichte begegnet dir also jeden Tag. Die Geschichte der Menschheit beginnt vor rund drei Millionen Jahren.

Epochen

Damit wir uns besser in der Geschichte orientieren können, teilen wir die Zeit in *Epochen* ein. Die erste Epoche der Menschheitsgeschichte, in der es noch keine Schrift gab, umfasst die *Urgeschichte*. Die zweitälteste Epoche, in der sich die Schrift entwickelte, nennt man *Frühgeschichte*. Bis zum Untergang des Römischen Reiches dauerte die *Antike*. Daran schließt sich das *Mittelalter* an, das ungefähr bis zur Entdeckung Amerikas reicht. Danach beginnt die Neuzeit, die sich bis in die Gegenwart erstreckt.

i

Epochen: Historiker teilen die Vergangenheit in größere Zeitabschnitte ein.
Urgeschichte
bis 3000 v. Chr.
Frühgeschichte
3000 v. Chr. bis 500 v. Chr.
Antike
500 v. Chr. bis 500 n. Chr.
Mittelalter
500 n. Chr. bis 1500 n. Chr.
Neuzeit
ab 1500 n. Chr.

Zeitleiste

Aber wie können wir die Ereignisse der Geschichte ordnen? Wie können wir veranschaulichen, was früher da war: erst ein Holzrad oder erst ein Auto? Eine solche Orientierungshilfe für die Ereignisse kann eine *Zeitleiste* sein. Mit ihr kann man geschichtliche Ereignisse ordnen und anschaulich darstellen. Die Zeitrechnung nach dem Geburtsjahr von Jesus Christus als Jahr 1 wurde im Jahr 532 n. Chr. festgelegt. Auf einer Zeitleiste werden alle Ereignisse nach Christi Geburt rechts von dem Eintrag „Christi Geburt", alle Ereignisse davor links von diesem eingetragen. Wenn entschieden ist, welcher Zeitabschnitt dargestellt werden soll, legt man die Abstände der Ereignisse gleichmäßig fest. Dabei muss der festgelegte Maßstab sinnvoll sein: 1 cm für 10 Jahre, die 10er-, 50er- und 100er-Striche kann man zur Orientierung etwas höher zeichnen.

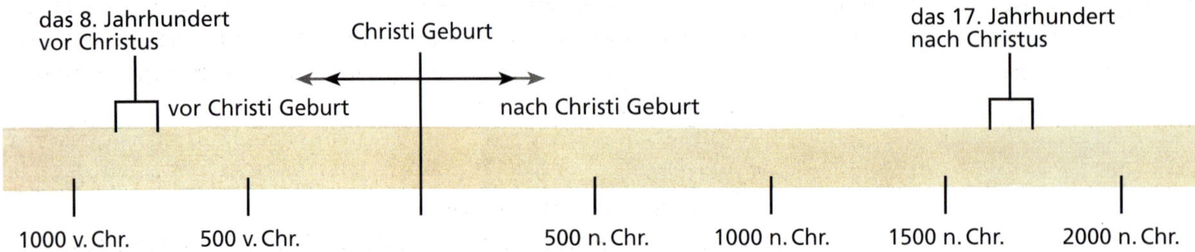

M2 *Zeiteinteilung.*

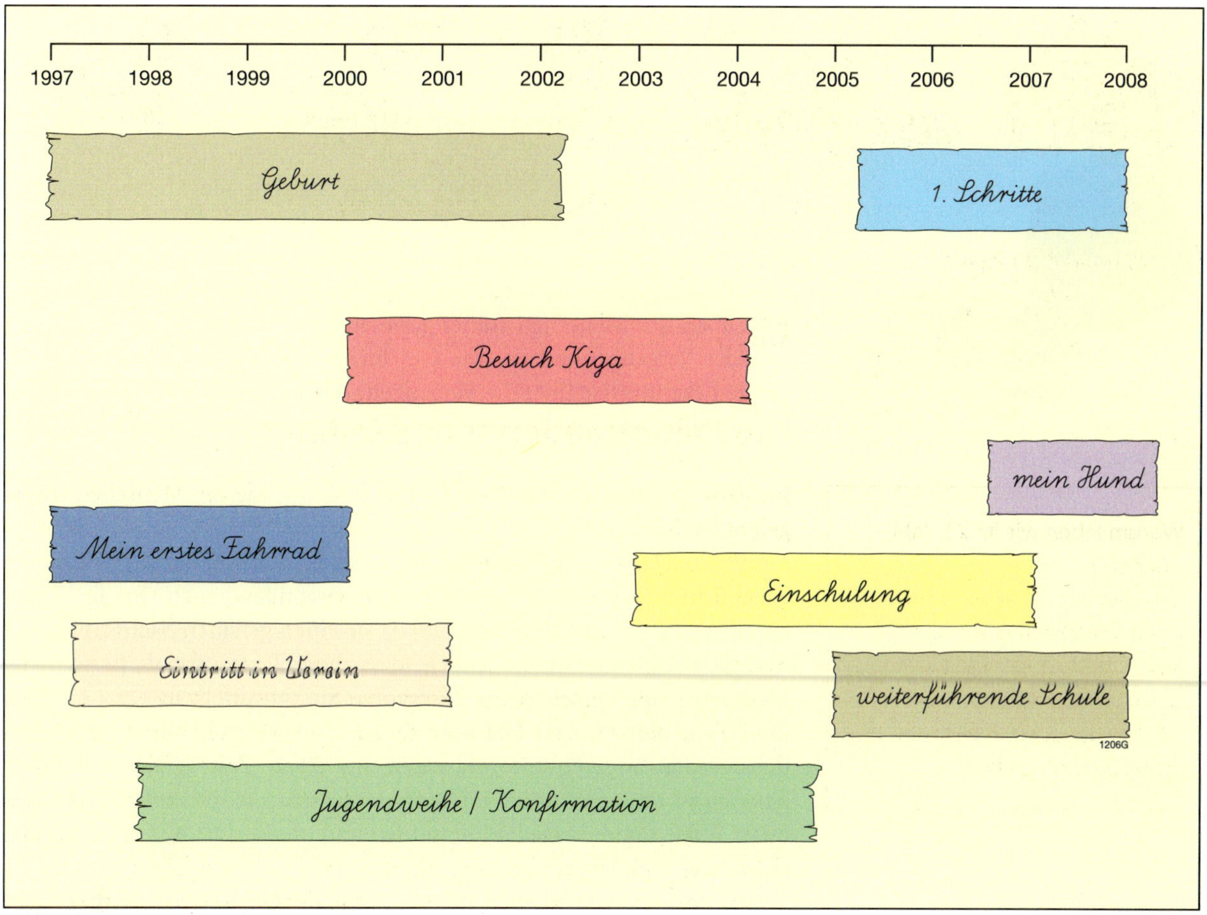

M3 *Material für eine Zeitleiste.*

M4 *Stationen meines Lebens.*

Deine Geschichte

Auch du hast eine Geschichte – die Geschichte deiner Familie beziehungsweise die Geschichte deines Lebens …

Wenn du Informationen und Ereignisse aus deinem Leben heraussuchst, wirst du feststellen, dass bereits jetzt eine Menge Material zusammenkommt, und so kannst du erahnen, wie schwierig die Arbeit der Geschichtswissenschaftler ist. Auch deine Geschichte und die deiner Familie wird von der Umgebung sowie früheren und heutigen Ereignissen geprägt.

Arbeitsaufträge

1. Plane deine persönliche Zeitleiste.
   a) Wähle eine entsprechende Form, z. B. Wandzeitung oder Hefter etc.
   b) Denke dabei an deine Geburt, dein Aufwachsen, den Besuch des Kindergartens, die Einschulung, den Eintritt in den Sportverein … M3 gibt dir Anregungen.
   c) Unterteile die Zeitleiste in Abschnitte mit gleich großen Abständen.
   d) Schreibe unter jeden Strich eine Jahreszahl, ganz links das Jahr, mit dem du anfangen willst.
2. Gestalte deine persönliche Zeitleiste mit Fotos, Postkarten, Zeichnungen …

Orientierung in der Geschichte

Zeugen der Vergangenheit

M1 *Römische Münzen.*

Das Vergangene hat vielfältige Spuren hinterlassen. Schmuckstücke, Briefe, Fundamente von menschlichen Siedlungen, Gräber, Urkunden berichten uns über Vergangenes. Diese Überlieferungen aus der Geschichte nennt man *Quellen*. Sie sind die Grundlage für unser Wissen darüber, wie das Leben der Menschen früher gewesen sein könnte. Diese Vorstellung von der Vergangenheit ist „die Geschichte". Historiker versuchen, gesicherte Erkenntnisse über die Vergangenheit zu gewinnen. Dazu sammeln sie geschichtliche Quellen und werten sie aus. Es gibt verschiedene Arten von Quellen.

Textquellen

Schriftliche Quellen (Textquellen) sind Texte, zum Beispiel: Urkunden, Tagebücher, Verträge, Inschriften und besonders auch Briefe. Diese Quellen sind für uns sehr nützlich, da sie einen genauen Sachverhalt vermitteln. Problematisch ist jedoch, dass diese Texte oftmals persönliche Meinungen und Interessen wiedergeben. Sie vermitteln uns erst ein Bild ihrer Zeit, wenn wir sie gedeutet haben. Dazu müssen wir sie mit möglichst vielen anderen Informationen aus dieser Zeit vergleichen. Jeder neue Fund verändert unser Bild von der Geschichte. Deshalb müssen wir unser Wissen immer wieder überprüfen und uns kritisch mit den Informationen der Quellen auseinandersetzen.

Da die alten schriftlichen Quellen oftmals sehr wertvoll sind, werden sie in Bibliotheken und Archiven aufbewahrt. In der Vergangenheit gab es verschiedene Schreibmaterialien, so wurde auf *Papyrus*, Stein, Ton und Metall geschrieben.

i

Papyrus: Schreibmaterial in Blatt- und Rollenform; besteht aus zwei Lagen kreuzweise aufeinandergepresster Streifen des Stängelmarks der Papyrusstaude.

Mündliche Überlieferungen geben ein sehr persönlich beeinflusstes Bild von der Vergangenheit. Sie werden von Generation zu Generation durch Erzählen weitergegeben. Hierzu gehören Sagen und Mythen sowie Erinnerungen und Geschichten vom Leben der Menschen.

M2 *Faustkeil – ein Werkzeug aus der Steinzeit.*

M3 *Mittelalterliche Urkunde, 1361.*

M4 *Meine Großeltern.*

Bildquellen

Bildquellen sind zum Beispiel Grafiken, Karten, Zeichnungen und Fotografien. Die älteste ist die Höhlenmalerei, die du im Kapitel „Aus den ältesten Zeiten der Geschichte“ kennenlernst. Durch die Entwicklung der modernen Medien (Fotografie, Film, Fernsehen, Video) ist diese Quellenart sehr umfangreich.

Sachquellen

Sachquellen sind gegenständliche Quellen, dazu gehören unter anderem Gefäße, körperliche Reste, Knochen, Münzen, Werkzeuge oder Baudenkmäler. Je weiter wir die Geschichte zurückverfolgen, desto mehr müssen wir suchen, um auf Sachquellen zu stoßen. Mauerreste, Werkzeuge und vieles mehr verbergen sich oft vor unseren Augen und müssen erst ausgegraben werden.

M5 *Das Brandenburger Tor, Berlin.*

M6 *Vasenmalerei.*

Arbeitsaufträge

1. Nenne die verschiedenen Quellenarten.
2. Erkläre die Bedeutung geschichtlicher Quellen für die Erforschung der Geschichte.
3. Erkläre, warum es notwendig ist, eine Quelle kritisch zu untersuchen.
4. Ordne die Abbildungen von der Auftaktdoppelseite den verschiedenen Quellenarten zu.
5. Suche verschiedene Quellen, die für künftige Historiker interessant sein könnten. Welche Informationen geben sie?
6. Stellt selber einen Geschichtskoffer für eure Klasse zusammen.

Eine Geschichtserzählung

Spuren der Geschichte im Kuhstall?

Sommer 2005: Eines Tages im August wollte Jens gemeinsam mit seinem Großvater Paul, der in einem kleinen Dorf bei Brandenburg lebte, eine Leitung für den Kuhstall neu verlegen. Der Großvater hatte sich bei einem Nachbarn einen kleinen Bagger geliehen, mit dem er plötzlich auf heftigen Widerstand stieß – die Schaufel des Baggers steckte fest! Trotz mehrerer Versuche kam der Großvater weder vor noch zurück. Was sollten sie tun? Jens und sein Großvater schauten nach. Aber was war das? Eine Mauer?

Großvater Paul erinnerte sich, dass in seiner Kindheit ganz in der Nähe Reste einer frühen menschlichen Siedlung gefunden worden waren. Hatten sie etwa einen weiteren Teil entdeckt? Nicht nur Jens war ganz aufgeregt. Der Großvater beschloss, die Arbeit zu unterbrechen. Es sei besser, an der Fundstelle nichts mehr zu verändern, damit sie nicht unbeabsichtigt wichtige Spuren der Vergangenheit zerstörten, sagte er zu Jens. Großvater Paul rief beim Brandenburgischen Amt für Landesdenkmalpflege an und berichtete den *Archäologen* von seinem Fund.

i

Archäologen: Wissenschaftler, die sich mit dem Aufspüren, Ausgraben und Auswerten von Bodenfunden beschäftigen.

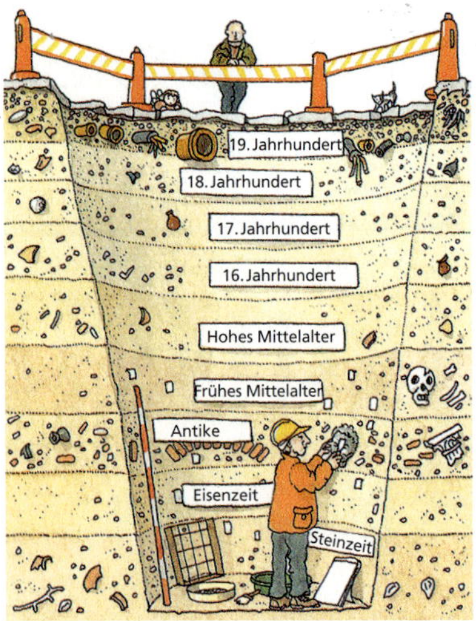

M1 *Altersbestimmung von Funden durch die Lage in den Erdschichten.*

M2 *Archäologen und Archäologinnen bei der Arbeit.*

Die Archäologen bei der Arbeit

Einige Tage später kamen zwei Archäologen und ließen sich von Großvater Paul erzählen, was er gemeinsam mit Jens gefunden hatte. Bevor sie selber anfingen zu graben, liefen sie mit langen Schnüren und vermaßen das Gelände genau. Mit diesen Vorbereitungen würde es später leichter sein, Funde und ihre Fundorte genau zu kennzeichnen. Danach begannen sie, um den festgefahrenen Bagger herum, Schicht für Schicht die Erde abzutragen. Dabei arbeiteten sie sehr vorsichtig und benutzten anstelle von Bagger und Schaufel Pinsel und andere kleine Hilfsgeräte als Arbeitsmittel, die Jens an seinen letzten Besuch beim Zahnarzt erinnerten. Immer wieder unterbrachen die beiden Archäologen ihre Arbeit, um kleine Zeichnungen anzufertigen oder Fotos zu machen, damit sie später bei den Auswertungen der einzelnen Gegenstände nichts verwechseln.

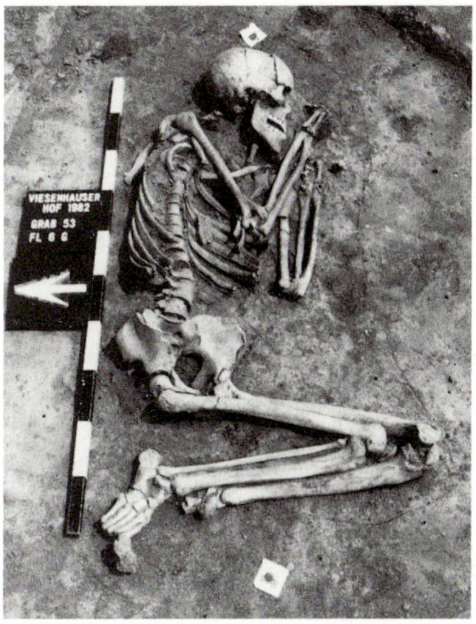

M3 *Ein archäologischer Fund. Der Tote ist in Schlafstellung als „Hocker" bestattet. Ca. 4000 v. Chr.*

Auswertung der Funde

Nach zwei Stunden hatten die Archäologen die Mauerreste vollständig freigelegt und untersuchten deren Alter. Dabei stellten sie fest, dass diese nicht aus der frühen menschlichen Siedlung sein konnten, von der Großvater Paul erzählt hatte. Wahrscheinlich waren es Reste eines alten Schuppens, der Anfang des 18. Jahrhunderts gebaut worden war. Jens war zuerst enttäuscht, doch als die Archäologen ihm einige beschriftete Ziegelsteine zeigten und ihm versprachen, Luftbildaufnahmen von den letzten Grabungen in der Gegend zu schicken, war er doch stolz.

Luftbilder geben Aufschluss

Die Abbildung M4 zeigt, wie die Archäologen und Archäologinnen die moderne Technik zum Auffinden von Funden einsetzen können. Bei der Suche nach den im Erdboden verborgenen „Schätzen" werden moderne Hilfsmittel eingesetzt wie zum Beispiel Luftaufnahmen aus dem Flugzeug. So finden die Wissenschaftler auf diesem Weg Grundrisse von Siedlungen, Friedhöfen, Gräben von Befestigungsanlagen oder Fundamente von Steingebäuden. Der Erdboden hat zwar alle Überreste zugedeckt, und Pflanzen haben alle Spuren überwachsen, doch vom Flugzeug aus erkennt man helle und dunkle Linien, die vom flachen Gelände aus gar nicht sichtbar sind. Darunter verbirgt sich etwas vom Menschen Geschaffenes.

M4 *Aus der Luft noch heute erkennbar: Reste eines römischen Landhauses im Kreis Euskirchen in Nordrhein-Westfalen, erbaut Anfang des 3. Jahrhunderts nach Christus.*

Arbeitsaufträge

1. Beschreibe die Arbeit der Archäologen. Nutze dabei auch die Abbildungen.
2. Stellt euch vor, ihr entdeckt in 1000 Jahren euer Klassenzimmer.
   a) Was findet ihr?
   b) Welche Hinweise könnt ihr aus den Funden über die Menschen dieser Zeit ziehen?
3. Schreibt über euren Fund einen Bericht für die Lokalzeitung!

M1 *Gegenstände aus Bronze, um 750 v. Chr.*

Geschichte und Museum

Wo wird Geschichte aufbewahrt?

Fast in jeder Stadt gibt es heute ein Museum und in den größeren Städten sogar mehrere. Dort werden solche Zeugnisse der Geschichte gesammelt, aufbewahrt und ausgestellt, wie sie auf den Seiten dieses Kapitels gezeigt werden. Oftmals können die Jugendlichen, aber auch die Erwachsenen nicht verstehen, dass die aufbewahrten Sachen viel zu erzählen haben. Sie haben doch keine Stimme!

Tore zu Entdeckungsreisen

In Museen werden die gefundenen Gegenstände zum „Sprechen" gebracht. In Ausstellungen mit anderen Gegenständen kombiniert, weisen sie dem Besucher den Weg, wo und wie er das Tor zur Geschichte aufstoßen und die Entdeckungsreise in die Vergangenheit beginnen kann. Vieles, was zuvor rätselhaft war, wird bei einem Museumsbesuch verständlicher. Auf zahlreiche Fragen kann man hier eine Antwort finden. Aber auch Geheimnisse sind zu entdecken. Es gibt viele verschiedene Arten von Museen, z.B. Heimat-, Stadt- oder Landesmuseen, historische, technische oder naturkundliche Museen. Oft verraten schon ihre Namen, welche Zeugnisse der Geschichte sie sammeln, aufbewahren und ausstellen.

In Dörfern und kleinen Orten warten Heimatstuben auf Besucher. Freilichtmuseen laden in alte Bauernhäuser oder Handwerksbetriebe ein. Ganz nah ist dort zu erleben, wie die Menschen einst lebten und arbeiteten.

M2 *Das Freilichtmuseum in Diesdorf (Sachsen-Anhalt) zeigt, wie die Bauern früher gelebt haben.*

Einen Museumsbesuch planen

1. Wählt ein Museum in eurer Umgebung aus, das ihr besuchen wollt.
2. Sammelt Informationen darüber, was das Museum zeigt.
3. Erarbeitet Fragen, auf die euch der Besuch in dem Museum Antwort geben kann.
4. Bildet Gruppen und verteilt Arbeitsaufträge.
5. Besprecht den technischen Ablauf: Zeitpunkt, Verhalten im Museum.
6. Wertet eure Ergebnisse in der Klasse aus.

Museen in der näheren Umgebung

In den großen Städten wie Berlin, Leipzig, Dresden oder Halle gibt es Museen, die sich auf ein bestimmtes Thema spezialisiert haben.

Das Verkehrsmuseum in Dresden informiert z. B. über die Entwicklung der Eisenbahn, des Autos, des Luftverkehrs und der Schifffahrt. Hier kann man z. B. Triebwerke und auch Flugzeuge in Originalgröße bestaunen. Es gibt aber auch Museen, die die Besucher in die jüngste vergangene Geschichte unseres Landes entführen. Im Zeitgenössischen Forum in Leipzig erlebt der Besucher eine Zeit nach, in der es kein einheitliches Deutschland gab. Hier kann neben dem politischen Leben das Alltagsleben der Menschen in den zwei deutschen Staaten erforscht werden. Häufig wechselnde Ausstellungen z. B. über die Jugendkulturen in den beiden deutschen Staaten oder die verschiedenen Musikrichtungen zeigen den Besuchern, wie spannend Geschichte sein kann.

Experimentieren im Museum

Die meisten Museen haben sich heute auf den Besuch von Schüler- und Jugendgruppen eingestellt. In ihnen können die Besucher basteln, experimentieren und Situationen aus dem Leben der früheren Menschen nachempfinden. Arbeitsbögen zur Erkundung des Museums stehen beim Museumsbesuch zur Verfügung. Und wer etwas ganz besonders erleben will, lässt sich von einem Museumsführer oder einer Museumsführerin in die Geheimnisse der Ausstellungen einweihen.

Wer es moderner mag, kann mit einem elektronischen Audio-Guide eigenständig auf Entdeckungsreise gehen. Mit diesem Gerät kann man Kommentare zu den ausgestellten Dingen hören.

M3 *Schülerinnen stellen Faustkeile her.*

Arbeitsaufträge

1. Stelle zusammen, welche Museen oder Ausstellungen du kennst.
2. Schreibe für deine Mitschülerinnen und Mitschüler Empfehlungen für ein Museum. Gib ihnen Begründungen, warum sie gerade dieses Museum besuchen sollten.
3. Plant gemeinsam einen Museumsbesuch. Nutze dazu die Tipps.

M1 *Gilgamesch tötet Chumbaba, den dämonischen Wächter des Zedernwalds. Relief, um 2000 v. Chr.*

M2 *Statue des Gilgamesch, um 700 v. Chr.*

Sagenhafte Geschichten

Ein Epos erklärt die Unsterblichkeit

Gilgamesch war ein sagenhafter König, der über die Stadt Uruk am Fluss Euphrat herrschte. Er soll um 2600 v. Chr. gelebt haben und gehörte dem Volk der Sumerer an, das im Raum des heutigen Irak lebte.

Über diesen sagenhaften König berichtet die älteste Überlieferung der Menschheit. Sie ist noch heute aktuell und faszinierend, da sie alle Themen berührt, die die Menschen seit jeher bewegen: Neben Freundschaft, Liebe und Erfolg geht es auch um den Tod und die vergebliche Suche nach dem ewigen Leben. Berichtet wird über die heldenhaften Taten Gilgameschs und seine Freundschaft zu Enkidu, mit dem er viele Abenteuer besteht. Der Tod Enkidus trennt die beiden und lässt einen traurigen Gilgamesch zurück, der sich die Frage nach dem Sinn des Lebens stellt.

Überliefert ist das *Epos* von Gilgamesch auf zwölf Tontafeln, von denen die älteste über 4 000 Jahre alt ist. Einige davon kann man heute im Vorderasiatischen Museum in Berlin besichtigen.

i

Epos: Heldengedicht

M3 *Rekonstruktion von Uruk. So könnte die Stadt zur Zeit Gilgameschs um 2600 v. Chr. ausgesehen haben. In der Mitte der Stufentempel der Göttin Inanna. Die riesige Stadtmauer von 9 km Länge soll Gilgamesch errichtet haben.*

Arbeitsaufträge

1. Erzähle das Gilgamesch-Epos in deinen Worten.
2. Beschreibe, wie sich die Götter den Menschen gegenüber verhalten.
3. Erkläre, warum Gilgamesch es aufgibt, über Leben und Tod zu grübeln.

Buchtipp:
Edgar Pusch: Der kleine Gilgamesch. Zabern-Verlag, Mainz, 3. Auflage 2000.

Q1 *Das Gilgamesch-Epos berichtet:*

In der Stadt Uruk herrschte vor 4500 Jahren der mächtige König Gilgamesch. Er zwang die Einwohner zu schwerer Bauarbeit und ließ sie Tag und Nacht an der Stadtmauer schuften. Da beklagte sich das Volk bei den Göttern, die beschlossen, die Menschen von Gilgamesch zu befreien. Sie schufen daher einen starken Tiermenschen und nannten ihn Enkidu.
Enkidu lebte tief im Wald. Er hielt Freundschaft mit den Tieren und schützte sie vor Jägern. Eines Tages machte er sich nach Uruk auf und forderte Gilgamesch zum Kampf heraus. Doch konnte keiner den anderen besiegen. Da wurden sie treue Freunde und vollbrachten gemeinsam viele Heldentaten. So töteten sie Chumbaba, den dämonischen Wächter des Zedernwalds im Libanon.
Zurück in Uruk erklärte Inanna, die Schutzgöttin der Stadt, Gilgamesch ihre Liebe. Doch der wies ihr Angebot zurück. Voller Zorn schickte Inanna den riesigen Himmelsstier gegen Gilgamesch aus. Doch dank Enkidus Hilfe konnte er den Stier erstechen. Als Strafe beschlossen die Götter den Tod Enkidus. Als er spürte, dass er sterben musste, nahm er Abschied von seinem Freund. Gilgamesch beweinte ihn lange.
In seiner Furcht vor dem Tod reiste Gilgamesch zu seinem Ahnen, dem König Utnapitschin, von dem er das Geheimnis des ewigen Lebens zu erfahren hoffte. Auf dem Weg überwand er tiefe Finsternis und das „Wasser des Todes". Utnapitschin aber weigerte sich, ihm das Geheimnis der Unsterblichkeit anzuvertrauen. Er sagte: „Wer lebt, der stirbt!" Nur eins erfuhr Gilgamesch: Das „Kraut des ewigen Lebens" wachse auf dem Meeresgrund. Da stürzte er sich ins Meer. Als Gilgamesch aus der Tiefe auftauchte, hielt er die Wunderpflanze in der Hand. Doch beim Baden kroch eine Schlange heran und verschlang sie. Mit leeren Händen kehrte Gilgamesch nach Uruk zurück. Er gab es auf, über Leben und Tod zu grübeln und machte Uruk groß, stark und reich.

Eigene Erzählung

(M1) *Demeter und Persephone schicken einen Boten, der den Menschen den Ackerbau beibringen soll. Relief, um 430 v. Chr.*

i

Mythos: Alte Erzählung von den Ursprüngen und dem Wirken der Götter.

Ein Mythos erklärt die Jahreszeiten

Demeter

Das Werden und Vergehen der Natur hat die Menschen schon in alten Zeiten beschäftigt. Besonders die Bauern waren davon betroffen, denn Aussaat und Ernte erfolgten in einem ewigen Kreislauf, der günstige Witterung erforderte. Viele der frühen Völker stellten sich die Erde als mütterliche Göttin vor, die den Feldern Fruchtbarkeit schenkt und das Korn wachsen und reifen lässt.

Die Griechen nannten diese Erdgöttin *Demeter*. Sie war eine Schwester des mächtigen Gottes Zeus und beschützte den Ackerbau. Nicht nur die Bauern verehrten sie, sondern auch die Frauen, die sich von ihr Fruchtbarkeit erhofften.

Demeter stand bei den Griechen im Mittelpunkt eines großen *Mythos*. Er handelt von der Entführung ihrer Tochter Persephone durch Hades, den Gott der Unterwelt. Als die verzweifelte Demeter erfuhr, wo sich ihre Tochter befand, verließ sie den Olymp und zog sich in Schmerz und Einsamkeit zurück. Damit verschwand alle Fruchtbarkeit von der Erde und es wurde kalt. Die Menschen mussten hungern. Vergeblich versuchte Zeus die Göttin milde zu stimmen. Schließlich zwang er Hades zur Rückgabe der Entführten. Seitdem bleibt Persephone neun Monate des Jahres bei ihrer Mutter in der Oberwelt und auf den Feldern blühen und reifen die Früchte. Dann aber geht sie für drei Monate zu ihrem Mann Hades in die Unterwelt zurück und Demeter zieht sich in dunklen, kalten Schmerz zurück.

(M2) *Hades entführt Persephone, die Tochter der Demeter, auf einem Pferdegespann. Gemälde, 1595.*

M3 *Demeter und Persephone betrachten eine Blume. Relief um 470 v. Chr.*

Q1 *Der Demeter-Mythos:*

Persephone war die einzige Tochter der Erdgöttin Demeter. Einst spielte sie mit ihren Freundinnen auf einer Wiese und pflückte Lilien, Rosen und Hyazinthen. Das beobachtete Hades, der Gott der Unterwelt, und verliebte sich in sie.
Er öffnete eine große Erdspalte und stieg mit einem Pferdegespann empor. Dann ergriff er Persephone und entführte sie auf einem goldenen Wagen in die Tiefen seines finsteren Reiches. Lange Zeit suchte Demeter ihre Tochter vergeblich, bis sie schließlich vom Sonnengott Helios erfuhr, was geschehen war. Wütend schwor sie, dass die Erde keine Gaben mehr hervorbringen solle, bis ihre Tochter zurückgekehrt sei. Sie ließ die Natur verdorren, bis keine Blume, kein Baum, kein Getreide mehr wuchs, und die Erde mit jedem Tag trostloser wurde. Demeter selbst streifte verzweifelt als alte Frau über das Land.
Schließlich entschied Zeus, dass sich das ändern müsse. Er bat alle Götter um Vermittlung, doch bestand die zornige Demeter darauf, dass ihre Tochter zu ihr zurückkehren müsse. So entschied Zeus, dass Hades Persephone zurückgeben müsse, sofern sie in der Unterwelt noch nichts gegessen habe.
Hades hörte von dem Urteilsspruch und überredete Persephone dazu, einige Kerne des Granatapfels zu essen – ein traditionelles Zeichen für Fruchtbarkeit und Hochzeit. Da Demeter wütend war und Hades frohlockte, musste Zeus nun einen Kompromiss finden. Nach langen Verhandlungen einigte man sich schließlich auf folgende Lösung: Persephone durfte neun Monate eines jeden Jahres bei ihrer Mutter Demeter auf der Erde verbringen. Das war die Zeit von Frühjahr bis Herbst, in der Demeter alles wachsen und reifen ließ. Nach der Erntezeit musste Persephone für drei Monate zu Hades zurück und als Königin die Unterwelt regieren. In dieser Zeit trauerte Demeter, die Pflanzen und Früchte starben und der Winter kehrte ein.

Eigene Erzählung.

Arbeitsaufträge

1. Erkläre, warum sich viele Völker die Erde als eine mütterliche Frau vorstellen.
2. Welche Vorgänge versucht der Demeter-Mythos zu erklären?
3. Erläutere, wie sich der Wechsel der Jahreszeiten im Demeter-Mythos widerspiegelt.
4. Recherchiert Informationen, wie sich die Griechen die Unterwelt vorstellten. Warum wird das Reich des Hades als „finsteres Reich“ bezeichnet?
5. Wenn du in die Unterwelt hinabsteigen könntest – wovor hättest du Angst?
6. Erzähle den Mythos der Demeter einmal aus der Sicht der Demeter und einmal aus der Sicht der Persephone.

M1 *Prometheus erschafft den ersten Menschen, Gemälde von Piero di Cosimo, um 1520. In der Mitte auf einem Sockel: der von Prometheus aus Ton geformte erste Mensch. Rechts: Athene, die versucht, Prometheus dazu zu überreden, den Göttern das Feuer zu stehlen und es den Menschen zu bringen. Rechts oben: Prometheus schwebt mit einer Fackel in der Hand gemeinsam mit Athene in den Himmel, um das Feuer zu stehlen.*

Mythen über die Erschaffung des Menschen

Die Geschöpfe des Prometheus

Schon lange rätseln die Menschen darüber, woher sie kommen und wer sie erschaffen hat. Die frühen Völker, die nicht über unsere heutigen naturwissenschaftlichen Erkenntnisse verfügten, kannten auf diese Fragen ganz unterschiedliche Antworten.

Bei den Ägyptern stand der Sonnengott Re im Zentrum. Er soll in einer Urflut entstanden sein, das Land aus dem Urmeer hervorgehoben haben und ist so für die Ägypter zum Schöpfer der Erde geworden. Aus seinen Körpersäften sollen die Himmelsgöttin Nut und der Erdgott Geb entstanden sein.

Der Schöpfungsmythos der Griechen hatte als Ursprung das Chaos. Aus diesem ging die gewaltige Erdmutter Gaia hervor. Sie gebar den Himmel, die Sterne und das Meer, die sich die Griechen alle als Personen vorstellten. Gaia brachte auch die Titanen zur Welt, die später durch eine andere Gruppe von Göttern vom Thron gestoßen wurden. An deren Spitze stand der Himmelsgott Zeus, der die Welt unter seinen Geschwistern aufteilte und jedem einen Wirkungsbereich zuwies: Meer, Feuer, Erde usw.

Die Erschaffung des Menschen brachten die Griechen mit Prometheus – einem Titanen – in Verbindung. Der schuf aus Ton den ersten Menschen, ließ ihm von der Göttin Athene Atem einhauchen und wurde danach zum Beschützer der Menschen gegen die Feindseligkeiten der Götter.

Arbeitsaufträge

1. Kannst du dir erklären, warum die Völker unterschiedliche Schöpfungsmythen haben?
2. Beschreibe die beiden Bilder von der Erschaffung der Menschen.

M2 *Die Erschaffung des Menschen durch Prometheus, römisches Relief, um 22 n. Chr.*

M3 *Prometheus vor dem Rockefeller Center in New York. Die vergoldete Bronzestatue des Prometheus wurde 1934 errichtet.*

Q1 *Der Mythos von Prometheus:*

Prometheus stammte vom alten Göttergeschlecht der Titanen ab. Da er die Erde mit Wesen bevölkern wollte, die ihm ähnlich sahen, formte er aus Ton die ersten Menschen. Die Göttin Athene bewunderte sein Werk und hauchte ihnen ihren göttlichen Atem ein. Das gab ihnen Verstand und Vernunft. Bald bevölkerten viele Menschen die Erde und Prometheus unterwies sie in allen Künsten und Wissenschaften.

Nun wurden die Götter auf die Menschen aufmerksam und verlangten von ihnen Opfer und Anbetung. Die Menschen erklärten sich dazu bereit und opferten einen gewaltigen Stier, von dem Zeus einen Teil erhalten sollte.

Da Prometheus den Menschen einen Vorteil schaffen wollte, verfiel er auf eine List. Er machte aus der Haut des Opferstiers zwei Haufen. In den größeren steckte er Knochen und Fett, in den kleineren das Fleisch. Zeus wählte als Anteil der Götter natürlich den größeren Haufen. Als er sich betrogen sah, wurde er sehr zornig und beschloss den Menschen das Feuer vorzuenthalten. Da dachte sich Prometheus eine neue List aus. An dem Stängel einer riesigen Pflanze stieg er in den Himmel hinauf und entzündete ihn am vorbeifahrenden Wagen des Sonnengottes Helios. Mit der lodernden Fackel eilte er zu den Menschen.

Eigene Erzählung

Arbeitsauftrag

3. Erkläre, warum der Raub des Feuers durch Prometheus so wichtig war für die Menschen.

M1 *Statue des Herakles, um 300 v. Chr.*

Eine Heldensage

Herakles – der Held mit dem Löwenfell

Zu den frühesten Überlieferungen der Völker zählen die Heldensagen. Sie sind in bestimmten Epochen entstanden und wurden als Erzählungen oder Lieder überliefert. Im Mittelpunkt steht ein Held, der sich in gefährlichen oder tragischen Situationen bewähren muss. Dabei trifft er – wie die Menschen – auch falsche Entscheidungen und erfährt Leid. Hierdurch unterscheidet er sich von den Göttern, die die Welt nach ihrem Willen lenken können. Doch wirken die Götter oft auf das Schicksal der Helden ein und beeinflussen ihren Lebensweg in guter oder böser Absicht.

Ob die legendären Helden wirklich lebten, lässt sich meist nicht nachweisen, denn *Sagen* interessieren sich wenig für geschichtliche Fakten. So kann man oft nur vermuten, dass Heldensagen einen wahren Kern haben, der im Lauf der Zeit von den Erzählern immer weiter ausgeschmückt wurde.

Der große Held der griechischen Sage ist Herakles. Er musste zwölf Heldentaten vollbringen. Immer wieder griffen Götter in sein Leben ein, bis er selbst als Unsterblicher in den Olymp – den Wohnsitz der griechischen Götter – aufgenommen wurde. Die Griechen sahen in Herakles nicht nur die Verkörperung von Kraft und Tapferkeit, sondern auch einen Menschen, der durch ausdauernden Mut das Leid überwindet und hohe Ziele erreicht.

Dargestellt wird Herakles häufig als nackter Mann, mit einer Keule und einem Löwenfell. Die Griechen bewunderten ihn sehr und errichteten ihm zu Ehren sogar Tempel.

M2 *Herakles bezwingt den Stier von Kreta. Bronzestatue vor dem Schweriner Schloss, um 1850 erbaut.*

i

Sage: Erzählung über eine nicht beweisbare Begebenheit.

M3 *Herakles und der Löwe von Nemea. Griechische Vasenmalerei, um 500 v. Chr.*

Q1 *Die Sage von Herakles:*

Herakles, den die Römer Herkules nannten, war der Sohn des Gottes Zeus und seiner Geliebten, der schönen Alkmene von Theben. Schon als Neugeborener zeigten sich gewaltige Kräfte bei ihm. Hera – die Frau des Zeus – war eifersüchtig und schickte zwei riesige Schlangen in sein Kinderzimmer. Doch der kleine Herakles ergriff und erwürgte sie einfach.
Als Kind war Herakles ziemlich unbeherrscht. Als ihn sein Musiklehrer Linos zu Unrecht tadelte, erschlug er ihn mit der Leier. Zur Strafe schickte ihn sein Pflegevater zu den Hirten, wo er inmitten von Rinderherden aufwuchs. Hier gelang Herakles die erste Heldentat: Als ein Löwe die Herde angriff, tötete er diesen.
Nachdem Herakles nach Theben zurückgekehrt war, gab ihm König Kreon seine Tochter Megara zur Frau. Doch das Glück währte nicht lange, da Heras Rachsucht anhielt. In einem von ihr geschickten Wahnsinnsanfall tötete Herakles seine Frau und seine drei Kinder. Als der Wahnsinn nachließ, versank er in tiefe Trauer. Schließlich begab er sich nach Delphi und fragte das Orakel um Rat. Da antwortete die Priesterin Pythia: „Entsühnung für deine schreckliche Mordtat erlangst du nur, wenn du dich 12 Jahre in den Dienst deines Vetters, des Königs Erystheus, stellst und die von ihm geforderten Arbeiten vollbringst. Wenn du alles mutig und geduldig auf dich nimmst, erlangst du Unsterblichkeit."
Als erste Arbeit erlegte Herakles den Löwen aus dem Tal Nemea, dessen unverwundbares Fell er als Panzer anlegte. Dann besiegte er die neunköpfige Hydra, eine Schlange, deren Köpfe stets nachwuchsen. Danach fing er eine heilige Hirschkuh mit goldenem Geweih, später den wilden Eber vom Berg Erymanthos und den gewaltigen Stier des Königs Minos von Kreta.
Noch viele berühmte Taten folgten, bis Herakles als zwölfte Arbeit sogar den Höllenhund Kerberus im Ringkampf bezwang und ihn aus der Unterwelt nach oben brachte.
Nachdem alle zwölf Taten vollbracht waren, kehrte Herakles nach Theben zurück und heiratete Prinzessin Deianeira. Alles schien sich zum Guten zu wenden, bis ihm seine eifersüchtige Frau ein vergiftetes Gewand schickte. Herakles zog es an und erlitt solche Qualen, dass er sich auf einem Scheiterhaufen verbrennen ließ. Er wurde jedoch aus den Flammen in den Olymp entrückt, wo er seither als Unsterblicher unter den Göttern lebt.

Eigene Erzählung.

Arbeitsaufträge

1. Stelle zusammen, welche Eigenschaften ein Held haben muss, um glaubwürdig zu wirken.
2. Erzähle die Sage von Herakles in deinen eigenen Worten.
3. Nimm an, Herakles lebte heute. Welche Aufgaben möchtest du ihm stellen?

Aus den ältesten Zeiten der Geschichte

Der Mensch in verschiedenen Entwicklungsstufen (Rekonstruktion nach Schädelfunden).

Der Beginn der Menschheitsgeschichte

Erste Spuren des Lebens und der Menschen

Vor etwa 5 000 Millionen Jahren ist die Erde entstanden. Sie war zunächst ein glühender Ball, der allmählich abkühlte und auf dessen Oberfläche sich in vielen Jahrmillionen eine feste Kruste und schließlich die Weltmeere bildeten. In einem unvorstellbar langen Prozess entwickelten sich allererste Spuren des Lebens: Algen und Wassertierchen, schließlich Fische, Säugetiere und Vögel.

M1 *Lucy, Rekonstruktion. Der Name stammt von einem Musikstück der Beatles „Lucy in the skies with diamonds", das am Abend der Knochenfunde oft im Lager der Archäologen gespielt wurde.*

Erste Menschen treten auf

Vor mehr als drei Millionen Jahren lebten die Vorfahren der Menschen in den Wäldern Afrikas. Dort gab es Geschöpfe, die aufrecht gingen, aber auch wie Affen sehr gut auf Bäume klettern konnten. Sie stellten einfache Werkzeuge aus Stein zum Schneiden und Schaben her. Das kann kein Tier. Wir begegnen hier den frühen Menschen – den Vormenschen.

Von diesen frühen Menschen wissen wir aus Funden im Erdboden. Die ältesten Menschenknochen und Steinwerkzeuge wurden im südlichen und östlichen Afrika ausgegraben. Die Wissenschaftler glauben daher, dass Afrika die „Wiege der Menschheit" war.

Auf der Suche nach dem ältesten Menschen fanden Wissenschaftler 1974 in der Steinwüste in Nordäthiopien (Afrika) Überreste eines Vormenschen. Sie nannten dieses Skelett „Lucy". Lucy ist ungefähr 3,2 Millionen Jahre alt, war 1 Meter groß und wog ungefähr 30 Kilogramm. Der Fund eines sechs bis sieben Millionen Jahre alten Schädels aus der Sahel-Zone bestätigt die Annahme, dass die Entwicklung des Menschen in Afrika begann. Die Forscher nannten diesen bislang ältesten Fund eines Vormenschen Toumai („Hoffnung auf Leben").

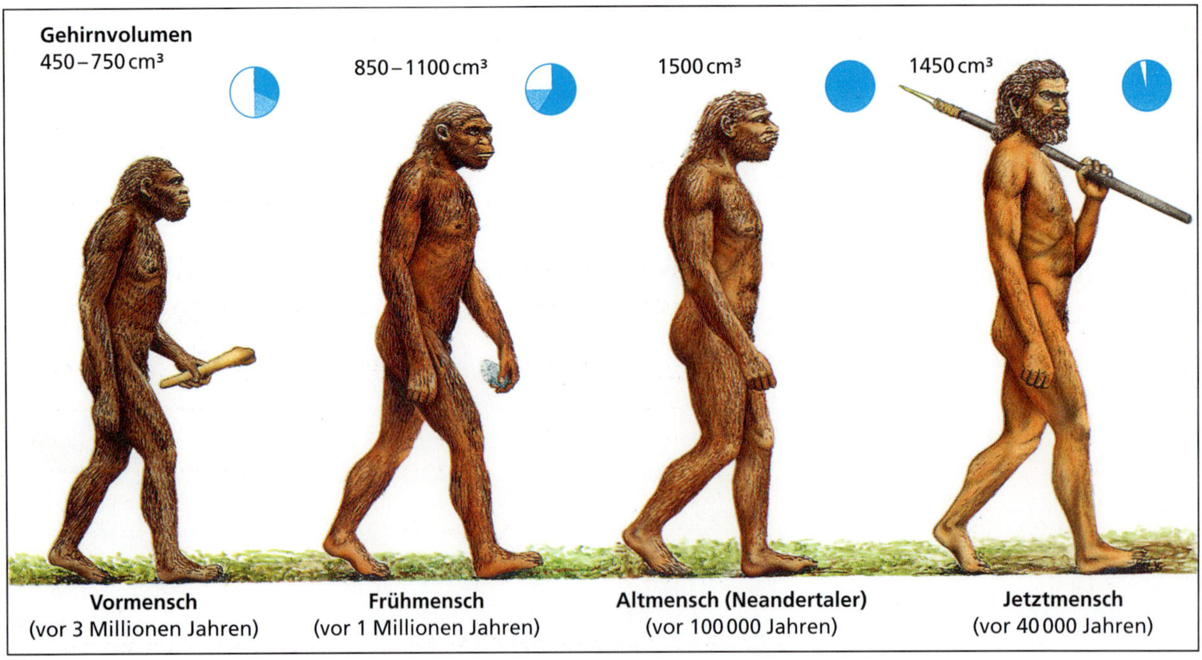

M2 *Die Entwicklung des Menschen.*

Die Menschen entwickeln sich

Im Laufe der Jahre entwickelten sich aus den Vormenschen die Frühmenschen. Sie waren anfangs nur 1,30 m groß, verfügten aber schon über ein wesentlich größeres Gehirn als die Vormenschen.

Die nächste Entwicklungsstufe sind die Altmenschen. Sie waren etwa so groß wie die Frühmenschen. Eine Gruppe der Altmenschen sind die Neandertaler. 1856 entdeckten Wissenschaftler im Neandertal bei Düsseldorf Bruchstücke eines menschlichen Skeletts und ein Schädeldach, die etwa 100 000 Jahre alt sind. Von den Frühmenschen unterschieden sie sich besonders in der Kopfform: Das Gebiss ragte weniger hervor und die Überaugenwülste verliefen flacher. Diese kräftigen Menschen starben zwischen 30 000 und 25 000 v. Chr. aus – warum, weiß man bis heute nicht. Die nächste Entwicklungsstufe sind die Jetztmenschen – die heutigen Menschen.

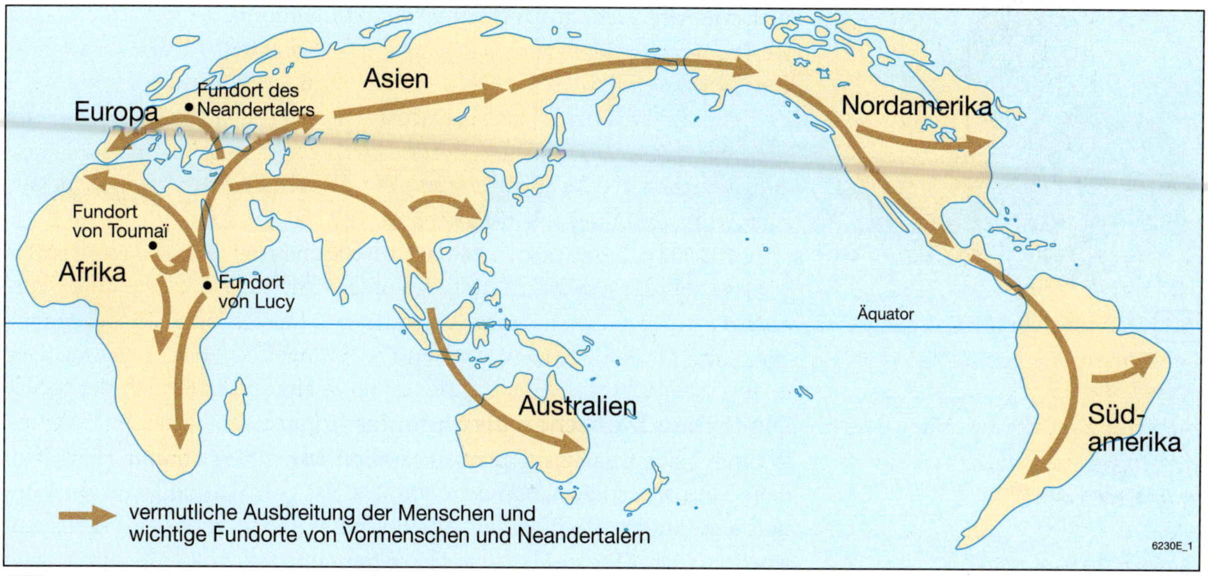

M3 *Menschliches Leben breitet sich auf der Erde aus.*

Arbeitsaufträge

1. Erkläre, wodurch sich der Mensch von allen anderen Lebewesen unterscheidet.
2. Vergleiche die verschiedenen Entwicklungsstufen des Menschen in M2. Stelle Gemeinsamkeiten und Unterschiede in einer Tabelle gegenüber.

	Vormensch	Frühmensch	Altmensch	Jetztmensch
Nase				
Mund				
Augen				
Stirn				
Ohren				
Haare				
Augenbrauen				

3. Beschreibe mithilfe der Karte M3, wie sich die Menschen auf der Erde ausgebreitet haben.

Wie sich die frühen Menschen versorgten

Eiszeiten und Warmzeiten

In unserer Heimat – in Mitteleuropa – mussten sich die frühen Menschen unter besonders schwierigen Bedingungen behaupten. Vor etwa einer Million Jahren schoben sich dicke Eismassen über weite Gebiete Europas. Immer wieder schmolzen sie auch ab. So wechselten mehrfach *Eiszeiten* und *Warmzeiten*, bis vor etwa 12 000 Jahren die Warmzeit begann, in der wir heute noch leben. Die Gletscher, die bis 3 000 m dick waren, reichten in Europa bis an den Rhein. Im Sommer betrug die Temperatur meist nur 5 °C, im Winter bis zu – 40 °C.

M1 *Das Klima auf der Erde hat sich oft verändert.*

Die frühen Menschen als Sammler

Während der Eiszeiten lebten die frühen Menschen unserer Heimat in dem Landstreifen zwischen dem Nordeis, das von Skandinavien her kam, und dem Südeis, das von den Alpen vordrang. Nur winterharte Pflanzen wuchsen hier: Moose, Flechten, Heidekraut und Wacholder. Funde zeigen, dass die Menschen ihre Lebensweise dem kalten Klima angepasst haben.

Die frühen Menschen jagten den Tieren nach, die sie fangen und greifen konnten. Sie sammelten Wurzeln, Beeren, Laub und Rinde und ernährten sich davon. Sie lebten zuerst nicht viel anders als Hase und Wolf, Wildkatze und Wildhund. In dem harten, gefährlichen Leben lernten die Menschen, ihren Verstand zu gebrauchen und zu entwickeln. Sie lernten es, die Dinge um sich herum in ihren Dienst zu stellen.

i

Das Feuer nutzten die Menschen
... als Schutz vor wilden Tieren
... zur Jagd
... als Beleuchtung
... zum Kochen und Braten
... zum Heizen
... zum Härten von Pfeilspitzen
... zum Trocknen von Tierfellen.

Feuer, Waffen, Werkzeuge

Dazu gehört die Gewalt über das Feuer. Der Blitz schlug in den dürren Baum und setzte ihn in Flammen. Zunächst werden sich die Menschen einen brennenden Ast geholt, das Feuer sorgsam erhalten haben. Dann aber lernten sie das Feuerschlagen: Mit dem Feuerstein schlugen sie gegen andere Steine. Dazwischen hielten sie einen getrockneten Baumpilz, den Zunderschwamm, der von den entstehenden Funken entzündet wurde.

Als Waffen nahmen die Menschen Steine, Stöcke und Knochen. Sie suchten sich geeignete Stücke und schufen sich erste Werkzeuge und Waffen aus Holz, Knochen und Steinen. Da vorwiegend Steinwerkzeuge aus jener Zeit erhalten sind, nennen wir diese Zeit die *Steinzeit*.

M2 *Faustkeil (natürliche Größe).*

Jagen und Wohnen

Mithilfe ihrer ersten Waffen waren die Menschen den Tieren bald überlegen. Sie konnten es wagen, selbst gegen den starken Höhlenbären anzugehen oder gegen das riesige Mammut.

Nach der Entdeckung des Feuers lernten die Menschen, Fleisch zu braten, wodurch sich ihre Nahrung verbesserte. Mit den Waffen trafen sie die Tiere leichter und sicherer. Die Menschen bauten sich Wohnhütten und sicherten sie gegen feindliche Eindringlinge, gegen Regen, Schnee und eisigen Wind. Die Felle der erlegten Tiere verwendeten sie als Schutz gegen Kälte und Nässe – die Kleidung war erfunden.

So folgte in langen, langen Jahrtausenden eine „Geschichte" der anderen: Der Zähmung des Feuers folgte die Geschichte der Waffen, der Geräte und Werkzeuge, der Wohnung, der Kleidung, des Hausrates – schließlich all der Dinge, die wir heute so selbstverständlich gebrauchen und benutzen.

Arbeitsaufträge

1. Beschreibe den Wechsel von Warm- und Eiszeiten in Europa (M1).
2. Stell dir vor, du lebt in dieser kalten Umgebung. Was benötigst du zum Überleben? Erstelle eine Liste.
3. Beschreibe die Lebensbedingungen der Menschen in der Eiszeit.
4. In M3 ist dargestellt, wie die Menschen damals gelebt haben könnten. Was machen die Männer, Frauen und Kinder? Welche Werkzeuge benutzen sie?

M3 *Sammeln und Jagen. Arbeiten für Männer und Frauen. Heutige Zeichnung.*

Eine Geschichtserzählung

Die Urmenschen von Bilzingsleben

Es wurde Herbst. Bald würde es wieder kalt werden. Eine dunkel behaarte Gestalt mit mächtigen Gliedern trat aus dem Gebüsch heraus. Es war Urk, der Führer einer kleinen Gruppe von 34 Personen, die seit einigen Jahren in dieser Gegend hausten. Seit Sonnenaufgang war Urk mit vier Gefährten auf der Jagd – bisher erfolglos.

Urk knurrte hungrig und bückte sich nach einem Speer, den er neben sich auf den Boden gelegt hatte. Es war ein langer Stab aus Fichtenholz. In mühevoller Arbeit hatte er sich die Waffe gebaut. Schwierig war es gewesen, den jungen Baum mit dem Feuersteinmesser abzuschneiden. Mit Schabern musste er dann das Holz so lange glätten, bis ihm keine raue Stelle mehr die Hand aufreißen konnte. Doch die meiste Mühe hatte sich Urk bei der Spitze gegeben. Immer wieder hatte er mit den Steinklingen daran herumgeschnitzt, bis sie ganz schmal und spitz geworden war. Dann hatte er sie vorsichtig im Feuer gehärtet.

Der Waldelefant

Plötzlich hörten die Jäger ein Knacken von Ästen und Zweigen in der Ferne. Sollte das ein Elefant sein? Diese gewaltigen Tiere kamen auf ihrem Weg zur Tränke öfter durch das Tal von Bilzingsleben. Es war gefährlich, sie anzugreifen. Schon viele Jäger hatten dafür mit dem Leben bezahlen müssen. Aber ohne das Fleisch mussten sie hungern! Urk zitterte. Da war das Tier! Ein junger Bulle schob sich aus dem Gehölz hervor. Obwohl er noch nicht ausgewachsen war, war er schon riesig. Vorsichtig schlich Urk gegen den Wind heran. Dann stieß er blitzschnell seinen Speer mit aller Kraft von unten in den Leib des Tieres. Zwischen zwei Rippen hindurch bohrte sich die Waffe hinein und blieb dort stecken. Laut trompetete der Elefant auf und stürzte rasend vor Schmerz hinweg. Das Speerende brach ab, doch das längere Stück steckte tief in seinem Körper.

M1 *Verwendung von Steinwerkzeugen.*

M2 *Verarbeitung von erlegten Tieren (heutige Rekonstruktion).*

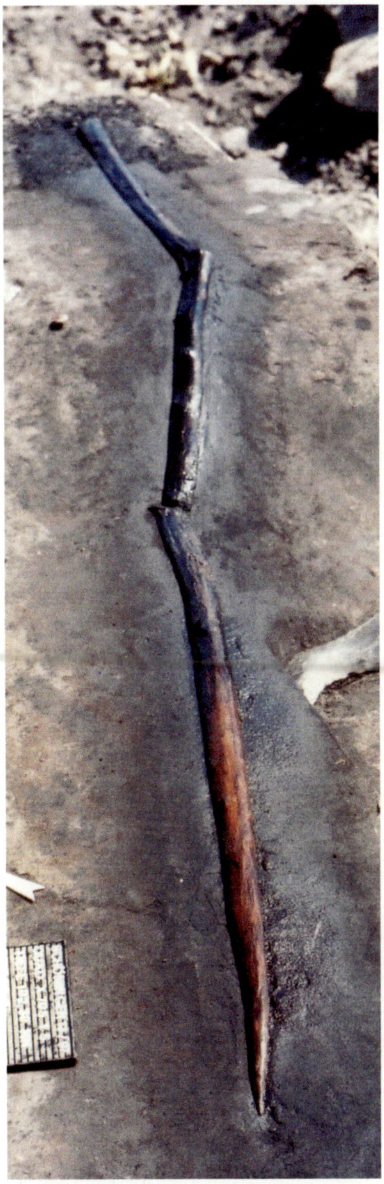

M3 *Ein Wurfspeer aus der Steinzeit, ca. 400 000 Jahre alt.*

Die Verfolgung

Jetzt waren Angst und Kälte vergessen. Urks lautes Freudengeheul lockte die Männer aus dem Versteck. Zu fünft nahmen sie die Verfolgung auf. Stunde um Stunde dauerte der Marsch auf der Spur des verletzten Tieres. Dann brach die Nacht herein. Müde und erschöpft hockten sich die Männer an einer windgeschützten Stelle zusammen, um einige Stunden zu schlafen. Schon bei Sonnenaufgang hasteten sie weiter. Sie wurden immer mutloser, ihr Hunger wurde immer stärker. Plötzlich tauchte vor ihnen ein kleiner, verschlammter See auf. Da lag der tote Elefant! Nur Rüssel und Kopf ragten noch aus dem Wasser, der Körper des schweren Tieres war im Moder versunken. Der größte Teil war verloren, aber der Rüssel ließ sich bergen. Rasch drängten die Männer heran. Nun begann die Arbeit. Mit dem Werkzeug schlugen sie Stücke des Rüssels ab. Gierig bargen Urk und seine Gefährten die kostbare Beute.

Im Lager

Weit entfernt, am Ufer eines anderen Sees, hatte die Gruppe ihren Lagerplatz. Gerade kamen einige Mädchen vom Beerensammeln zurück. In Fellstücken trugen sie die Früchte zu zwei alten Frauen, die hinter einem Windschirm in der Nähe des wärmenden Feuers damit beschäftigt waren, Trockenbeeren und Körner auszulesen.

Einige ältere Männer bauten eine neue Hütte. Sie steckten Zweige in den Boden und flochten Dornen und Äste hinein. Damit der Wind nicht hindurchkonnte, deckten sie die Hütte mit Grasbüscheln und stopften die Löcher mit Schlamm zu. Einige Kinder hatten trockene Zweige gesammelt. Immer musste ein Vorrat bereitliegen, damit das kostbare Feuer nicht ausging.

In einer Kuhle unter einem Felsbrocken lagen die übrigen Männer der Gruppe missmutig auf ihren Fellen. Sie hatten fünf Tage und Nächte lang Wild gesucht, ihre Beute war allerdings gering. Alle hatten gewaltigen Hunger.

Plötzlich brach ein Rufen und Lärmen los: Urk und seine Gefährten waren angekommen, hatten erschöpft die schweren Fleischstücke von den Schultern geworfen. Freudig drängten sich die Männer, Frauen und Kinder heran. Mit scharfen Feuersteinklingen schnitten sie die Rüsselstücke in kleine Teile, hungrig schlangen sie das Fleisch so roh, wie es war, in sich hinein. Es reichte für alle, es blieben sogar ein paar Stücke für die nächsten Tage übrig. Satt und müde schliefen sie auf ihren Fellen ein, dicht an das Feuer gedrängt, das ihnen Wärme und Schutz gab. Immer wieder stand einer der Männer auf, um dicke Zweige nachzulegen.

Arbeitsaufträge

1. Prüfe, inwieweit die Geschichtserzählung mit dem übereinstimmt, was du über das Leben der frühen Menschen erfahren hast.
2. Nenne Einzelheiten, die du über das Zusammenleben der frühen Menschen erfährst.
3. Erkläre, warum die frühen Menschen wohl nur in Gruppen von 30–40 Menschen zusammenleben konnten.
4. Die Menschen der älteren Steinzeit werden als „Jäger und Sammler" bezeichnet. Erkläre.

METHODE

Ein Bild beschreiben

Es gibt viele verschiedene Bildquellen, z.B. Fotografien, Gemälde und Zeichnungen. Die Menschen der Altsteinzeit haben nicht aufgeschrieben, was ihre Bilder bedeuten. Trotzdem können wir aus ihren Bildern viele Informationen entnehmen. Dazu müssen wir sie richtig „lesen".

Höhlenmalereien befinden sich oft an schwer zu erreichenden Stellen. Forscherinnen und Forscher glauben, dass diese Kunstwerke nicht aus Spaß an der Kunst gemalt wurden, sondern religiösen Vorstellungen dienten. Vielleicht glaubten die Menschen daran, dass sie mit diesen Bildern ihr Jagdglück beeinflussen konnten oder Jagdunfälle verhindern konnten.

i

Höhlenmalerei:
Zwischen 30000 und 10000 v. Chr. entstanden die ersten Kunstwerke. Die Menschen schnitzten Tierbilder aus Elfenbein oder malten Bilder mit Wildpferden, Höhlenbären, Rentieren oder Mammuts an Höhlenwände. Oft findet man die Umrisse von Händen auf farbigem Grund.

Eine zufällige Entdeckung wird zur Sensation

1940 entdeckten zwei Jugendliche auf dem Landgut Lascaux bei Bordeaux in Frankreich zufällig einen engen, tief abfallenden Schacht. Mit Streichhölzern leuchten sie die Wände ab und entdecken, dass diese über und über bemalt sind. M1 zeigt einen Ausschnitt aus der Höhle von Lascaux: die Halle der Stiere. Die Malerei ist über 20 m lang, die Motive passen sich den Formen des Raumes an. Zu sehen sind Pferde, Stiere und Hirsche. Die Tiere sind sofort zu erkennen und ganz bunt.

Die Farben dafür stammen aus der Erde: Ocker für Gelb, Rot, Braun; Ruß für Schwarz. Ein großes Problem war das Licht. Fackeln und Feuerstellen gaben Beleuchtung, um die Höhle zu erhellen. In Lascaux wurden über 130 Lampen entdeckt, meist waren es ausgehöhlte Steine, die mit Tierfett gefüllt waren.

③ *Hirsch.*

② *Pferd.*

① *Auerochse.*

M1 *Felsenhöhle von Lascaux, Halle der Stiere.*

Tipp
Du kannst die Höhle auch im Internet anschauen:
www.culture.gouv.fr/culture/arcnat/lascaux/de/

Wenn du ein Bild beschreiben willst, solltest du in mehreren Schritten vorgehen:

1. **Eindrücke sammeln:**
   Was ist es für ein Bild?
   Welche Unterschrift oder Überschrift hat das Bild?
   Was ist dargestellt?
2. **Das Bild beschreiben**
   Betrachte das Bild nun genau und suche auffällige Punkte.
   Was siehst du im Vordergrund? Im Hintergrund?
   In der Mitte? Links/rechts?
   Beschreibe die Einzelheiten:
   Welche Tiere sind dargestellt?
   Wie sind die Tiere gezeichnet?
   – die Körperhaltung
   – die Bewegungen
   – die Farben
   – die Besonderheiten
3. **Gib dem Bild eine Überschrift.**
4. **Schreibe eine zusammenfassende Bildbeschreibung:**
   Auf dem Bild erkenne ich …
5. **Zeichne selbst einmal ein Höhlenbild.**

Die Jungsteinzeit

Das Klima verändert sich

Lange Zeit mussten die Menschen Tiere jagen und essbare Pflanzen und Kleintiere sammeln. Immer wieder wechselten Warm- und Kaltzeiten. Tiere und Pflanzen passten sich den veränderten Umweltbedingungen an. Auch die Menschen waren gezwungen, sich darauf einzustellen, wenn sie überleben wollten.

Am Ende des Eiszeitalters um 10 000 v. Chr. veränderte sich das Klima weltweit stark. Es wurde wärmer. Das Eis in den Ebenen taute und die Landschaft verwandelte sich. Wo weite Steppenlandschaften gewesen waren, wuchsen nun Wälder. Viele Tierarten starben aus, wie zum Beispiel das Mammut. Andere zogen sich an die Ränder der weiterhin eisbedeckten Gebiete des hohen Nordens zurück, wie das Rentier, das es bis heute gibt.

i

Fruchtbarer Halbmond: Bezeichnung für das regenreiche Gebiet im Norden der arabischen Halbinsel. Es umschließt Wüstengebiete Arabiens wie die Sichel des Mondes. Die Gebiete sind heute Teile des Iraks, des Irans und der Türkei. Sie gelten als Ursprungsland von Ackerbau und Viehzucht beim Übergang von der Altsteinzeit zur Jungsteinzeit und als Gebiet mit den ältesten Stadtkulturen (Jericho und Catal Hüyük).

Die Menschen ernten Getreide

Die wärmeren Temperaturen führten auch im Gebiet des *Fruchtbaren Halbmondes* zur Ausbreitung von Wäldern. In ihnen wuchs wildes Getreide. Auch hier lebten die Menschen als Jäger und Sammler. Sie sammelten unter anderem Wildgetreide. Das gab es durch die Ausbreitung der Wälder nun in größeren Mengen. Forscher vermuten, dass die Menschen mehr Getreide sammelten, als sie verbrauchten. Es war schwierig, größere Mengen Getreide mitzunehmen, wenn die Gruppe hinter den Tierherden hinterherzog. Deshalb war es sinnvoll, schwere Getreidevorräte für schlechte Zeiten aufzuheben. Die Vorratshaltung von Getreide war der erste Schritt, um sesshaft zu werden.

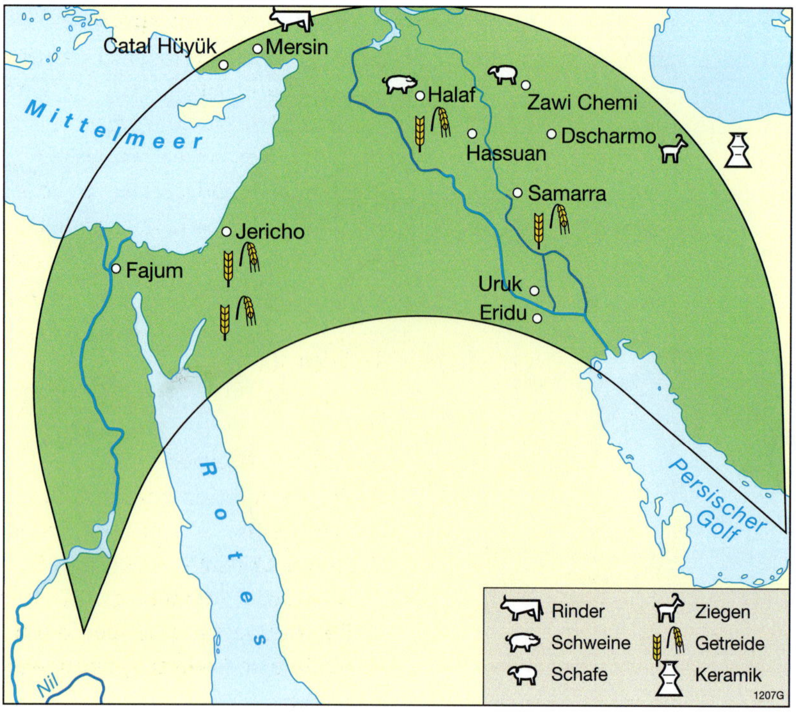

M1 *Entwicklung von Ackerbau und Viehzucht im „Fruchtbaren Halbmond".*

M2 *Çatal Hüyük (Rekonstruktion).*

Çatal Hüyük – eine der ersten Städte der Welt

1958 entdeckte der englische Forscher James Mellaart im Südosten der Türkei bei Çatal Hüyük einen Schutthügel, der eine Überraschung bot: Es war ein Wohnhügel, der über Jahrtausende hinweg entstanden war. Menschen hatten hier Häuser gebaut. Als diese durch einen Brand vernichtet wurden, ebnete man den Schutt und erbaute auf ihm eine neue Siedlung. Die Häuser standen dicht an dicht gedrängt, Straßen gab es nicht. Die einstöckigen Häuser betrat man über eine Luke im Flachdach. Die Wissenschaftler waren überrascht, dass es vor 8000 Jahren eine so große Siedlung mit mehr als 60000 Einwohnern gab. In der Stadt lebten Bauern, Viehzüchter und Handwerker. Sie legten Getreidevorräte in gebrannten Tongefäßen an, bauten Weizen an und züchteten Rinder, Schafe und Ziegen.

Arbeitsaufträge

1. Erkläre mithilfe der Karte M1 den Begriff „Fruchtbarer Halbmond". Welche Gemeinsamkeiten haben diese Gebiete?
2. Nenne Vorteile des Ackerbaus und der Viehzucht gegenüber dem Jagen und Sammeln von Nahrungspflanzen.
3. Beschreibe die Besonderheiten der Siedlung Çatal Hüyük (M2). Finde eine Erklärung dafür, warum die Hauseingänge auf dem Dach waren.

Das Leben der Menschen in der Jungsteinzeit

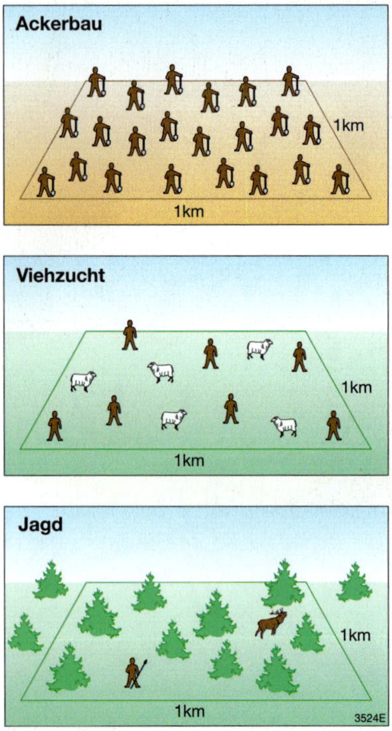

M1 *Anzahl der Menschen, die von 1 Quadratkilometer ernährt werden können (1 km² = Fläche eines Quadrates, das 1 km lang und 1 km breit ist).*

Der Ackerbau breitet sich aus

Im Laufe des 8. Jahrtausends v. Chr. hatten sich Ackerbau und Viehzucht in den Ländern östlich des Mittelmeeres durchgesetzt. Die Bauern erzeugten die Güter, die sie zum Leben brauchten, selbst: Sie produzierten ihre Nahrung, indem sie den Boden bebauten und Tiere hielten. Sie waren *sesshaft* geworden.

Die Menschen fingen an, die Körner von wilden Gräsern zu sammeln. Wahrscheinlich bemerkten sie, dass an der Stelle, wo die Körner liegen geblieben waren, im nächsten Jahr neue Pflanzen wuchsen. Dadurch kamen sie auf die Idee, nicht alle Körner zu verbrauchen, sondern sie im nächsten Frühjahr absichtlich in den Boden zu stecken. So legten sie in der Nähe ihrer Behausungen kleine Äcker mit Wildgräsern an.

Vor etwa 7000 Jahren hatte sich die neue Lebensweise auch in Mitteleuropa durchgesetzt. Aus dem Südosten waren Menschen eingewandert, die es verstanden, den Boden zu beackern und Haustiere zu halten. Die Menschen lernten es, bestimmte Wildtiere einzufangen. Sie sperrten die Tiere in Gehege, fütterten und pflegten sie, um sie im Winter zu schlachten. Aus Wildziegen, Wildschafen, Wildrindern und Wildschweinen wurden Haustiere. Nun waren die Menschen nicht mehr nur auf ihr Jagdglück angewiesen.

Sie *rodeten* die Wälder in günstigen Gegenden und legten dort ihre Siedlungen an. Dabei stießen sie sicher auch auf Gruppen von Jägern und Sammlern, die hier ihr Jagdrevier hatten. Diese versuchten, die Eindringlinge zu vertreiben. Wenn ihnen das nicht gelang, mussten sie sich selbst in andere Gebiete zurückziehen oder von den anderen lernen.

M2 *Die Ausbreitung des Ackerbaus.*

M3 *Leben nach der Eiszeit (heutige Zeichnung).*

i

roden: Wildes Land in Ackerland verwandeln.

Die Tierhaltung

Auch die Tierhaltung wurde von einwandernden Bauern mit nach Europa gebracht. Dort, wo die Menschen als Erste Getreide anbauten, hielten die Menschen auch die ersten Tiere: im Gebiet des Fruchtbaren Halbmondes.

Zuerst wurden sicher von den Jägern Wildtiere eingefangen, um über längere Zeit einen Fleischvorrat zu haben. Waren die Bedingungen günstig, fütterten sie die Tiere so lange, dass die ersten Jungtiere in Gefangenschaft geboren wurden. Diese wurden noch schneller zahm als die eingefangenen Tiere.

Die Menschen begannen Tiere zu züchten. Aus Wildtieren wurden Haustiere. Außer dem Hund züchteten die Menschen Schafe und Ziegen als Haustiere, deren Milch und Wolle sie zu nutzen lernten. Später wurden Rinder gezähmt. Je mehr Tiere die Menschen in ihren Siedlungen und auf ihren Weiden hielten, desto unwichtiger wurde die Jagd. Die Haustiere lieferten das nötige Fleisch.

Nach und nach gelang es den Menschen auch, die Tiere so abzurichten, dass sie ihnen gute Dienste leisteten. Der Hund begleitete sie beim Jagen, half beim Hüten der Herde und beschützte das Haus. Das Rind wurde eine wichtige Hilfe beim Arbeiten auf dem Acker.

Arbeitsaufträge

1. Beschreibe mithilfe der Karte M2, wie sich die sesshafte Lebensweise der Menschen ausgebreitet hat.
2. Erkläre, wie die Menschen der Jungsteinzeit vermutlich herausfanden, wie man Getreide anbaut.
3. Vergleiche mithilfe von M1, wie viele Menschen ernährt werden können, wenn man auf 1 km² Ackerbau, Viehzucht oder Jagd betreibt.
4. Nenne die ersten Haustiere der Menschen.
5. Betrachte die Zeichnung M3. Beschreibe die Tätigkeiten der Menschen und ihre neue Lebensweise.

Die bäuerliche Gesellschaft

i

Bandkeramik: Die ersten Bauern Mitteleuropas bezeichnet man als *Bandkeramiker*. Der Name stammt von den typischen Verzierungen ihrer Tongefäße.

Erste Dörfer entstehen

In der Jungsteinzeit lebten die Menschen auf waldfreien Anhöhen, in Flussniederungen oder auf Waldlichtungen. Die Menschen rodeten den Wald, um Platz für ihre Siedlung zu schaffen. Dort bauten sie bis zu 40 m lange Häuser. Diese Häuser waren aber nicht immer gleich gebaut. Erst gab es Langhäuser für Großfamilien, später wurden auch Einraumhäuser gebaut. Im Haus lebten Menschen und Vieh in unterschiedlichen Bereichen. Die ersten Dörfer waren nicht besonders groß. Sie bestanden aus bis zu zehn weit auseinanderstehenden Gebäuden, die von einem Palisadenzaun umgeben waren.

Die Menschen betrieben Landwirtschaft und Viehzucht. Gejagt wurde nur noch zur Ergänzung des Speisezettels. Es war etwa 2 – 3 Grad wärmer als heute. Mitteleuropa war fast völlig bewaldet. Das bedeutete zwar viel Arbeit bei der Rodung von Wäldern. Aber die Bauern nutzten den Wald für Bau- und Feuerholz. Besonders wichtig war, dass das Vieh dort auch in schlechten Zeiten immer Nahrung fand.

Das Leben der Menschen als Bauern in einem Dorf hatte viele Vorteile: Es gab regelmäßig zu essen, die Menschen konnten sich besser um Kinder, Alte und Kranke kümmern. Das Dorf bot einen besseren Schutz vor gefährlichen Tieren. Die Menschen lernten, Gefäße aus Ton herzustellen. In ihnen konnten sie Nahrungsmittel aufbewahren.

Nach den Verzierungen auf den Tongefäßen, die Wissenschaftler bei Köln-Lindenthal und in Zwenkau bei Leipzig gefunden haben, nennt man diese Zeit die Zeit der *Bandkeramik*.

M1 *So könnte das Leben in einem Dorf in der Jungsteinzeit ausgesehen haben (heutige Zeichnung).*

Q1 *In Köln-Lindenthal wurde eine Siedlung aus der Zeit um 2500 v. Chr. entdeckt:*

Die Siedlung Köln-Lindenthal wurde entdeckt, als man 1928–1930 das südwestliche Viertel des ehemaligen Kölner Festungsgürtels in Grünanlagen umwandelte. ...
[Die Häuser] waren aus Holz, Flechtwerk und Lehm, also aus vergänglichen Materialien, errichtet, die sich im Laufe der Jahrhunderte und Jahrtausende wieder aufgelöst haben. Wohl aber sind die Grundrisse der Häuser noch als dunkle Spuren im hellen, durch menschliche Eingriffe nicht gestörten, sog. „gewachsenen" Boden zu erkennen. Die tragenden Elemente der Gebäude, also vor allem die Pfosten, welche die Wände zu stabilisieren und das Dach zu tragen hatten, ... waren nämlich in den Boden in Pfostenlöcher eingegraben, und solche lassen sich während einer Ausgrabung als dunkle Spuren wiederfinden ...
Die Dächer waren mit Reet oder Stroh gedeckt ... [Sie waren] wohl recht steil und weit heruntergezogen, damit Schneemassen im Winter und Regen im Herbst oder Frühjahr schnell abrutschen bzw. abfließen konnten, andernfalls hätte das Gewicht von Schnee oder Regen das Haus unter Umständen zum Einsturz bringen können. ...

In: Kölner Römer-Illustrierte, Nr. 2, 1975.

M2 *Tongefäß zur Vorratshaltung.*

Arbeitsaufträge

1. Betrachte die Zeichnung M1 und beschreibe das Leben in einem jungsteinzeitlichen Dorf.
2. Vergleiche Q1 und M1. Welche Angaben aus der Quelle findest du in der Zeichnung wieder?
3. Erkläre, welche Vorteile das Leben im Dorf für die Menschen hatte.

Erfindungen bestimmen die Zeit

Der Pflug

Als die Menschen sesshaft geworden waren, machten sie große Fortschritte in der Entwicklung von Werkzeugen, Waffen und Geräten. Mit Grabstöcken und Hacken hatten sie zuerst den Boden ihrer Äcker aufgewühlt. Dann machten sie die Erfindung des Pfluges.

M1 *Feldarbeit mit Hakenpflug (heutige Zeichnung).*

Der Steinbohrer

Eine der großen Erfindungen der Jungsteinzeit war der Steinbohrer. Viele vergebliche Versuche waren vorausgegangen, bis es endlich gelang, das harte Material Stein zu durchbohren. Die wohl erste Bohrmaschine der Welt sah folgendermaßen aus: Zwischen Pfosten war ein Hebelarm gebunden. An diesem Hebelarm wurde eine Fassung befestigt, die einen Röhrenknochen hielt. Mit einer Bogensehne, die um die Fassung gezogen war, konnte der Röhrenknochen in eine drehende Bewegung gesetzt werden. So mahlte er Millimeter für Millimeter aus dem untergelegten Steinbeil einen runden Steinring heraus. Nahm man den stehen gebliebenen Zapfen heraus, war ein kreisrundes Bohrloch entstanden.

M2 *Ein Steinbohrer mit Sand als Schleifmittel (Rekonstruktion).*

(M3) *Wollballen mit Spindel.*

Die Töpferei

Schwer hatten es die Frauen, wenn sie Wasser holen, Milch aufbewahren oder gar einen Brei aus zerstampften Getreidekörnern kochen wollten. Sie hatten ja keine Gefäße! Zuerst behalfen sie sich mit dem, was sie in der Natur fanden. Sicherlich höhlten sie den wilden Kürbis aus. Vor allem aber stellten sie Beutel und Schläuche aus bearbeiteten Tierhäuten her. Solche Lederschläuche werden noch heute von Bewohnern der Wüsten benutzt.

Als „Kochtopf" nahmen sie ausgehöhlte Holzstücke. Doch da sie die nicht über das Feuer stellen oder hängen konnten, erhitzten sie Steine im Feuer und tauchten diese dann in die Flüssigkeit im „Topf". Eine mühsame und langwierige Arbeit! Sie versuchten es auch mit geflochtenen Körben, die sie mit Lehm verschmierten. Auch dann konnte es geschehen, dass das Holzgeflecht auf dem Feuer wegbrannte und die Lehmhülle zusammenbröckelte. Die Frauen merkten jedoch, dass Ton und Lehm sehr hart wurden, wenn man sie lange über das Feuer hielt. So formten sie hohle Gefäße aus Ton. Sie kneteten Tonklumpen durch und übergossen sie mit Wasser, sodass sie weich und geschmeidig wurden. So konnte der Ton zu flachen Schalen oder höheren Töpfen geformt werden.

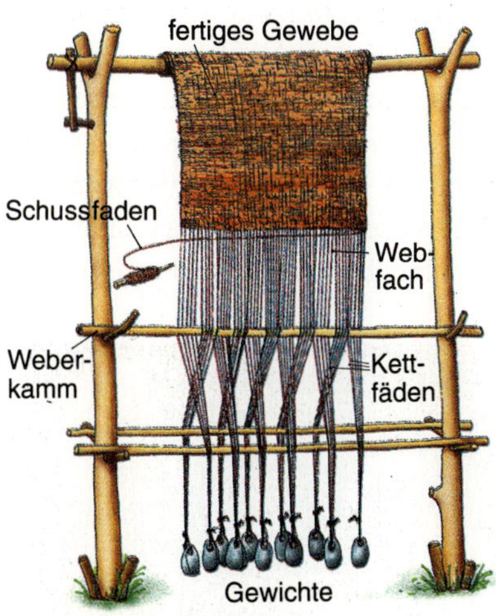

(M4) *Webstuhl der Jungsteinzeit (nach einer Felszeichnung).*

Spinnen und Weben

In der Jungsteinzeit lernten die Frauen auch das Spinnen und Weben. Zum Spinnen benutzten sie die Wolle der Schafe. Das einzelne Haar war zu dünn, aber vielleicht konnte man aus einem Klumpen Schafwolle einen langen Faden drehen? Die Frauen steckten ein Knäuel gewaschener Schafwolle auf einen trockenen Zweig, dessen Äste an der Spitze zusammengebunden waren. Mit einer Hand zupften sie kleine Strähnen heraus und drehten sie zu einem Faden. Damit er straff nach unten hing, befestigten sie daran ein Stöckchen mit einer runden Schwungscheibe: die Spindel. Dann gaben sie der Scheibe einen Stoß und die Spindel fing an, sich zu drehen. So drehte sich auch der Faden und bekam Festigkeit. Auf der Spindel wickelten sie den Faden auf, der immer länger wurde.

Aus diesen langen und festen Fäden webten sie auf dem Webstuhl Stoffe. Um die Querstange spannten sie dicht nebeneinander die *Kettfäden*. Mit einer Holznadel führten sie dann einen langen Faden durch die gespannten Kettfäden, und zwar so, dass diese abwechselnd oben und unten lagen. Diese durchgezogenen Fäden nennt man *Schussfaden*.

Arbeitsaufträge

1. Nenne drei wichtige Erfindungen der Jungsteinzeit.
2. Beschreibe, wie ein Steinbohrer funktioniert.
3. Erkläre, wie sich das Leben der Menschen im Vergleich zur Altsteinzeit verändert hat. Berücksichtige die Bereiche Ernährung, Kleidung, Wohnung und Werkzeug.
4. Suche dir eine Erfindung heraus und schreibe einen kurzen Text, was sie alles verbesserte.
5. Versuche doch selber einmal, einen Webstuhl herzustellen. Dazu brauchst du: zwei lange Astgabeln, drei Querstäbe, eine Kordel zur Verbindung für die Stäbe und für die Kettfäden, ungefähr zwölf Steine, die du als Webgewichte unten an die Kettfäden bindest, Wollreste, die auf Holzstäbchen (Spulen) aufgewickelt werden.

M1 *Grab mit Tongefäß als Grabbeigabe, ca. 4000 Jahre alt.*

Glaube und Bestattung in der Jungsteinzeit

Häuser für die Toten

Über den Glauben der Menschen in der Jungsteinzeit wissen wir nichts Sicheres. Doch die Wissenschaftler vermuten, dass sie an ein Leben nach dem Tod glaubten. Die Toten wurden in einer seitlichen Stellung in eine Grube gelegt, das Gesicht in Richtung der aufgehenden Sonne. Sie wurden bekleidet oder in ein Tuch gewickelt. In den Gräbern fanden Forscher Grabbeigaben. Dass auch Nahrungsmittel dabei waren, wissen wir, weil in den Gräbern Reste von Tierknochen gefunden wurden. In Tongefäßen waren vermutlich auch Lebensmittel. Die Angehörigen schminkten die Toten mit rotem Farbstoff feierlich und legten den Schmuck und die Waffen der Verstorbenen mit ins Grab. Forscher vermuten, dass die Toten gefesselt waren. So wollte man verhindern, dass sie wieder ins Leben zurückkehren.

Großsteingräber

Im Norden Deutschlands und Europas setzten die Bauern ihre Toten in Großsteingräbern, so genannten *Megalithgräbern* bei. Ursprünglich waren die Totenhäuser mit einem Erdhügel überdeckt. Ein weiterer Steinkreis sicherte das Erdreich vor dem Abrutschen. Trotzdem haben Regen und Schnee in den Jahrtausenden die aufgeschüttete Erde meist weggeschwemmt. So stehen die Steine heute als riesige Denkmäler in der Landschaft.

In den Wäldern südlich und westlich von Haldensleben in Sachsen-Anhalt befindet sich die größte Konzentration von Großsteingräbern Mitteleuropas. Es sind 83 Anlagen, 44 zerstörte lassen sich nachweisen.

i

Megalithgräber: Wissenschaftlicher Name für Großsteingräber. Er stammt aus dem Altgriechischen: mega = groß und lithos = Stein. Lange glaubten die Leute, nur Riesen könnten die schweren Steinplatten bewegt haben. Deshalb nannten sie die Gräber „Hünengräber".

M2 *Großsteingrab bei Kleinenkneten im Landkreis Oldenburg.*

(M3) *Bau eines Großsteingrabes (heutige Vorstellung). Die Zwischenräume zwischen den heute frei stehenden Tragsteinen waren mit Bruchsteinen gefüllt.*

(M4) *Überreste eines Großsteingrabes mit offener Grabkammer.*

Glaubensvorstellungen

Die Einstellung der Menschen in der Jungsteinzeit zur Natur, zum Tod und zum Jenseits lässt sich nur erahnen. Mögliche Antworten auf diese Fragen finden Forscher bei den Naturvölkern, die heute so leben, wie die Menschen in der Jungsteinzeit. Bei ihnen finden sich Hinweise darauf, was die Menschen damals über die Natur, das Leben nach dem Tod oder über die Welt der Geister dachten. Die Forscher vermuten, dass die Menschen der Jungsteinzeit versuchten, die bösen Geister durch Opfergaben friedlich zu stimmen. Beim Hausbau wurde ein Schwein geopfert und unter dem Herd begraben. Das sollte den Bewohnern Glück bringen und sie vor Feinden und Naturgewalten schützen. In Mooren wurden häufig Opfergaben abgelegt. Es wurden sogar Menschen geopfert. Zudem verehrten die Menschen die „Muttergöttin“ als große Ernährerin. Von ihr erwarteten sie Hilfe für eine gute Ernte und Schutz vor Krankheiten des Viehs.

Wissenschaftlerinnen und Wissenschaftler gehen davon aus, dass die Großsteingräber nicht nur Begräbnisplatz waren. Sie waren vielleicht auch religiöse Plätze oder ein deutliches Anzeichen für ein Siedlungsgebiet.

Arbeitsaufträge

1. Erkläre, was ein Megalithgrab ist.
2. Beschreibe die Abbildungen M2 und M3. Welche Unterschiede kannst du erkennen?
3. Entscheide, ob folgende Aussage richtig ist: „Die Menschen in der Jungsteinzeit glaubten an ein Leben nach dem Tod". Begründe deine Entscheidung aus dem Text und mit den Abbildungen.
4. Beschreibe genau, wie ein Großsteingrab gebaut wurde (M3). Gehe dabei schrittweise vor.
5. Forsche nach, ob es in der Nähe deines Wohn- oder Schulortes Reste von Großsteingräbern gibt.
6. Schreibe einen kurzen Bericht über die Glaubensvorstellungen in der Jungsteinzeit.

Aus Bronze- und Eisenzeit

Erz: Eisen, Kupfer, Blei und weitere Metalle sind in Gestein eingelagert. Solche metallhaltigen Gesteine heißen Erze.
Legierung: ein Gemisch aus (meistens zwei) Metallen.

Die Metallzeit beginnt

Die längste Zeit seiner Geschichte ist der Mensch ohne Metalle ausgekommen. Wir wissen nicht genau, wie es dazu kam, dass die Menschen anfingen, anstelle von Stein Metalle zu verwenden. Die ersten Menschen, die Metall bearbeiteten, lebten in Vorderasien – wo auch der Ackerbau entdeckt worden war.

Zuerst schmolzen sie Kupfer*erz* und schmiedeten daraus Schmuck und Werkzeuge. Das war eine der wichtigsten Entdeckungen der Menschen überhaupt: die Entdeckung schmiedbarer, schmelzbarer Metalle. Es war der Anfang der *Metallzeit*, die bis in unsere Gegenwart reicht.

M1 *Im Bergbau werden neu entdeckte Metalle abgebaut.*

M2 *Kupferschmelzofen.*

Die Erfindung der Bronze

Aber Kupfer war sehr weich. Diese Eigenschaft ist bei der Herstellung von Schmuck kein Nachteil. Für die Herstellung von Werkzeugen und Waffen war Kupfer weniger geeignet. Deshalb suchten die Menschen nach anderen, geeigneteren Rohstoffen. Schließlich mischten sie verschiedene Metalle. Sie schmolzen Kupfer und Zinn zusammen und probierten verschiedene Mischungen. Endlich hatten sie die perfekte Mischung gefunden: Eine *Legierung* von neun Teilen Kupfer und einem Teil Zinn ergab einen neuen, weich fließenden, schließlich aber sehr harten Rohstoff, die *Bronze*. Die Bronze gab einem neuen Abschnitt in der Menschheitsgeschichte den Namen: die *Bronzezeit*.

Die neue Metallkunst regte die Schöpferkraft der Menschen an. Die bisherigen Geräte aus Stein konnte man jetzt aus Bronze viel schöner, viel feiner herstellen. Ganz neue kamen hinzu: Gefäße wie Töpfe und Schalen, Schmuckstücke wie Ringe und Armreifen, Waffen wie Schwerter und Dolche und andere nützliche Werkzeuge wie Sicheln und Nadeln.

Völker am östlichen Mittelmeer entwickelten zuerst die neue Metallkunst, das Handwerk des Schmelzens und Gießens der Bronze (um 2000 v. Chr.). Um 1800 v. Chr. drängte sie auch in Mitteleuropa nach und nach die Bearbeitung des Steins zurück.

Arbeitsteilung und Handel

Die Herstellung von Bronze war nicht einfach. Das Kupfererz wurde unter Tage in einem Bergwerk abgebaut. In einem Schmelzofen wurde das Erz vom *tauben Gestein* getrennt. Man beheizte den Schmelzofen mit Holzkohle. Diese wurde vom Köhler hergestellt. Für die Herstellung von Bronze brauchte man Zinn. Dies gab es aber nur an wenigen, weit entfernten Orten. Es wurde dort zu Barren geschmolzen und von Händlern über weite Strecken zu den Schmelzmeistern transportiert.

Bronze wurde in der Nähe der Kupferbergwerke hergestellt. So mussten die Händler nur Zinn transportieren. Bronzegeräte waren besonders schön. Auch dort, wo es weder Zinn noch Kupfer gab, waren sie sehr beliebt. So entstand in der Bronzezeit der Fernhandel. Händler transportierten Rohstoffe und Schmuckstücke, Werkzeuge und Waffen aus Bronze in die Dörfer. Sie erfuhren auf ihren Reisen viele Neuigkeiten.

i

taubes Gestein: Gestein, das keine nutzbaren Mineralien oder Erze enthält.

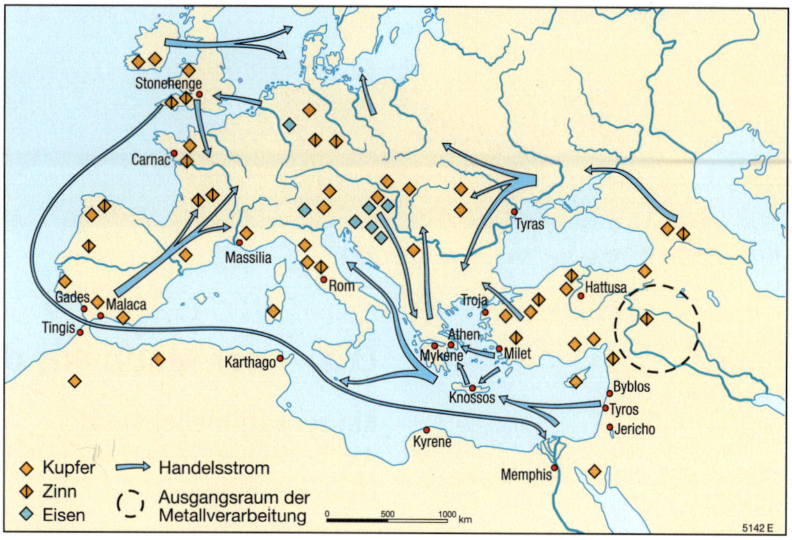

M3 *Handelsströme 3000 – 600 v. Chr.*

Neue Berufe entstehen

In der Jungsteinzeit hatte es nur Bauern gegeben. Die Tätigkeiten bei der Herstellung von Bronzegegenständen erforderten jedoch so genaue Kenntnisse, dass Spezialisten gebraucht wurden. Es entstanden verschiedene neue Berufe. Nun brauchte man Bergarbeiter, Fuhrleute, Händler, Köhler, Schmelzmeister, Bronzegießer und Schmiede. Aber wie ernährten sie sich? Sie tauschten die Produkte ihrer Arbeit bei den Bauern gegen Nahrungsmittel ein. Das funktionierte aber nur, wenn die Bauern mehr produzierten, als sie zum Überleben brauchten.

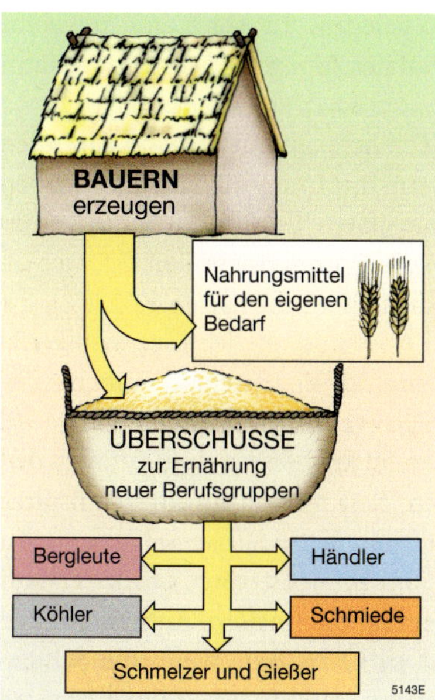

M4 *Neue Berufe entstehen.*

Arbeitsaufträge

1. Erkläre, warum die neuen Werkstoffe Eisen und Bronze dem Werkstoff Stein überlegen waren.
2. Beschreibe den Erzabbau (M1).
3. In welchen heutigen Ländern gab es welche Rohstoffe? Beschreibe.
4. Begründe, warum die Menschen sich mit dem Beginn der Metallzeit spezialisieren mussten (M4).

M1 *Die Leiche im Gletschereis, Foto von 1991.*

Ötzi – der Mann aus dem Eis

Ein sensationeller Fund

Am 19. September 1991 machten Bergwanderer am Fuße des Schnalstaler Gletschers in Südtirol einen sensationellen Fund:

Sie entdeckten in 3 200 m Höhe eine Gletschermumie. Die Leiche wurde Wissenschaftlerinnen und Wissenschaftlern übergeben.

Der Tote hatte sehr lange im Eis gelegen. Er starb vor ungefähr 5 300 Jahren. Da der Fundort in den Ötztaler Alpen lag, wurde der Mann von den Zeitungen Ötzi genannt.

Noch nie war eine Leiche aus dieser Zeit in so gutem Zustand gefunden worden. Die Forscher gewannen viele neue Informationen über das Leben am Ende der Jungsteinzeit, als schon die ersten Gegenstände aus Kupfer hergestellt wurden.

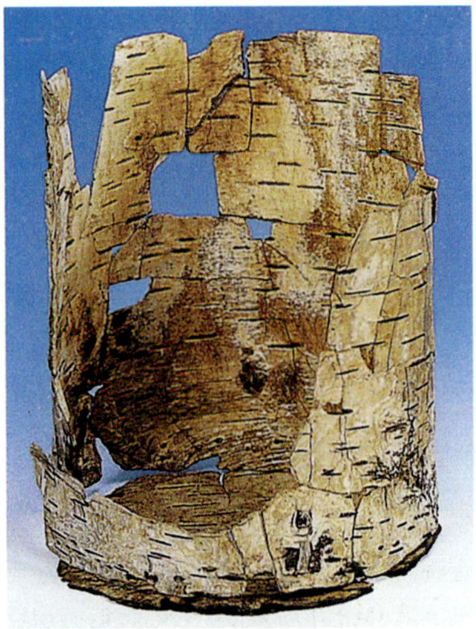

M2 *Behälter aus Birkenrinde.*

Wer war Ötzi?

Bis heute haben die Wissenschaftlerinnen und Wissenschaftler noch nicht alle Rätsel um Ötzi gelöst. Mit Sicherheit weiß man, dass der Mann ca. 45 Jahre alt war, als er starb. Er wog etwa 50 kg und war 1,60 m groß. Am Körper hatte er mehrere Tätowierungen. Seit man 2002 eine Pfeilspitze in seiner linken Schulter entdeckt hat, gehen die Wissenschaftlerinnen und Wissenschaftler davon aus, dass er im Kampf getötet wurde. Darauf lässt auch eine tiefe Schnittwunde an der Hand schließen. Außerdem fand man Blut von drei weiteren Menschen an Ötzis Axt. Wenn die Schussverletzung nicht schon tödlich war, dann starb er am Blutverlust, an Erschöpfung oder Unterkühlung.

Die Forscher fanden sogar heraus, was der Mann aus dem Eis als Letztes gegessen hatte: Fleisch vom Steinbock und Rothirsch mit Einkornbrot.

Ausrüstung und Kleidung

Rätselhaft ist, was Ötzi in dieser großen Höhe gemacht hat. Vermutet wird, er könne ein Hirte, Händler, Erzsucher oder Priester gewesen sein. Seine Kleidung und seine Ausrüstung waren für ein Überleben im Hochgebirge sehr gut geeignet. Jacke und Hose waren aus Ziegenfell. Darüber trug er einen geflochtenen Umhang aus 1 m langen Grashalmen und Bast, der ihn vor schlechtem Wetter schützte. Die Mütze war aus Bärenfell. Die Schuhe aus Hirschleder hatten eine Sohle aus Braunbärenleder und waren mit Gras ausgepolstert.

Ein Kupferbeil, wie es Ötzi dabeigehabt hat, konnten sich am Ende der Jungsteinzeit nur sehr wenige reiche und mächtige Krieger leisten. Ötzis Bogen war wertvoll, sein Eschenholzdolch hatte eine Feuersteinklinge. Der Bogen aus Eibenholz war noch nicht ganz fertig. Im Köcher befanden sich Pfeile mit Feuersteinspitzen, welche mit Pflanzenfasern und Birkenteer am Schaft befestigt waren. Bis zu einer Entfernung von 50 m waren Pfeil und Bogen eine tödliche Waffe.

In einem Gefäß aus Birkenrinde (M2) transportierte er Glut, Feuerstein und einen Zunderschwamm, den er verwendete, wenn die Glut einmal ausgegangen war.

M3 *Nachbildung Ötzis aus dem Iceman-Museum in Bozen/Italien.*

M4 *Gegenstände, die Ötzi bei sich trug.*

i

Pyrit: ein Mineral, von dem sich mit einem harten Feuerstein Splitter abschlagen lassen, die sich entzünden und verbrennen.

Arbeitsaufträge

1. Erkläre den Namen Ötzi.
2. Ordne die im Text genannten Funde den Abbildungen zu.
3. Schreibe die verschiedenen Materialien auf, aus denen Ötzi Kleidung und Waffen herstellte.
4. Schaue noch einmal M2 auf Seite 26 an. Zu welchem Stadium in der Entwicklung der Menschen gehört Ötzi? Begründe deine Antwort.
5. Vergleiche Ötzi mit den Menschen der Altsteinzeit. Nenne drei Unterschiede in der Lebensweise.

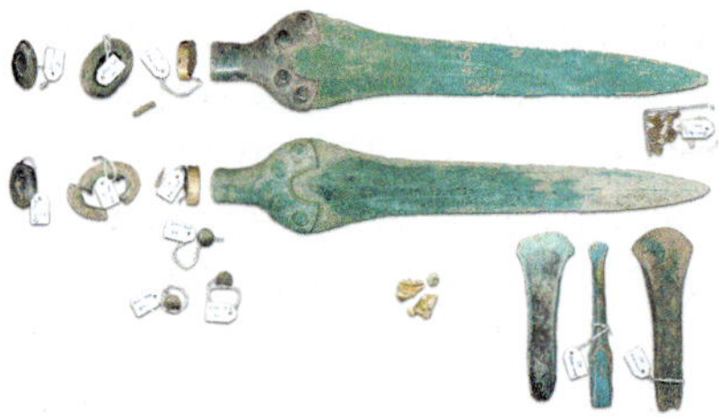

M1 *Funde aus der Grabung: Schwerter, Beile, Meißel und Armringe.*

Die Himmelsscheibe von Nebra

Ein archäologischer Fund auf dem Schwarzmarkt

1999 fanden zwei Männer in Nebra in Sachsen-Anhalt eine verrostete Bronzescheibe, zwei Schwerter, zwei Beile, Meißel und Reste von Armringen. Sie säuberten ihre Beute mit Wasser und einer Bürste, bis die Goldplättchen an den Bronzeteilen wieder glänzten. Dabei beschädigten sie die Scheibe. Später verkauften sie alles auf dem Schwarzmarkt.

Jahre später erhielt die Polizei den Tipp, dass die Funde erneut angeboten wurden. In einem Schweizer Hotel stellten Kriminalbeamte den Händlern eine Falle: Sie gaben sich als Antiquitätensammler aus und nahmen die Verkäufer fest. Die Funde übergaben sie dem Landesmuseum für Vorgeschichte in Halle/Saale. Nach einer Echtheitsprüfung wurde deutlich, was für ein sensationeller Fund hier gemacht worden war.

Aussehen und Bedeutung der Scheibe

Die Bronzescheibe misst im Durchmesser 32 cm, ist 2–4 mm dick und wiegt etwa 2 kg. Sie war vor etwa 3 600 Jahren zusammen mit wertvollen Schwertern, Schmuck und Gerät auf dem Gipfel des Mittelberges bei Nebra niedergelegt worden. Zu sehen sind auf ihr zwei große goldene Himmelskörper. Ob es sich dabei aber um Sonne und Mond oder zwei Mondphasen (zunehmender Mond und Vollmond) oder gar um zwei Phasen einer Sonnenfinsternis handelt, können die Forscher noch nicht sagen. Die kleinen Kreise sind wahrscheinlich Sterne. Sechs davon bilden einen Ring um einen weiteren.

M2 *Die Himmelsscheibe von Nebra.*

Am linken und am rechten Rand der Scheibe war ursprünglich ein goldener Bogen angebracht, von ihnen ist nur noch der rechte erhalten.

Diesen Bogen deuten Wissenschaftlerinnen und Wissenschaftler als Darstellung der damaligen Horizontlinie, in der die Sonne im Laufe des Jahres aufging. Die beiden unteren Enden der Linien markierten somit den Auf- und Untergang der Sonne für den 21. Dezember, die oberen Enden für den 21. Juni. Der dritte Bogen unten ist stärker gekrümmt und zeigt an der Ober- und Unterseite viele kleine Striche. Einige Forscher vermuten, dass es sich vielleicht um ein *Sonnenschiff* handelt: ein Schiff, auf dem der Sonnengott über den Himmel fuhr.

Sternenbeobachtung in der Bronzezeit

Nur 20 km von Nebra entfernt fanden Archäologen in Goseck einen Kreisgraben mit einem Durchmesser von 71 m. Die Forscher vermuten, dass es sich hier um ein Bauwerk handelt, dass mit der Beobachtung der Sterne zu tun hat. Es stammt etwa aus dem Jahr 5000 v. Chr. Zusammen mit der Himmelsscheibe von Nebra zeigt es uns, dass die Menschen der Bronzezeit schon sehr viel über die Sterne und den Himmel wussten.

Der Sonnenwagen von Trundholm (fast 60 cm lang) stammt aus der Zeit um 1400 v. Chr. Er wurde beim Pflügen in Dänemark gefunden. Er zeigt, dass die Menschen in der Bronzezeit die Sonne kultisch verehrten. Die Sonnenscheibe ist auf einem Wagengestell angebracht. Sie ist auf einer Seite vergoldet, auf der anderen Seite aus Bronze. Vermutlich stellen die beiden verschiedenen Seiten den Tag und die Nacht dar.

Solche Gegenstände kannte man bisher nur aus Fürstengräbern.

M3 *Kreisgraben von Goseck, Rekonstruktion.*

Arbeitsaufträge

1. Zeichne die Himmelsscheibe von Nebra in dein Heft und beschrifte ihre einzelnen Teile.
2. Die Himmelsscheibe war ein äußerst wichtiger Fund für die Historikerinnen und Historiker. Begründe.

Die Kelten und das Eisen

Das Eisen verdrängt die Bronze

Etwa 1200 Jahre dauerte die Bronzezeit, dann lernten die Menschen ein neues, noch besseres Metall zu gebrauchen: das *Eisen.*

Eisenerz fanden sie an manchen Stellen dicht unter der Erdoberfläche, oder sie bauten es – genau wie das Kupfer – unter Tage im Bergwerk ab. Es ließ sich ebenfalls im Schmelzofen schmelzen, war aber ohne Zusätze fest. Man konnte es in glühendem Zustand in die gewünschte Form schmieden und durch „Abschrecken“ elastisch machen. Geschmiedetes Eisen war noch härter und widerstandsfähiger als die Bronze. So wurde der Schmied einer der wichtigsten Handwerker, und seine kunstvoll gehämmerten Waffen und Geräte waren kostbar und begehrt. Mehr und mehr verdrängte das Eisen die Bronze. Heute werden bei uns eigentlich nur noch Denkmäler und Glocken aus Bronze gefertigt.

Völker der frühen Eisenzeit

In der Bronze- und Eisenzeit lebten im Gebiet des heutigen Deutschlands zwei große Volksgruppen. Im Norden wohnten die Germanen. Im Südwesten zwischen den Oberläufen von Rhein und Donau hatten die Kelten ihre ursprünglichen Sitze. Sie sind das erste Volk, das uns nicht nur durch Ausgrabungsfunde, sondern aus griechischen und römischen Quellen bekannt ist. Sie bildeten keine politische Einheit, sondern zerfielen in zahlreiche Stämme mit *Fürsten* an der Spitze.

Die Kelten waren Meister der Eisenbearbeitung. Sie führten in das Gebiet nördlich der Alpen das Eisen ein, das im Nahen Osten schon länger bekannt war. Sie lebten ursprünglich im ostfranzösisch-südwestdeutschen Raum. Seit dem 8. Jahrhundert breiteten sich die Kelten mit ihrer hoch entwickelten Eisen- und Metallverarbeitungstechnik in Europa aus.

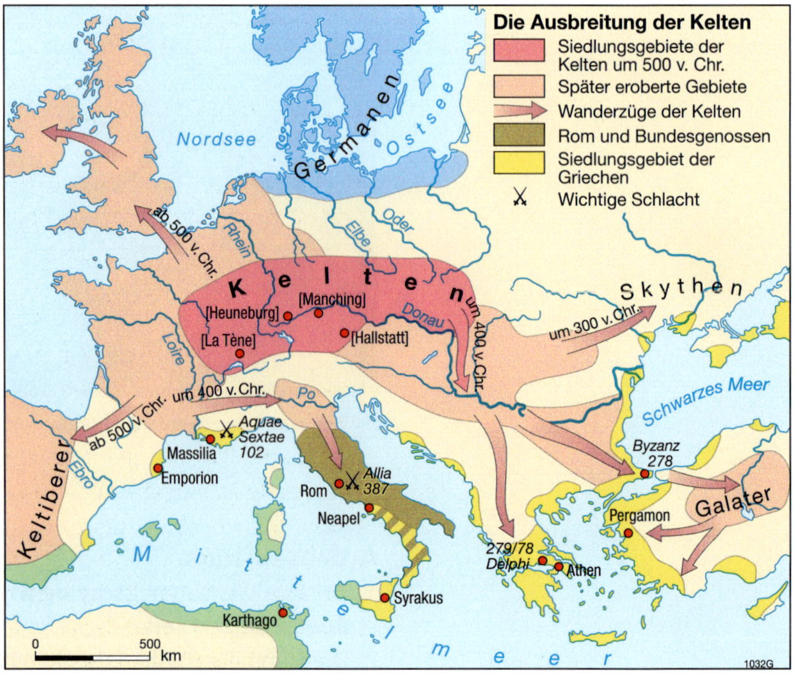

M1 *Die Ausbreitung der Kelten. Karte.*

M2 *Keltisches Trinkhorn.*

M3 *Nachbildung der Grabkammer des keltischen Fürsten aus Hochdorf.*

Das Fürstengrab von Hochdorf

Das Grab eines keltischen Adligen wurde 1978 in Hochdorf bei Ludwigsburg entdeckt. Vor mehr als 2 000 Jahren hatte man dem Toten prächtige Gegenstände und Kleidungsstücke mit in das Grab gegeben. Das Grab enthielt alles, was der Bestattete nach dem Tode brauchen würde. Sogar Nahrung wurde nicht vergessen.

Vieles davon ist zerfallen, eine Reihe besonders kostbarer Grabbeigaben aber konnte geborgen und wiederhergestellt werden.

Der Tote war in einer hölzernen Kammer bestattet, über die ein Erdhügel aufgetürmt war. Er trug Schuhe, die mit sorgfältig bearbeiteten Goldstreifen geschmückt waren. Er hat sie nicht zu seinen Lebzeiten getragen, sie sind speziell als Grabbeigabe gefertigt worden. Ein großes Trinkhorn aus Eisen fand sich ebenfalls als Grabbeigabe. Es war im Laufe der Jahrhunderte in Hunderte von Einzelteilen zerfallen. Spezialisten eines Museums haben es in mühsamer Arbeit wieder zusammengesetzt.

Ein ursprünglich mit 300 Litern Honigwein gefüllter Bronzekessel ist ein weiterer Fund aus dem Fürstengrab von Hochdorf.

Das Grab des Fürsten unterscheidet sich von den Gräbern der gewöhnlichen Toten, die in schmucklosen Gräbern beigesetzt wurden.

Arbeitsaufträge

1. Beschreibe mithilfe der Karte M1, wie sich die Kelten in Europa ausgebreitet haben.
2. Welche Länder liegen heute in dem damaligen Verbreitungsgebiet der Kelten? Nimm einen Atlas zu Hilfe.
3. Betrachte M3 genau. Welche Grabbeigaben kannst du erkennen? Überlege, welche Bedeutung sie gehabt haben können.
4. Stelle zusammen, welche Handwerker an dem Bau der Grabkammer von Hochdorf beteiligt gewesen sind.
5. Erkläre, woraus man darauf schließen kann, dass in dem Grab von Hochdorf ein Fürst bestattet wurde.
6. Finde heraus, ob heute noch jemand in Europa keltisch spricht.

Geschichte und Gegenwart

Jäger und Sammler in der Gegenwart

Gibt es heute noch Völker, die wie in den ältesten Zeiten als Jäger und Sammler leben?

Ja – auf allen Erdteilen gibt es heute noch Völker, die auf diese Art und Weise leben. Es sind jedoch nur noch kleine Gruppen, die ihre Eigenart bewahren können. Beim Zusammentreffen mit der westlichen Zivilisation stehen sie fast immer auf der Verliererseite.

Die Bergpapua in Neuguinea

Die Heimat der Bergpapuas ist Neuguinea – die zweitgrößte Insel der Erde, die nördlich von Australien liegt. In derem Landesinneren haben die Papuas lange unentdeckt gelebt.

Gebirge, Dschungel und Sümpfe schützten ihre ursprüngliche Lebensform bis in die heutige Zeit. Mitte der Siebziger Jahre des 20. Jahrhunderts untersuchten Völkerkundler, wie die Papuas zusammenlebten, auf Jagd gingen oder sich ernährten. Dabei stellten sie fest, dass die Papuas weitgehend so lebten, wie die Menschen in den frühen Zeiten der Geschichte. Aber ihre Lebensformen sind bedroht: Seit 1980 brachen riesige Bagger in ihren Lebensraum ein. Geologen hatten Gold, Silber und Kupfer gefunden. Die Erzminen von Neuguinea gehören inzwischen zu den ertragreichsten der Welt. Westliche Industrienationen beuten die Minen aus und verdrängen dabei die Papuas immer mehr aus ihren ursprünglichen Gebieten.

Arbeitsauftrag

1. Diskutiert in der Klasse: Soll man die Naturvölker in die moderne westliche Welt eingliedern oder bei ihren Lebensformen lassen?

M1 *Jagd mit Pfeil und Bogen.*

M2 *Ein Baum wird mit der Steinaxt gefällt.*

M3 *Papuas beobachten die Zerstörung ihres Siedlungsgebietes.*

M4 *Verzierung von Gefäßen.*

M5 *Feuerreiben.*

M6 *Magische Zeichen.*

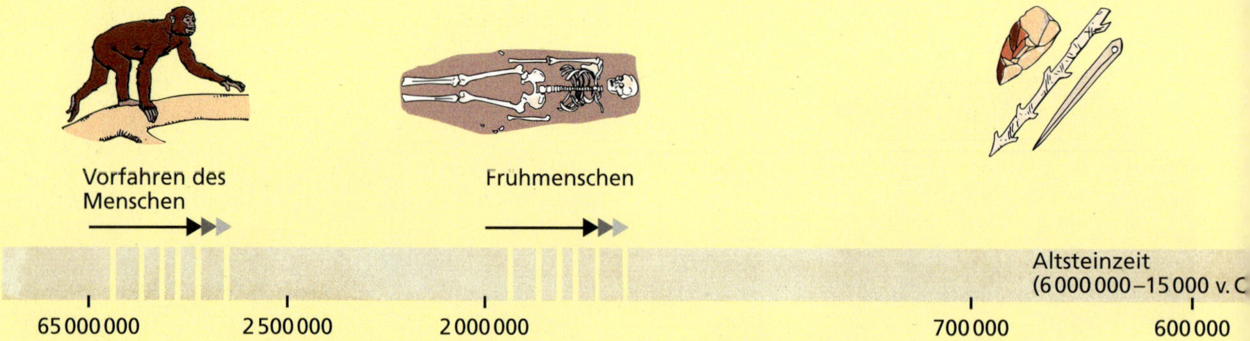

PROJEKT

Einen Faustkeil herstellen

Arbeiten wie die Steinzeitmenschen

Faustkeile entwickelten sich schnell zu „Allzweckgeräten“ der Steinzeit. Mit etwas Geschick kannst du selber einen Faustkeil herstellen.

Du benötigst:

- einen nicht zu dicken Feuerstein. Feuersteine findest du mit etwas Glück in der Natur, kannst sie aber auch in einer Mineralienhandlung kaufen. Von Feuersteinen lassen sich am besten Stücke abschlagen.
- einen weiteren sehr harten Stein. Diesen verwendest du als Hammerstein.

Achtung!

Bevor du mit der Arbeit beginnst, musst du unbedingt eine Schutzbrille aufsetzen und zur Sicherheit Arbeitshandschuhe tragen!

Diese Ausrüstung hatten die Menschen in der Steinzeit natürlich nicht, aber ohne die Schutzmaßnahmen kannst du leicht einen Steinsplitter in die Augen bekommen oder dich an den Händen verletzen. Nun musst du den Stein so lange bearbeiten, bis er die typische Form hat.

Tipp:
Weitere Experimente zum Thema „Arbeiten wie die Steinzeitmenschen“ kannst du heute in Museen durchführen. Eine Möglichkeit ist das Museum für Vor- und Frühgeschichte in Berlin. Schloss Charlottenburg, 14059 Berlin.

M1 *Die Herstellung eines Faustkeiles.*

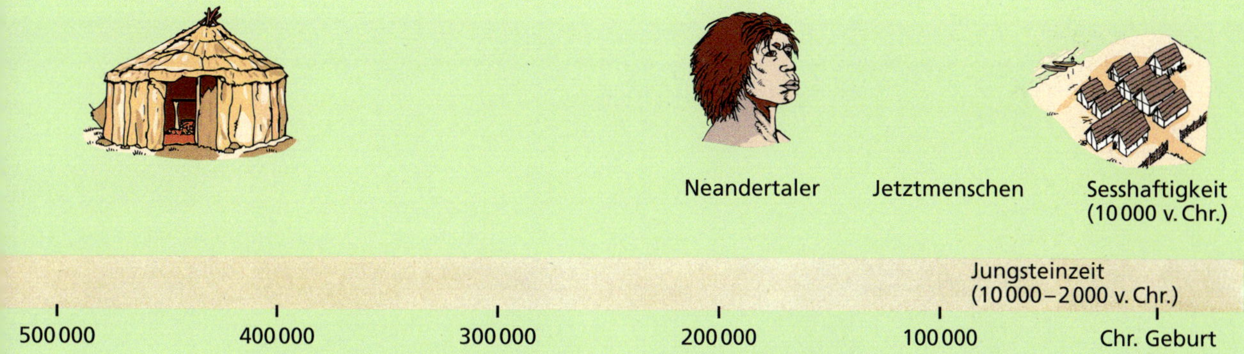

IN KÜRZE

Wichtige Begriffe:
Altsteinzeit
Archäologie
Bronzezeit
Eisenzeit
Eiszeit
Kelten
Metallzeit
Warmzeit
Jungsteinzeit
Neandertaler

Der Weg vom Tier zum Menschen und die Weiterentwicklung des Menschen war ein äußerst langer Prozess, der sich über Millionen von Jahren hinzog. Archäologische Funde bestätigen die Annahme, dass die Entwicklung des Menschen in Afrika begann. Die frühen Lebewesen bildeten langsam besondere Eigenschaften heraus, die den Menschen vom Tier unterschied: der aufrechte Gang, die Benutzung und Herstellung von Werkzeugen, die Beherrschung des Feuers und die Fähigkeit, sich mit der Sprache zu verständigen.

Die frühen Menschen sammelten essbare Pflanzen und folgten den Wildtieren. Diese älteste und längste Epoche der Menschheit, in der das Klima zwischen *Eis- und Warmzeiten* wechselte, wird die *Altsteinzeit* genannt.

Erst nach und nach lernten die Menschen es, den Boden zu beackern und Haustiere zu halten. Sie wurden *sesshaft*. In dieser Zeit wurden zahlreiche Werkzeuge und Geräte erfunden, die die tägliche Arbeit erleichterten. Diese Epoche nennt man *Jungsteinzeit*. In der *Metallzeit* gelang es den Menschen, Metall zu gewinnen und zu verarbeiten. Aus einer Mischung von Kupfer und Zinn stellten sie *Bronze* her und fertigten Waffen und Schmuck an. Seit etwa 800 v. Chr. wurde die Bronze in Mitteleuropa durch das *Eisen* verdrängt. Meister der Eisenverarbeitung waren die *Kelten*.

Alte Reiche in Stromtälern – Ägypten

Cheops und Chefren – Pyramiden in Ägypten.

Wie ein Staat entstand

Ein Geschenk des Nils

Q1 *Was ist das?*

Drei Monate eine schimmernde Perle,
drei Monate eine schwarze Haut,
drei Monate ein grüner Edelstein,
drei Monate leuchtendes Gold.

In: A. Eggebrecht: Das alte Ägypten, S. 206.

Dieses alte Rätsel beschreibt die verschiedenen Gesichter des Nils.

Wo sein Wasser das Erdreich tränkt, sprießt frisches Grün und das Land wird fruchtbar. So konnten die Menschen auf dem schmalen Uferstreifen Nahrung und Viehweiden finden. Sie legten Felder an, auf denen sie Getreide pflanzten. Sie wurden somit Ackerbauern. Aber jedes Jahr überschwemmte der Nil nach der Regenzeit die Ufer. Seine mitgebrachten dunklen Schlammmassen zerstörten die mühsam angelegten Wiesen und Felder. Bald erkannten die Menschen, dass der Nilschlamm ein kostbarer Dünger war. Nach der Flutwelle gab es bis zur neuen Flut im nächsten Jahr so gut wie kein Wasser für die Pflanzen, denn in Ägypten regnete es so gut wie nie.

Leben nach den Regeln des Flusses

Wie aber sollten die Bauern den Nil bändigen?

Durch genaues Beobachten stellten sie fest, dass sich die Abläufe regelmäßig wiederholten. Kurz vor der Nilschwemme tauchte ein bestimmter Stern am Himmel auf: der Sirius. Die Ägypter notierten ihre Beobachtungen und so entstand ein Kalender, der die Abläufe des Nils festhielt. Folgende Aufgaben mussten die Ägypter nun noch lösen:

Sie mussten versuchen, das Nilwasser über eine möglichst große Fläche zu verteilen, damit der fruchtbare Uferstreifen breiter wurde.

Das Wasser musste so lange wie möglich gespeichert werden, damit auch in der Zeit der Trockenheit die Äcker noch bewässert werden konnten.

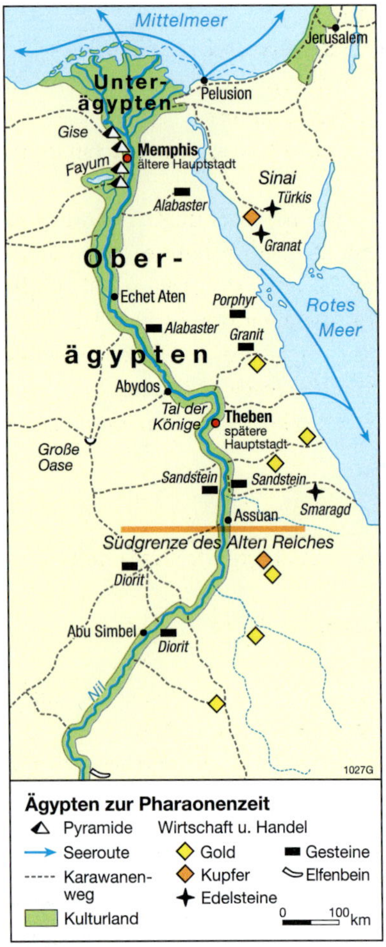

M1 *Ägypten zur Pharaonenzeit.*

M2 *Das Niltal heute.*

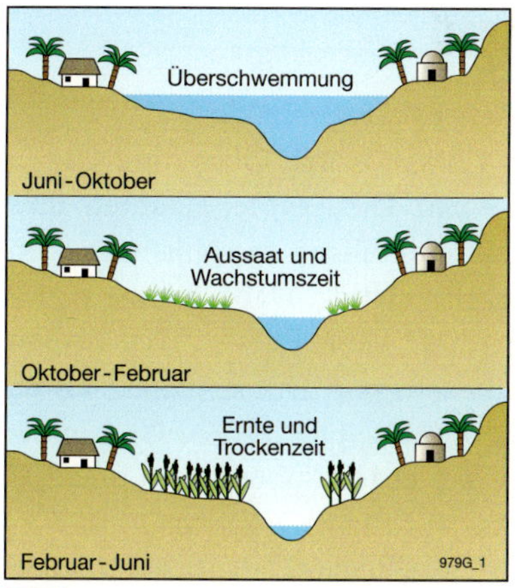

M3 *Die Wasserstände des Nils im Jahresverlauf.*

Die Ägypter organisieren ihr Leben

Diese Aufgaben überstiegen jedoch die Möglichkeiten der einzelnen Nilbauern und auch der Bewohner einer Siedlung. Deshalb schlossen sich die Siedlungen zu größeren Gemeinschaften zusammen.

Sie bauten gemeinsam Dämme gegen das Hochwasser, leiteten es in Kanäle und verteilten es in der Wüste.

Um das Nilwasser auf die höher gelegenen Felder zu transportieren, bauten die Nilbauern Schöpfwerke – *Schadufs*. So gelang es, das Hochwasser in künstlichen Seen zu speichern. Natürlich mussten die Schöpfwerke repariert werden und dies wurde gemeinsam getan. Die überschwemmten Wiesen und Felder wurden jährlich neu vermessen, weil das Wasser und die Schlammmassen die Grenzen verwischt hatten.

Noch heute werden die Bewässerungstechniken, die es im alten Ägypten gab, angewendet.

Arbeitsaufträge

1. Erkläre, warum in Ägypten nur das Gebiet um den Nil besiedelt werden konnte. Nutze M1.
2. Beschreibe, wie sich der Stand des Nils im Laufe des Jahres veränderte (M3).
3. Erläutere die Bedeutung des Flusses für Ägypten und die Menschen.
4. Beschreibe, wie es den Ägyptern gelang den Nil zu nutzen.
5. Begründe, warum der Nil nur gemeinsam bezwungen werden konnte.

M4 *Bewässerungstechnik am Nil (Rekonstruktionszeichnung).*

Die ägyptische Gesellschaft

i

Pharao: Titel der ägyptischen Könige. Der Begriff bedeutet „großes Haus“.
Wesir: oberster Beamter, Stellvertreter des Pharao.

Der Pharao – König und Gott

Herrscher über ganz Ägypten war der *Pharao*, König Ober- und Unterägyptens. Dieses Amt gab es seit 3000 v. Chr. Die Ägypter glaubten, dass der Pharao die Gewalt über die Überschwemmungen des Nils habe, von denen das Wohlergehen des ganzen Landes abhing. Dabei nutzte er nur die Ergebnisse der Sternenbeobachtung durch seine Priester. Den Beginn der Nilschwelle teilte er dann den Nilbauern mit. Durch dieses Wissen erschien der Pharao den Menschen im alten Ägypten als ein Gott, da er über göttliche Kräfte verfügte. Als Gott war er Herr über Leben und Tod der Ägypter.

Alle Aufgaben konnte er nicht allein bewältigen. Daraufhin ernannte er besonders ausgebildete Beamte, die in seinem Namen handelten und ihm zu unbedingtem Gehorsam verpflichtet waren.

M1 *Sarkophag mit der Totenmaske des Pharao Tutanchamun.*

Die Helfer des Pharao – Beamte und Priester

Fern von den Nilbauern lebte der Pharao in seinem Palast. Für ihn handelten seine *Beamten.* Unter ihnen gab es eine strenge Rangordnung. Der oberste Beamte – der *Wesir* – war der Stellvertreter des Pharao. Ihm unterstanden weitere Beamte mit verschiedenen Aufgabengebieten:

Beamte leiteten die Bauaufgaben am Fluss. Sie gaben die Befehle zum Öffnen und Schließen der Kanäle, zum Ablassen der künstlichen Seen usw.

Beamte trieben die Abgaben von den Nilbauern ein. Denn auf den nun viel besser genutzten Feldern wurde mehr geerntet als bisher, mehr jedenfalls, als die Bauern für ihren Lebensunterhalt benötigten. Die Überschüsse mussten abgeliefert werden, denn alles Land und alle Arbeitskraft gehörten dem Pharao. Diese Abgaben sammelten die Ägypter in großen Vorratshäusern, um so Vorräte für schlechte Jahre anzulegen.

Beamte verteilten die Nahrungsmittel, die übrig waren, an alle, die nicht mehr selbst den Boden bebauten, sondern andere Dienste für den Pharao verrichteten: an die *Priester*, die Kaufleute und die Handwerker, die Diener und die Arbeiter.

*Beamte überwacht*en die Ausführung der Befehle des Pharao im ganzen Land. Obwohl ihre Zahl gering war, waren die Beamten die angesehenste Gruppe in der Bevölkerung Ägyptens.

M2 *Beamte vermessen die Felder, Wandmalerei.*

M3 *Der Aufbau der ägyptischen Gesellschaft.*

Befehle müssen aufgeschrieben werden

Für viele Aufgaben brauchten die Ägypter die Möglickeit, etwas aufzuschreiben. So mussten z.B. Befehle, Aufträge und die Anordnungen des Pharao festgehalten werden. Wie viel Korn in den Vorratshäusern lag, wie viel Vieh es gab und wie viel neues Land jeder bekam, musste aufgeschrieben werden, ebenso die Höhe und die Art der Abgaben, die geleistet werden mussten. Überall bestand die Notwendigkeit, Wichtiges zu notieren. Dies führte dazu, dass die Menschen um 3000 v. Chr. langsam eine Schrift entwickelten.

Der Beruf des ägyptischen Schreibers war sehr bedeutend, denn nur wer lesen und schreiben konnte, wurde vielleicht Beamter oder sogar ein Wesir. Das Erlernen des Schreibens unter der Aufsicht von Beamten war aber nur den Kindern des Pharao, der Priester und der Beamten in der Schule möglich.

M4 *Ein Schreiber, Statue 2500 v. Chr.*

Arbeitsaufträge

1. Beschreibe, wie die Totenmaske des Pharao Tutanchamun auf dich wirkt (M1).
2. Nenne Aufgaben und Tätgkeiten der Beamten in Ägypten.
3. Berichte über den Beruf des Schreibers. Nutze M3.
4. Stelle zusammen, welche Vorteile die Beamten gegenüber den einfachen Nilbauern hatten.
5. Erkläre mithilfe von M3 den Aufbau des ägyptischen Staates.
6. Beurteile folgende Aussage: Um den Aufbau der ägyptischen Gesellschaft darzustellen, ist das Bild einer Pyramide besonders geeignet. Begründe deine Antwort!

Das Leben im alten Ägypten

Eine Schrift wird notwendig

M1 *Der Stein von Rosette.*

Wo viele Menschen zusammenwohnen, da gibt es leicht Schwierigkeiten und Unklarheiten. Was hatte der eine Bauer den Beamten von seiner Ernte abgeliefert, was der andere? Listen über Vorräte und Abgaben der Bauern mussten angelegt, Berichte der Beamten verfasst werden.

Aus solchen und ähnlichen Notwendigkeiten lernten die Menschen das Schreiben.

Hieroglyphen – heilige Zeichen

Es waren zuerst nur Bilder von Gegenständen, die die Ägypter aneinanderreihten. Je nach Material zum Schreiben, das sie vorfanden, entwickelten sich ihre Schriften sehr verschieden.

Vor allem an Tempeln und Kultstätten fanden sich die Schriftzeichen der alten Ägypter – die *Hieroglyphen.*

i

Hieroglyphen: Die um 3000 v. Chr. von den Ägyptern entwickelten Bildschriftzeichen werden heute Hieroglyphen genannt, das heißt: „heilige eingegrabene Zeichen".

Eine Schrift gibt Rätsel auf

Es dauerte sehr lange, bis Forscher und Forscherinnen die geheimnisvollen Zeichen entschlüsseln konnten. 1799 fand man im Nildelta einen großen schwarzen Stein, auf dem in drei Sprachen der gleiche Text stand: in Hieroglyphen, in einer altägyptischen Schreibschrift und in griechischer Schrift. Da die griechische Schrift bekannt war, konnten Forscher die Texte entschlüsseln. 1822 hatte der französische Forscher Jean François Champollion die Wörter auf dem Stein entziffert – das Geheimnis der Hieroglyphen war gelüftet! Champollion fand heraus, dass die Hieroglyphen mehrere Bedeutungen hatten. Ein Bildzeichen konnte ein ganzes Wort oder auch nur einen Laut bedeuten.

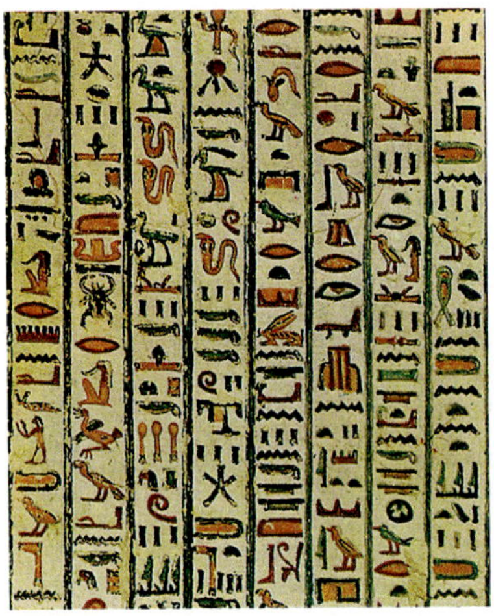

M2 *Hieroglyphen. Wandmalerei, um 1135 v. Chr.*

Weitere Schwierigkeiten bestanden darin, dass es keine Vokale (a, e, i, o, u) gab und die Schreibzeilen entweder waagerecht oder senkrecht verliefen. Es gibt auch Bildzeichen, die nicht gelesen werden. Sie bestimmen als Deutzeichen das Wort. Am Ende eines männlichen Namens steht das Bild eines Mannes und am Ende eines weiblichen Namens das Bild einer sitzenden Frau. Insgesamt gab es über 700 Hieroglyphen Da dies alles sehr kompliziert war, konnten im alten Ägypten nur Schriftgelehrte wie Priester und Schreiber die Hieroglyphen schreiben und entziffern. Die einfachen Bauern bewunderten sie dafür.

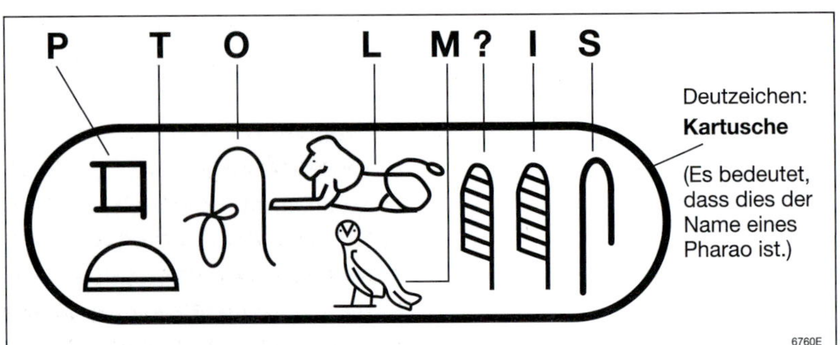

M3 *Namenskartusche des Ptolemaios.*

M4 *Papyrusstaude.*

Buchstabe	Zeichen	Bedeutung
a		Geier
b		Bein
c		Tierbauch mit Zitzen
d		Hand
e		Arm
f		Schlange
g		Krug
h		Hof
i, j, y		Schilfblatt
k		Korb
l		Löwe
m		Eule
n		Wasser
o		Seil
p		Stuhl
q		Abhang
r		Mund
s, x, z		gefalteter Stoff
t		Brot
u, v, w		Wachtel

Deutzeichen: Pharao, Mann, Frau

5703E

M5 *Ägyptisches Alphabet.*

i

Papyrus: Die Papyrusstaude ist eine Sumpfpflanze, die bis zu 6 m hoch wird. Sie wächst an den Ufern des Nils. Aus ihrer Staude stellten die Ägypter den Vorläufer des Papiers her.

Das Schreibmaterial

Die bisher benutzten Schreibmaterialien wie Tonscherben, Holztafeln oder Kalksteinscherben waren nicht geeignet für die Menge an Informationen. Da stellten die Ägypter fest, dass aus der Papyrusstaude eine Art Papier hergestellt werden kann. Das Schreibmaterial aus der *Papyrusstaude* war sehr kostbar und wurde aus diesem Grunde mehrmals benutzt. Schreibergehilfen wuschen die alte Schrift ab und so konnte der Papyrus wieder beschrieben werden.

Als Tinte benutzte man schwarze und rote Tusche, die mit einer Feder oder angespitzten Halmen aus Schilfrohr auf den Papyrus aufgetragen wurde. Weniger wichtige Aufzeichnungen, Notizen und einfache Zeichnungen wurden weiter auf Tonscherben, Holztafeln oder Kalksteinscherben geschrieben.

Q1 *Ein ägyptischer Schreiber schreibt für seinen Sohn ein Lehrbuch:*

Ich lasse dich die Schriften mehr lieben als die Mutter. Ich führe dir ihre Schönheit vor Augen, sie ist größer als die aller anderen Berufe … Aber ich habe den Erzarbeiter über seiner Arbeit beobachtet, an der Öffnung seines Schmelzofens. Seine Finger sind krokodilartig, er stinkt mehr als ein Fischlaich. Schmerzhaft ist die Peitsche gegen ihn. Ich sage dir ferner, wie es um den Fischer steht: Es geht ihm schlechter als jedem anderen Beruf. Wenn du schreiben kannst, so wird dir das nützlicher sein als alle Berufe, die ich dir vorgetragen habe.

In: H. Brunner, Die Lehre des Cheti, S. 22–24.

Arbeitsaufträge

1. Erkläre, warum die Ägypter eine Schrift entwickeln mussten.
2. Nenne Menschengruppen, die in Ägypten die Schrift lesen und schreiben konnten.
3. Erkläre, warum diese Menschen bewundert wurden.
4. Fasse zusammen, was Q1 über den Beruf des Schreibers aussagt.
5. Schreibe mithilfe von M5 deinen Namen in Hieroglyphenschrift.

Alltag in Ägypten

M1 *Bierbrauerin, um 2000 v. Chr.*

Das Leben der Nilbauern

In Ägypten lebten vor allem Bauern – die Fellachen –, die sich von ihrer Ernte und ihrem Vieh ernährten. Am Nil wurden Getreide und Gemüse angebaut. Die Arbeit der Nilbauern war sehr hart. Ihr Arbeitstag begann sehr zeitig und sie waren stets vom Nilwasser abhängig. Alle Arbeiten wurden von Aufsehern überwacht. Lieferten sie die festgelegte Erntemenge nicht, so wurden die Bauern von ihnen geschlagen.

Den größten Teil ihrer Ernteerträge mussten die Bauern an den Staat abgeben. So ernährten sie mit ihren Ernteerträgen die wohlhabenden Ägypter. Die Vorräte wurden eingelagert und von den Beamten verwaltet. Durch die Aufteilung der Arbeit und eine planmäßige Vorratswirtschaft hatten die Menschen meistens ausreichend zu essen.

Die Ernährung der alten Ägypter

Ihre Nahrung bestand aus Fisch, Hülsenfrüchten wie Linsen, Erbsen, Bohnen sowie Zwiebeln, Datteln, Feigen und Sesam. Getreideanbau war in Ägypten sehr wichtig. Die Menschen zerstampften Getreidekörner im Mörser mit einem Stößel. Mit einer Rolle wurde es auf einem Reibstein zu Mehl gemahlen.

Gerste nutzten die Ägypter für das Backen von Brot und die Herstellung von Bier. Für alle Schichten der ägyptischen Gesellschaft waren Brot und Bier die Grundnahrungsmittel. Fleisch kam nur sehr selten auf den Tisch, obwohl die Ägypter Rinder, Schafe, Schweine, Ziegen und Enten züchteten. Doch die ständige Hitze ließ das frische Fleisch viel zu schnell verderben.

Handwerker und Händler

Neben den Nilbauern entstand in Ägypten die Schicht der Handwerker und Händler. Diese lebten in Dörfern, in Städten oder in abgeschlossenen Handwerkersiedlungen. Sie stellten die verschiedensten Güter her, wie zum Beispiel Stoffe, Backwaren oder Keramik.

Im alten Ägypten herrschte Tauschhandel, das heißt: Es wurde nicht mit Geld bezahlt, sondern die Waren wurden direkt getauscht. Fernhandel gab es kaum, der Pharao ließ nur besonders wichtige Rohstoffe wie Holz und Gewürze aus fremden Ländern besorgen.

M2 *Ägyptische Bauern. Grabmalerei um 1500 v. Chr.*

M3 *Statue der Hatschepsut. Um ihre Macht zu verdeutlichen, kleidete sie sich wie ein Mann und ließ sich mit Bart darstellen.*

Frauen im alten Ägypten

In der Gesellschaft des alten Ägyptens waren Männer und Frauen weitgehend gleichberechtigt und rechtlich gleichgestellt. Die Frau war „Herrin des Hauses“, durfte allerdings keine Beamtin werden und auch keine politischen Ämter übernehmen. Sie musste sich um den Haushalt und die Erziehung der Kinder kümmern.

Die Frau war unabhängig und verfügte über eigenen Besitz, der nach einer Eheschließung weiterhin nur ihr gehörte. Sie konnte ihn sogar an ihre Kinder weitervererben, ohne dass der Ehemann etwas dagegen tun konnte. Die Frau konnte eigene Geschäfte tätigen und auch vor Gericht Klage erheben.

In Ägypten durften sich Eheleute scheiden lassen und der Mann musste für den Unterhalt der Frau und seiner Kinder sorgen.

Q1 *Der griechische Geschichtsschreiber Herodot berichtet:*

Die Ägypter scheinen selbst in ihren Sitten und Gebräuchen die normalen Gewohnheiten der Menschen umgekehrt zu haben. So gehen die Frauen zum Markt und treiben Handel, während Männer im Hause sitzen und weben.

Nach: Time life. Wie sie damals lebten, S. 45.

Eine Frau wird Pharao

Politischen Einfluss konnten Frauen in Herrscherfamilien erlangen. Herrscherinnen waren jedoch die große Ausnahme wie zum Beispiel die Pharaonin Hatschepsut. Als der Pharao Thutmosis II. 1490 v. Chr. starb, übernahm seine Witwe die Regierung. Ihr Sohn war noch nicht alt genug um zu regieren. Allerdings übergab sie ihrem Sohn auch nicht die Macht, als dieser volljährig wurde. Damit war eine kleine Sensation eingetreten: Eine Frau war Pharao geworden.

Arbeitsaufträge

1. Beschreibe mithilfe von M2 Leben und Tätigkeiten der Bauern.
2. Berichte über die Handwerker im alten Ägypten.
3. Stell dir vor, du bist Hatschepsut. Schreibe auf, vor welchen Schwierigkeiten du als Herrscherin stehst.

Der Glaube der Ägypter

(M1) *Die Sphinx: steinerne Wächterin vor den Pyramiden. Sie ist 20 m hoch.*

Die Pyramiden

Pyramiden sind die Begräbnisstätten der Pharaonen und ihrer Familien. Am Eingang zu den Pyramiden in Gizeh bei Kairo steht eine große Statue, die *Sphinx* – eine Figur aus Löwenkörper und Pharaonenhaupt.

Die Cheopspyramide

Die Ägypter glaubten daran, dass ein Pharao nach seinem Tode weiterlebte und für seine Untertanen sorgte. Deshalb bauten sie eine Pyramide für ihn, um so seinen Leichnam und seinen Besitz zu schützen.

Die wohl bekannteste und berühmteste Pyramide ist die Cheopspyramide, die als Grab des Pharao Cheops (um 2520 v. Chr.) erbaut wurde. Sie ist der gewaltigste Steinbau der Welt. Die Pyramide ist 146 m hoch und an jeder Seite 230 m lang. Schon zu Beginn seiner Regierungszeit gab Pharao Cheops den Befehl zum Bau seiner Pyramide, deren Bauzeit dann 20 Jahre betrug.

Wie baut man Pyramiden?

Pyramiden baute man an das westliche Nilufer, weil man dort dem Sonnengott sehr nahe zu sein glaubte. Nach der Festlegung der quadratischen Grundfläche ebneten Arbeiter den Standort. Wissenschaftler gehen heute davon aus, dass speziell ausgebildete Handwerker die Pyramiden gebaut haben. Die benötigten Steine wurden in Steinbrüchen gebrochen und mit Schiffen über den Nil zum Bauplatz transportiert.

Danach bewegten die Arbeiter mithilfe von Hebeln, Tauen und Schlitten mühsam die Steinblöcke an Land von den Steinbrüchen zu dem Bauplatz. Für die Cheopspyramide benötigten die Arbeiter 2,5 Millionen Steinblöcke. *Geneigte Ebenen* halfen ihnen, die Pyramiden in die Höhe zu bauen.

i
geneigte Ebene: Schräge, Rutschbahn.

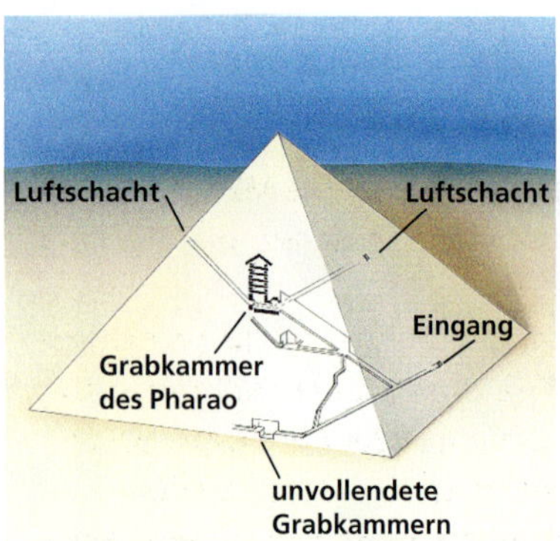

(M2) *Schnitt durch die Cheopspyramide.*

(M3) *Die drei großen Pyramiden.*

M4 *Geräte, die die Ägypter zum Bearbeiten der Felsblöcke einsetzten (heutige Zeichnung).*

i

Sarkophag: (griech.: sarkophagos = Fleischverzehrer) Sarg aus Stein, Holz, Metall oder Ton.

Häuser für die Ewigkeit

Die Ägypter nannten die Pyramiden „Häuser für das ewige Leben".

Neben den Pyramiden entstand auch eine Tempelstadt – mit riesigen Torbauten, Auffahrten, Hallen, Treppen, Mauern und Götterbildern. Sie war zugleich die Totenstadt für die Frauen und Kinder der Pharaonen sowie für die höchsten Beamten des Staates.

Der Sarg des Pharao – der *Sarkophag* – wurde während des Baues in die Pyramide gebracht. Im Innern der Pyramide gab es viele Gänge, die heute noch Geheimnisse bergen. So sollten die Pyramiden vor Grabräubern geschützt werden, damit die Totenruhe des Pharao nicht gestört wird. Wissenschaftler haben trotz moderner Technik noch immer nicht alle Geheimnisse der Pyramiden gelüftet.

Wissenschaftler rätseln heute darüber, wie es den Pharaonen wohl gelungen ist, diese Vielzahl von Menschen zum Bau zu bewegen. Neben den Handwerkern und Künstlern, die das ganze Jahr an den Pyramiden arbeiteten, wurden viel mehr Menschen benötigt, um diese unvorstellbare Meisterleistung zu vollbringen. Da ihre Versorgung gesichert sein musste, gab es auch zahlreiche Bäcker und Köche, die an dem Bau einer Pyramide beteiligt waren. Die Arbeiter wollten sich mit ihrer Arbeit für den Pharao seine Unterstützung im Jenseits sichern. Durch sein Wissen vor allem über die Abläufe des Nilhochwassers, das er von seinen Gelehrten hatte, bewies er den Menschen immer wieder, dass das Wohl des Landes und das Leben der Menschen von ihm abhing.

Arbeitsaufträge

1. Beschreibe, wie eine Pyramide gebaut wurde. Nutze M2 und M4.
2. Erkläre, aus welchem Grund die Pyramiden gebaut wurden. Warum nahmen die Ägypter am Bau freiwillig teil?
3. Stelle eine Liste mit Bauwerken aus deinem Heimatgebiet zusammen und versuche, deren Baujahr und Höhe zu erfahren. Skizziere die Höhe der Bauwerke und vergleiche dann mit der Cheopspyramide.
4. Versetze dich in die Rolle eines Arbeiters, der an dem Bau der Cheopspyramide beteiligt war. Er schreibt einen Brief an seine Frau und berichtet über seine tägliche Arbeit.

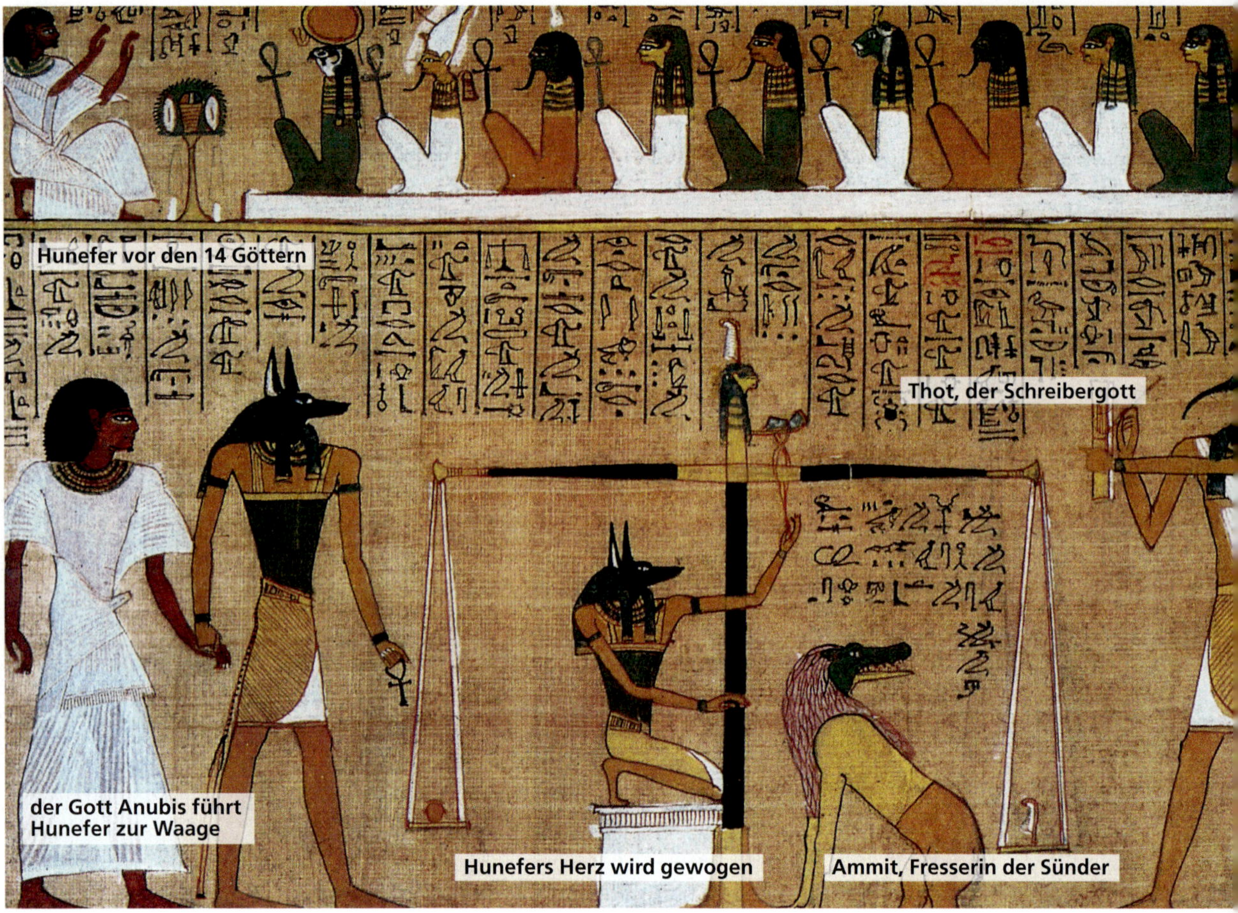

M1 *Das Totengericht – Ausschnitt aus dem Totenbuch des Schreibers Hunefer, um 1300 v. Chr.*

Die Götter als Begleiter

Eine harte Prüfung – das Totengericht

Die Ägypter glaubten an ein Weiterleben nach dem Tod. Wie konnten sie das ewige Leben nach dem Tod erlangen?

Die Ägypter waren davon überzeugt, dass sich jeder nach seinem Tod vor einem Totengericht verantworten und Prüfungen ablegen musste. Deshalb gaben sie den Verstorbenen Totenbücher mit ins Grab. Auf langen, bemalten und beschriebenen Rollen stand alles, was die Toten auf ihrem Weg ins Jenseits wissen, erledigen und sagen mussten.

Im Totenbuch des wohlhabenden Schreibers Hunefer ist das Totengericht, die wichtigste Station auf dem Weg ins Jenseits, dargestellt. Zuerst kniet Hunefer (oben im Bild) vor den 14 Gottheiten und berichtet darüber, was er in seinem Leben getan hat. Dann führt ihn der Totengott (mit Hundekopf) zur Waage, wo sein Herz gegen die Maat-Feder – das Zeichen für Ordnung und Wahrheit – aufgewogen wird.

Thot (der Gott mit Vogelkopf) notiert das Ergebnis: Hunefers Herz ist leichter als eine Feder – es ist ohne Falschheit. Wäre Hunefers Herz schwerer als die Feder gewesen, hätte Ammit (die Fresserin der Sünder) ihn aufgefressen. Danach wird Hunefer von Horus, dem Gott mit Falkenkopf, vor den Herrscher des Totenreiches geführt. Osiris belohnte gutes Verhalten und Gerechtigkeit und ließ den Toten nach bestandener Prüfung in das Paradies.

Q1 *Hunefers bekennt seine Unschuld:*

Ich habe nichts Schlechtes getan!
Ich habe nicht hungern lassen!
Ich habe nicht Ehebruch begangen!
Ich habe nicht zum Weinen gebracht!
Ich habe das Kornmaß nicht vergrößert oder verkleinert!
Ich habe nicht getötet!
Ich habe die Gewichte der Handwaage nicht vergrößert!
Ich habe nicht zu töten befohlen!
Ich habe das Kleinvieh nicht von seinem Futter vertrieben!
Ich habe niemandem Böses zugefügt!
Ich habe keinen Gott bei seinen Prozessionen gehindert!

Nach: Totenbuchkapitel 125 (vereinfacht).

Arbeitsaufträge

1. Betrachte M1, während ein Mitschüler oder eine Mitschülerin den Text vorliest. Verfolge die einzelnen Schritte des Totengerichts genau.
2. Beschreibe das Aussehen der Gottheiten mithilfe von M1.
3. Gib den Inhalt des Unschuldbekenntnisses Q1 wieder. Wozu diente es?
4. Besprecht, ob das Totengericht das Leben der Ägypter im Diesseits beeinflusste. Begründet eure Meinung.

Das Geheimnis der Mumien

Ein Körper für die Ewigkeit

Nach dem Glauben der Ägypter konnte die Seele nach dem Tod nur weiterleben, wenn der Körper erhalten blieb. Deshalb behandelten sie die Leichen besonders sorgsam: Sie balsamierten sie ein. Dazu wurden die Körper der Verstorbenen mit Ölen und Duftstoffen eingesalbt, die inneren Organe wurden entfernt. Nur das Herz, das als Sitz der Vernunft, des Gedächtnisses und der Persönlichkeit galt, blieb im Körper. Viele solcher *Mumien* sind bis heute noch gut erhalten.

Besonders sorgsam verfuhren die Ägypter mit den Körpern reicher Verstorbener. Beaufsichtigt wurden die Mumifizierungen von Priestern. Die einbalsamierte und gewickelte Mumie legten sie in einen Sarkophag, der den Körper schützen sollte. Auf den Sarkophag wurden Bilder und Texte aufgemalt, die die Seele auf dem Weg ins Jenseits schützen sollten. Den Pharaonen wurden sogar Schiffe mit ins Grab gegeben, die sie über die Gewässer ins Jenseits bringen sollten.

i

Mumie: einbalsamierte Körper verstorbener Menschen und Tiere. Die Körper wurden in einem aufwendigen Verfahren vor der Verwesung geschützt.
Myrrhe: Harz einer Pflanze.

Q1 *Der griechische Geschichtsschreiber Herodot beobachtete eine Mumifizierung in Ägypten um 445 v. Chr.:*

Zuerst ziehen sie mit einem gekrümmten Eisendraht das Gehirn durch die Nasenlöcher heraus ... Den Rest beseitigen sie, indem sie auflösende Flüssigkeiten eingießen.
Danach schneiden sie mit einem scharfen äthiopischen Stein den Leib in den Weichen auf und nehmen das ganze Innere heraus.
Es wird mit Palmwein gereinigt ... Darauf füllen sie die Bauchhöhle mit reiner zerriebener *Myrrhe*... Nun nähen sie alles wieder zu und legen die Leiche 70 Tage ganz in Natronlauge.
... Nach 70 Tagen wird der Körper gewaschen, mit Streifen von Leinwand aus Byssos rings umwickelt und mit Gummi bestrichen, den die Ägypter anstelle von Leim verwenden. Nun holen die Angehörigen die Leiche ab... Das ist die Art, die Leichen auf die teuerste Weise zu behandeln.

In: H.W. Haussig (Hg.): Herodot, Historien 2, 86 (gekürzt).

M1 *Nasenlochtrichter.*

M2 *Mumie von Ramses II. (1213 v. Chr. gestorben).*

M3 *Hilfsmittel für die Mumifizierung: Gefäße für Eingeweide und ein Bronzemesser.*

M4 *Einem Toten legte man sogenannte Uschebtis-Figuren ins Grab. Sie sollten an seiner Stelle schwere Arbeiten im Jenseits verrichten.*

M5 *Grabkammer des Pharaos Tutanchamun (um 1340 v. Chr.) Die Wandmalerei zeigt links außen Osiris, der vom König umarmt wird.*

Die Gräber der alten Ägypter

Die Ägypter hatten keine Angst vor den Toten, weil sie glaubten, diese wären auf ihre Hilfe angewiesen und sie müssen nach dem Tod versorgt sein. Sie gaben in das Grab eines Toten alles mit, was dieser schon zu Lebzeiten gebraucht hatte: Gefäße mit Speisen und Getränken, Möbel, Waffen, Kleidung und Schmuck. Auch ein Totenbuch legte man mit in das Grab. Besonders kostbar waren die Beigaben für die Pharaonen.

Grabräuber versuchten immer wieder, die Pyramiden aufzubrechen. Sie plünderten die Gräber und zerstörten auf der Suche nach Schätzen häufig die Mumien.

Die Gräber verzierte man mit Bildern aus dem Alltagsleben der Ägypter. Oftmals sind feiernde, fröhliche Menschen im Kreise ihrer Familie abgebildet. Aber auch Abbildungen von der Jagd, Feldarbeit und Tätigkeiten der Handwerker sind immer wieder Motive. Die Bilder und Beigaben waren nicht nur reiner Schmuck, sondern sollten die Toten auch beschützen und den Weg im Jenseits angenehmer machen. Das Leben nach dem Tod war aber nur für diejenigen erreichbar, die im Totengericht vor den Göttern aufgenommen wurden.

Die Gräber der wohlhabenden Ägypter geben uns Aufschluss über deren Leben. Allerdings konnte sich nur eine kleine Zahl von Ägyptern ein Grab leisten, sodass wir nur wenig über das Leben der ärmeren Menschen wissen. Viele von ihnen wurden in Massengräbern in der Wüste beerdigt.

M6 *Geflochtener Korb (Grabbeigabe).*

M7 *Vergoldete Mumienbüste.*

Arbeitsaufträge

1. Versetze dich in die Rolle eines ägyptischen Priesters. Dieser erklärt, wie man einen Toten mumifiziert (Q1).
2. Nenne Grabbeigaben der Ägypter.
3. Begründe, warum sich die Gräber und Grabbeigaben der Ägypter unterschieden.
4. Erkläre, warum die Ägypter ihre Toten mumifizierten und wie sie sich auf den Tod vorbereiteten.

PROJEKT

Papyrus selbst herstellen

Ein kostbares Schreibmaterial

Papyrus wurde das wichtigste Schreibmaterial der Ägypter. Besonders wichtig war, dass man ihn wiederverwenden konnte.

Auf dieser Seite bekommt ihr Anregungen dafür, wie ihr Papyrus selbst in eurer Klasse herstellen könnt.

M1 *Papyruspflanzen.*

Papyrusherstellung in Ägypten

Papyrus ist eine ungefähr zehn Meter hohe Pflanze, aus der das Papyrusrohr gewonnen wird. Die Pflanze wächst noch heute in Ägypten.

Nachdem sie die Pflanze geerntet hatten, entfernten die Ägypter die Blätter. So blieben nur Stängel der Pflanze übrig, die weiterverarbeitet wurden. Die Rinde wurde nicht verwertet, sondern als Abfall entsorgt.

Das benötigt ihr:

- Papyrusstängel. Die bekommt ihr im Botanischen Garten oder in einem Blumengeschäft.
- einen stumpfen Stein
- Küchenmesser
- Wasser
- Holzbrett
- Küchentücher
- Zeitungspapier

So geht ihr vor:

1. Trennt die Spitze mit dem Grasbüschel ab. Dann müsst ihr die Stängel so schälen, dass nur das Mark zurückbleibt. Die grüne, spröde Außenhaut könnt ihr wegwerfen.

2. Schneidet das Mark so dünn wie möglich in Streifen und legt diese einen Tag lang in Wasser.

3. Danach legt ihr zwei Lagen Streifen quer übereinander (Streifen möglichst dicht legen, aber nicht überlappend).

4. Deckt das Material nun mit einem saugkräftigen Küchentuch ab.

5. Klopft die Fläche Stück für Stück mit einem stumpfen Stein ab. Ihr müsst erreichen, dass sich die Fasern des Papyrus miteinander verbinden, ohne durchtrennt zu werden. Hier braucht ihr etwas Fingerspitzengefühl!

6. Danach müsste der Papyrus zusammenhalten. Ihr könnt ihn nun mit dem Messer vorsichtig vom Untergrund lösen und ihn zwischen zwei Zeitungsblätter legen.

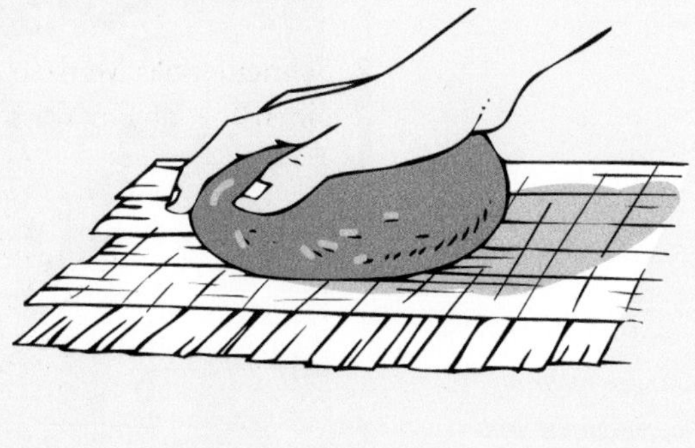

7. Den Papyrus könnt ihr dann mit ölhaltigen Farben beschreiben, wässrige Farben verlaufen wegen der Fasern zu sehr!

PROJEKT

Spielen wie die Ägypter

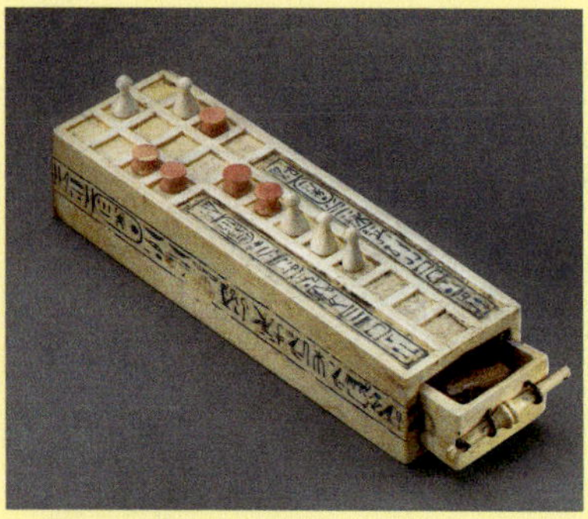

M1 *Dieses altägyptische Spielbrett ist aus Ebenholz und wurde im Grab des Pharao Tutanchamun gefunden. Die Spielfiguren wurden in dem Spielkasten aufbewahrt.*

Senet – ein ägyptisches Brettspiel

Spielten die Pharaonen bereits Backgammon? Bei Ausgrabungen in den Gräbern reicher Ägypter fanden Archäologen und Archäologinnen immer wieder Teile von Senetspielen. Senet ist ein altes ägyptisches Brettspiel für zwei Personen. Es diente nicht nur der Unterhaltung, sondern hatte auch eine symbolische Bedeutung: Wie im wirklichen Leben ging es darum, das Jenseits zu erreichen.

Zu diesem Ziel mussten die Spielenden alle Spielsteine vom Brett ziehen. Mit etwas handwerklichem Geschick könnt ihr ein eigenes Senetspiel basteln.

So geht ihr vor:

1. Das Spielbrett
Nehmt einen Schuhkarton. Teilt die Oberfläche des Deckels in drei Reihen mit jeweils zehn Feldern ein (siehe M4). Zeichnet die Felder mit Filzstift oder Plakatfarbe auf.

2. Die Spielfiguren
Die zwei Spielenden benötigen jeweils sieben Steine. Ihr könnt sie entweder selbst aus Knetmasse herstellen oder Figuren aus einer Spielesammlung benutzen.

3. Die Würfelstöcke
Ihr benötigt vier flache Holzstäbe, zum Beispiel Eisstiele oder Zungenhölzchen vom Arzt oder aus der Apotheke. Die eine Seite malt ihr dunkel an, die andere lasst ihr hell.

M2 *Archäologen und Archäologinnen fanden bei Ausgrabungen mehr als 40 Senetspiele mit Spielfiguren und Würfelstöcken. Auch auf vielen Wandmalereien ist das Senetspiel abgebildet. Grabgemälde, 13. Jh. v. Chr.*

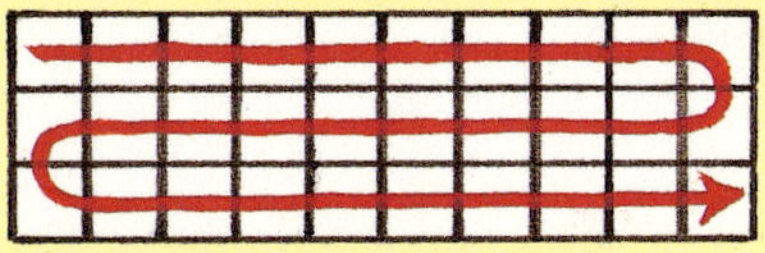

M3 *Im Spielverkauf ziehen die Figuren in einem umgedrehten „S“ über das Spielfeld.*

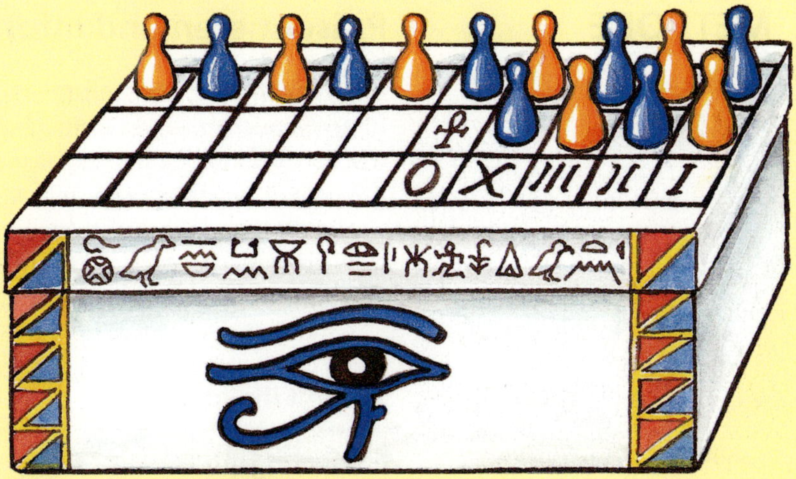

M4 *Spielbrett mit Startposition.*

Spielregeln
Leider sind vom Senetspiel keine Spielregeln überliefert. Deshalb haben Wissenschaftler und Wissenschaftlerinnen versucht, die Regeln anhand der gefundenen Dinge und Bilder herauszufinden. Heute glauben sie, dass Senet ein Vorläufer des Tric-Trac-Spiels (Backgammon) ist.
Ihr könnt euch auch eigene Spielregeln ausdenken.

So könnt ihr spielen:
Bringt eure Spielsteine in die abgebildete Startposition (M4). Der Spieler oder die Spielerin mit der höchsten Augenzahl darf beginnen. Werft dazu die vier Würfelstöcke (M6).

Kommt ihr auf ein Feld des Gegenspielers, tauscht ihr die Plätze. Es darf immer nur eine Figur auf einem Feld stehen, auch von euren eigenen Figuren.

Ziel ist es, alle Spielsteine vom Brett zu bekommen. Ihr müsst dafür genau auf die Felder III, II und I kommen. Von dort aus könnt ihr euch mit der entsprechenden Punktzahl herauswürfeln. Wenn ihr auf den Feldern III, II oder I steht und nicht weiterziehen oder euch mit der notwendigen Punktzahl herauswürfeln könnt und auch keinen anderen Stein bewegen könnt, dann müsst ihr zurückgehen auf das Feld X. Was das bedeutet, seht ihr in M5.
Wer von euch erreicht zuerst das Jenseits?

☥	Haus der Wiedergeburt Startfeld, wenn ihr von Feld X geworfen werdet.
O	Haus des Glücks Vor Gefahren seid ihr hier sicher. Ruht euch aus.
X	Haus des Wassers Neustart im Haus der Wiedergeburt.
III	Haus der 3 Wahrheiten Mit einer 3 könnt ihr das Brett verlassen.
II	Haus des Sonnengottes Mit einer 2 könnt ihr das Brett verlassen.
I	Haus des Himmels Mit einer 1 könnt ihr das Brett verlassen.

M5 *Mögliche Bedeutung der Felder.*

M6 *Würfelstöcke.*

METHODE

Präsentieren und Informieren

Eine Lernplakat herstellen

In der Schule arbeitet ihr nicht nur für euch selbst, sondern ihr müsst das, was ihr über ein bestimmtes Thema gelernt habt, auch euren Mitschülerinnen und Mitschülern vorstellen.

Hierfür ist ein Lernplakat gut geeignet.

Wichtig ist, dass das ausgewählte Thema nicht zu umfangreich ist, sonst könnt ihr nicht alle wichtigen Informationen auf einem Plakat darstellen.

Ihr benötigt:
- Papierbögen DIN-A-3
- Textmarker und breite Filzstifte
- Karteikarten
- Bildmaterial (Kopien, Zeitungsausschnitte, Zeichnungen) zu eurem Thema
- Klebestifte
- Magneten, Klebestreifen

So geht ihr vor:

Planungsphase

1. Legt zunächst Partner oder Teams fest.
2. Besprecht das Thema, das vorgeben wurde oder das ihr selbst gewählt habt.
3. Dann beginnt ihr damit, eure eigentliche Arbeit zu planen. Ihr müsst festlegen, wer was zu erledigen hat. Damit ihr wichtige Dinge nicht vergesst, solltet ihr jemanden aus eurem Team zum Verantwortlichen bestimmen. Vergesst nicht, einen genauen Zeitplan für eure Arbeit zu erstellen und ernennt jemanden aus eurer Gruppe zum Zeitwächter. Er muss immer wieder überprüfen, ob ihr noch ausreichend Zeit für eure Arbeiten habt oder ob ihr schneller arbeiten müsst.
4. Nun könnt ihr alle notwendigen Informationen und Materialien zusammentragen.
5. Wenn ihr ausreichend Informationen und Materialien zusammengetragen habt, müsst ihr sie durchschauen, systematisch ordnen und das Wichtigste auswählen.

M1 *Eine Suchmaschine im Internet.*

Arbeitsphase

6. Nachdem ihr alle Materialien gesichtet habt, überlegt ihr euch, welche Informationen ihr auf dem Lernplakat darstellen wollt.

Tipps:

- Schreibt die Überschriften, Texte und Informationen auf einzelne Blattstreifen, so könnt ihr sie – bevor ihr sie aufklebt – auf dem Lernplakat hin- und herschieben.
- Die Schriftgröße sollte nicht kleiner als ca. 2,5 cm sein.
- Schreibt in Druckschrift.
- Beschränkt euch auf wenige Schriftzeilen.
- Schreibt in Stichpunkten.
- Ergänzungen oder Erklärungen notiert ihr für den mündlichen Vortrag auf Karteikarten.
- Bilder, Zeichnungen und Schaubilder, die ihr für das Lernplakat auswählt, sollen sinnvolle Ergänzungen der Texte sein.

Gestaltungsphase

7. Wenn ihr euch in allen Schritten geeinigt habt, könnt ihr nun euer Lernplakat endgültig herstellen.

Tipps für die Gestaltung:

- Hebt die Überschrift farblich hervor.
- Verwendet nicht zu viele verschiedene Farben, sie lenken nur vom Inhalt ab.
- Hebt eure Schwerpunkte hervor.
- Macht eure Gliederung deutlich.
- Verwendet Bilder, Zeichnungen und Schaubilder.
- Legt gemeinsam fest, an welcher Stelle des Plakats welches Element stehen soll.
- Besprecht die Wirkung eures Plakats.

8. Wenn ihr euch auf eine Variante geeinigt habt, könnt ihr nun eure ausgewählten Materialien festkleben. Legt fest, wer das Plakat der Klasse vorstellen soll.

M2 *Material für ein Lernplakat zum Thema Ägypten.*

PROJEKT

Die Mumifizierung eines Fisches

Die Technik der Mumifizierung

Wenn ihr Interesse an dem Verfahren der Mumifizierung gefunden habt, könnt ihr auch einmal selbst einen Fisch mumifizieren. Werdet euch aber, bevor ihr beginnt, klar darüber, dass ihr hier ein Experiment an einem toten Lebewesen vornehmt, dem ihr mit Ehrfurcht begegnen solltet!

Bei der Mumifizierung handelt es sich um die Wiederholung eines Vorgangs, mit dem Isis ihren Mann Osiris ins Leben zurückrief. Jeder Abschnitt dieses langwierigen Vorgangs hat also ein symbolisches Vorbild!

Ihr benötigt:
- einen ausgenommenen Fisch (Barsch oder Forelle)
- Natronpulver aus der Apotheke
- Küchentücher
- Leinentücher
- Gips und Binden oder fertige Gipsbinden
- Wasserfarben (blau, gold)

So geht ihr vor:

Am besten arbeitet ihr in Zweiergruppen!

1. Legt den Fisch vor euch auf den Arbeitsplatz und trocknet ihn mit den Küchentüchern ab.
2. Füllt vorsichtig das Natronpulver in den Fisch.
3. Umwickelt den Fisch mit Küchentüchern und einem Leinentuch und legt ihn zum Trocknen beiseite.
   Tipp: Da dem Fisch alle Feuchtigkeit entzogen sein muss, müsst ihr das Natronpulver so lange wechseln, bis es vollständig trocken bleibt.
4. Nun gipst ihr den Fisch mit den Gipsbinden ein. Versucht, die Form des Fisches zu erhalten, Flosse und Schwanz müssen gut ausgeprägt sein. Der Gips oder die Gipsbinden müssen einige Stunden trocknen.
5. Sind die Gipsbinden getrocknet, so könnt ihr die Mumie mit heiligen Zeichen – den Hieroglyphen – oder den Farben Blau und Gold bemalen. Dies sind die göttlichen Farben. Blau steht für „Amun" – den Gott des Himmels – und das Gold für das „Fleisch der Unsterblichen".

Findet für eure Fische einen würdigen Platz zur Präsentation, zum Beispiel ein Geschichtskabinett!

M1 *Ein von Schülerinnen und Schülern mumifizierter Fisch.*

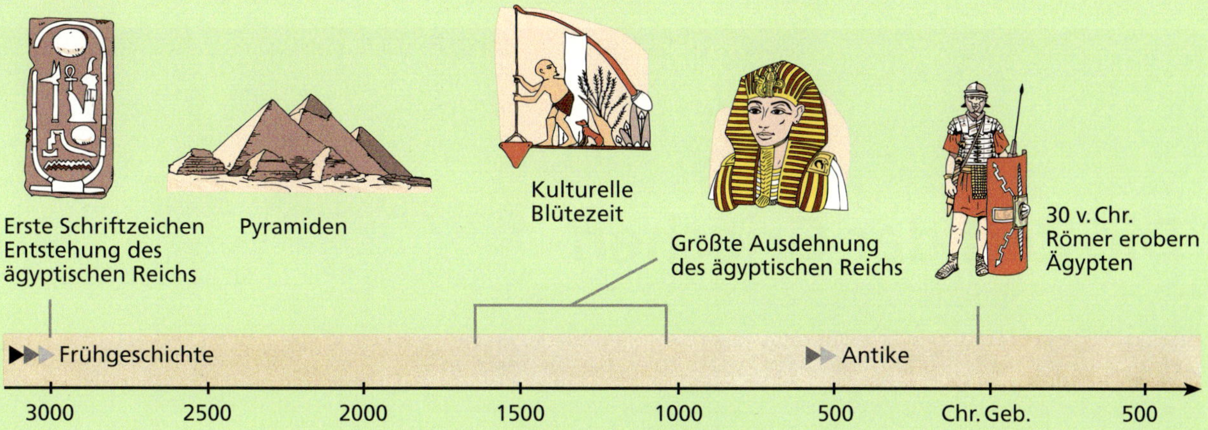

IN KÜRZE

Wichtige Begriffe:

Beamte
Cheops
Hieroglyphen
Nil
Mumifizierung
Papyrus
Pharao
Pyramide
Schöpfwerk
Schreiber
Sarkophag
Totenbuch
Wesir

Seit dem 4. Jahrtausend v. Chr. wurde die Flussoase des Nils besiedelt. Der Nil spielte für das Leben in Ägypten eine entscheidende Rolle. Die regelmäßig wiederkehrenden Überschwemmungen bestimmten das Zusammenleben der Menschen im alten Ägypten. An seinen fruchtbaren Ufern entwickelte sich ein moderner Staat, der über 3 000 Jahre bestand.

Die Gesellschaft in Ägypten war streng gegliedert. An der Spitze stand der *Pharao*, der das Land regierte. Er wurde als Gott verehrt. *Beamte* und Priester halfen dem Pharao bei der Ausführung seiner Befehle und der Sicherung seiner Macht. Oberster Beamter war der *Wesir*. Der *Schreiber*, ein wichtiger und sehr geachteter Beamter, hielt mit Hilfe von *Hieroglyphen* alle wichtigen Informationen fest. Handwerker und Bauern waren weitere Gruppen der Gesellschaft. Sie sicherten die Lebensgrundlage des Landes. Frauen waren von der Beamtenlaufbahn ausgeschlossen.

Schreibmaterial der Ägypter war der *Papyrus*, der aus der Papyrusstaude gewonnen wurde.

Die Religion spielte im Leben der alten Ägypter eine große Rolle. Die Ägypter glaubten an ein Weiterleben nach dem Tod. Sichtbarer Ausdruck dieses Glaubens war die *Mumifizierung* der Toten.

Die verstorbenen Pharaonen wurden in riesigen Grabstätten – den *Pyramiden* – begraben. Hier wurden sie mit allem versorgt, was sie für ein Leben nach dem Tod brauchten.

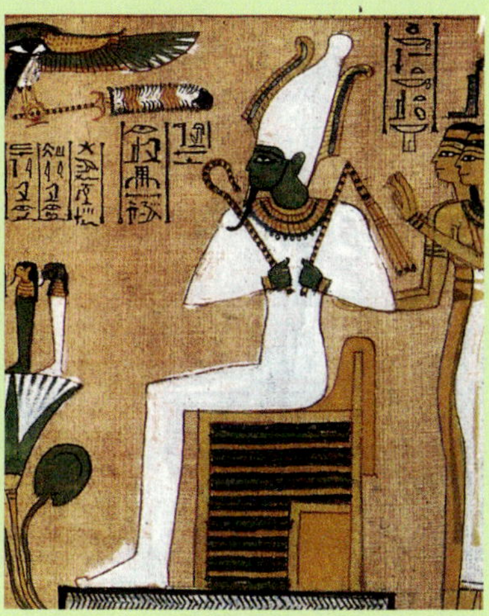

Die Zeit der Griechen

Der Parthenon-Tempel auf der Akropolis in Athen, heutiger Zustand.

M1 *Griechische Landschaft.*

Die Welt der Griechen

Die Hellenen

Griechenland, die Südspitze der Balkanhalbinsel, ragt weit in das Mittelmeer hinaus. Schwer zugängliche Gebirge durchziehen das Land und zerteilen es in viele enge oder breitere Tallandschaften. In diesen Tallandschaften und Meeresbuchten sowie vielen kleinen Inseln lebten die alten Griechen. Sie nannten sich selbst *Hellenen*. Ursprünglich bezeichnet der Begriff Hellas eine Landschaft in Mittelgriechenland. Seit dem 5. Jahrhundert v. Chr. verstand man unter Hellas den von Griechen bewohnten Raum. Das Alte Griechenland bestand aus vielen kleinen *Stadtstaaten* wie Athen, Korinth, Sparta. Diese führten sogar Kriege miteinander.

Die Griechen fühlten sich dennoch zusammengehörig. Ein Band, das sie zusammenhielt, war ihre Sprache. Überall, wo die Menschen Griechisch sprachen, war Hellas. Menschen, die das nicht konnten, nannten die Hellenen *Barbaren*.

In den wenigen fruchtbaren Ebenen und Tälern bauten die Bewohner Getreide an. Hier wuchsen auch Ölbäume und Weinberge. Die Lage der Siedlungen an den Küsten und auf den Inseln führte dazu, dass die Griechen früh zu einem Volk geschickter Seefahrer wurden.

i

Stadtstaat (Polis, Plural: Poleis): Staatsform im antiken Griechenland, wirtschaftliche und politische Einheiten, die kaum größer als eine Stadt mit dem dazugehörigen Umland waren.
Barbaren: Die Hellenen bezeichneten Menschen, die kein Griechisch, sondern nur „br-br“ sprachen, als Barbaren.
Kolonisation: Auswanderung von Griechen und die Besiedelung des Mittelmeerraumes (750 – 550 v. Chr.).

Aufbruch zu neuen Ufern – die Kolonisation

Die Zahl der Menschen in Griechenland wuchs in der ersten Hälfte des 1. Jahrtausends v. Chr. sehr stark an. Allmählich reichten die Ernten der Bauern nicht mehr aus, um alle Menschen zu ernähren. Daher wanderten viele Griechen aus. Die meisten neuen Siedlungen – die *Kolonien* – lagen an den Küsten Italiens, Nordafrikas und am Schwarzen Meer. Diese unabhängigen Siedlungen bezeichneten die Griechen auch als *Poleis*. Ihre Siedlungsgröße war unterschiedlich, so konnten zwischen 2 000 – 10 000 Einwohnern in ihnen leben.

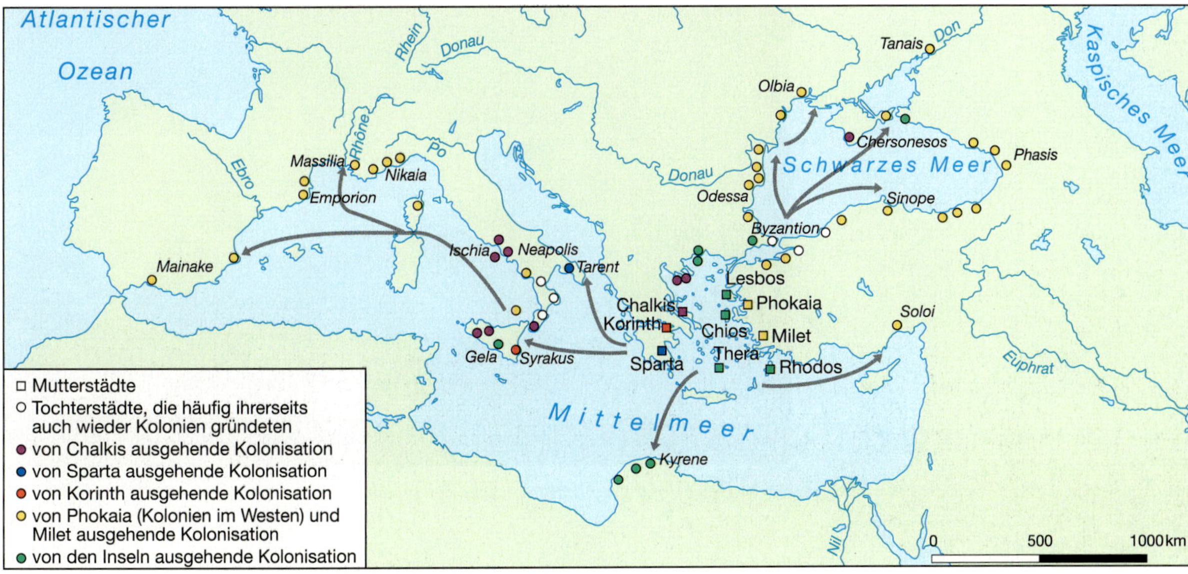

M2 *Die griechische Kolonisation 750–550 v. Chr.*

Die Gemeinsamkeiten der Griechen

Was machte die Griechen bei dieser zerstreuten Siedlungsweise zu „Griechen"?

Ihre Sprache verband sie, ebenso wie der Glaube an die gemeinsamen griechischen Götter und die Olympischen Spiele zu Ehren ihrer Götter. Im 8. Jahrhundert hatten griechische Händler und Seefahrer von den Phöniziern das Alphabet übernommen und an ihre Sprache angepasst. Sie fügten ihm Vokale und weitere Buchstaben hinzu. Nun konnten sie mit 20 Buchstaben beliebige Texte schreiben. Dies bildete die Voraussetzung für schriftliche Aufzeichnungen, für den Handel, die Wissenschaft und die Kunst. Viele Wörter und Begriffe von den Alten Griechen sind in der heutigen deutschen Sprache zu finden. Wissenschaftler und Techniker benutzen bis heute griechische Wörter, um neue Begriffe und Erfindungen, wie zum Beispiel Fotografie oder Telefon zu benennen.

Zwischen den Mutter- und Tochterstädten entwickelte sich ein reger Handel, durch den diese immer reicher wurden. Wo die griechischen Auswanderer siedelten, beeinflussten sie mit ihrer Kultur auch die Lebensweise der einheimischen Bevölkerung. Sie führten unter anderem neue Pflanzen und Handwerkstechniken ein.

Arbeitsaufträge

1. Erkläre, warum es in Griechenland Stadtstaaten gab.
2. Nimm einen Atlas zu Hilfe. Notiere, in welchen heutigen Ländern die Griechen siedelten.
3. Suche aus M2 Städte heraus, die es heute noch gibt.
4. „Sprache verbindet die Menschen!" Nimm Stellung zu diesem Satz.
5. Demokratie, Idee, Katalog, Kino, Planet, Technik, Theater, Thema – diese Worte stammen alle aus dem Griechischen. Kennst du weitere Beispiele? Erkläre, was die Worte bedeuten.
6. Erkläre den Ausspruch: „Die Griechen sitzen wie die Frösche um den Teich."

M1 *Der Gipfel des Olymps – Sitz der griechischen Götter.*

Die griechischen Götter

Der Olymp

Im Norden Griechenlands erhebt sich ein fast dreitausend Meter hoher Berg, der Olymp. Die Griechen glaubten, dass auf diesem Berg, dessen Gipfel in die Wolken ragen, der Sitz der Götter sei. Diese wären verantwortlich für Erdbeben, stürmische See, Blitz und Donner sowie andere Schicksalsschläge. Von diesem Berg aus mischten sich die Götter in das Leben der Menschen ein.

Das Aussehen der Götter

Die Griechen glaubten, dass ihre Götter aussahen wie die Menschen und in einer Familie lebten. Die Götter waren für sie unsterblich, aber sie liebten und hassten, konnten neidisch und eifersüchtig sein. Manchmal stiegen sie hinab auf die Erde und griffen in das Schicksal der Menschen ein; sie halfen ihren Lieblingen und verfolgten ihre Feinde.

Die Götter haben verschiedene Aufgaben

Jeder Gott hatte sein Aufgabengebiet, um das Leben der Menschen zu schützen.

Der Göttervater war *Zeus*. Er war Herrscher über Himmel und Erde, aber auch über die anderen Götter. Ihm zur Seite stand dic stolze *Hera*, seine Ehefrau, als Beschützerin der Ehe.

Gott des Lichtes war *Apollo*, den die Griechen auch als Herrn der Dichtkunst und des Saitenspiels verehrten.

Seine Zwillingsschwester *Artemis* war die Göttin der Jagd. Stark, sportlich und hübsch war sie ein Vorbild für die griechischen Mädchen.

Athene, die Lieblingstochter des Zeus, verlieh den Männern kriegerischen Mut. Die Frauen verdankten ihr die Kunst des Spinnens und Webens, die Athener den Namen ihrer Stadt.

Poseidon, der Herr des Meeres, erzeugte mit seinem Dreizack die Erdbeben, stürmische See wühlte das Meer auf.

Hermes, der geflügelte Schuhe trug, war der Götterbote, der auch den Handel beschützte.

M2 *Die griechischen Götter und Göttinnen.*

Die Verehrung der Götter

Es gab noch wesentlich mehr Götter, welche die Hellenen in Tempeln oder bei den Olympischen Spielen verehrten. Sie brachten ihnen Tiere und Lebensmittel als Opfer, um sie milde zu stimmen und ihren Zorn abzuwenden.

Prunkvolle Tempel und Tempelanlagen, in denen Götterstatuen und Götterbilder standen, wurden als Zeichen der Achtung und Verehrung für die Götter erbaut. Die Griechen führten Kulthandlungen nach genauen Vorschriften durch, die von Priesterinnen und Priestern überwacht wurden. Sie glaubten, den Willen der Göttinnen und Götter an verschiedenen Zeichen erkennen zu können. An bestimmten Orten verkündeten Priesterinnen und Priester den Ratsuchenden gegen Bezahlungen die angeblichen Ratschläge der Göttinnen und Götter.

M3 *König Ägeus befragt die Priesterin Pythia in Delphi. Trinkschale, um 440 v. Chr.*

Arbeitsaufträge

1. Finde eine Erklärung dafür, warum die Griechen den höchsten Berg Griechenlands als Haus der Götter betrachteten.
2. Fertige eine Tabelle mit zwei Spalten an! Trage in die eine die Götter und in die andere ihre Aufgaben ein.
3. Beschreibe, wie die griechischen Götter dargestellt wurden. Nutze M2.
4. Erkläre, warum die Griechen an Götter glaubten. Wieso war Poseidon für die Griechen besonders wichtig?

1896	Athen
1900	Paris
1904	St. Louis
1908	London
1912	Stockholm
1920	Antwerpen
1924	Paris
1928	Amsterdam
1932	Los Angeles
1936	Berlin
1948	London
1952	Helsinki
1956	Melbourne
1960	Rom
1964	Tokio
1968	Mexiko
1972	München
1976	Montreal
1980	Moskau
1984	Los Angeles
1988	Seoul
1992	Barcelona
1996	Atlanta
2000	Sydney
2004	Athen
2008	Peking
2012	London

M1 *Die Olympischen Spiele der Neuzeit.*

Schauplatz Olympia

Wettkämpfe zu Ehren der Götter

Wie du schon erfahren hast, verehrten die alten Griechen ihre Götter nicht nur in Tempeln. Zu Ehren des Göttervaters und obersten Gottes Zeus führten sie heilige Spiele – die *Olympischen Spiele* durch.

Der Haupttempel des Zeus stand in Olympia. Aus diesem Grund fanden die Spiele dort statt. Die Spiele waren das größte Fest aller Griechen. In dieser Zeit ruhten alle Kämpfe und Kriege zwischen den Stadtstaaten. Der olympische Friede wurde ausgerufen und jeder Teilnehmer erhielt freie Durchreise zum Austragungsort der Spiele. Es durften nur freie, griechische Männer teilnehmen. Frauen und unfreie Männer durften nicht teilnehmen. Auch das Zuschauen war ihnen verboten. Die Sportler wollten damals noch keine Rekorde aufstellen. Sie wollten Erste sein, besser als alle anderen. Dreißig Tage vor Beginn der Spiele trafen sie in Olympia ein und trainierten unter Aufsicht der Kampfrichter.

Die Olympischen Spiele

Wann die Spiele das erste Mal durchgeführt wurden, wissen wir nicht. Seit 776 v. Chr. fanden sie alle vier Jahre statt und bildeten die Grundlage für die griechische Zeitrechnung, denn die Griechen zählten die Jahre von dieser Feier an. Sie rechneten in Olympiaden, einem Zeitraum von vier Jahren. So meinte zum Beispiel die Angabe „im dritten Jahr der 10. Olympiade“ das Jahr 739 v. Chr.

393 n. Chr. verbot der christliche Kaiser Theodosius die Spiele, weil sie seiner Meinung nach gegen die christliche Religion verstießen. Erst 1896 gab es wieder Olympische Spiele. Die ersten fanden in Athen statt. Seitdem wechselt alle vier Jahre der Austragungsort. Heute nehmen an den Olympischen Spielen Sportler aus aller Welt teil. Frauen dürfen seit den zweiten Olympischen Spielen der Neuzeit an den Wettkämpfen teilnehmen.

Olympia liegt in der griechischen Landschaft Elis auf der Halbinsel Peloponnes.

1. Zeustempel
2. Aschenaltar
3. Stadion
4. Schatzhäuser für Opfergaben an Zeus
5. Brunnenanlage
6. Tempel für Hera
7. Sitz der Spielleitung
8. Übungsplatz
9. Palästra, wo die Ringkämpfe stattfanden
10. Bäder
11. Gästehaus
12. Rathaus

M2 *Modell des antiken olympischen Geländes.*

M3 *Weitsprung (Vasenmalerei).*

M4 *Faustkampf. Vasenmalerei, 6. Jh. v. Chr.*

M5 *Speerwurf, 5. Jh. v. Chr.*

Die Darstellung der Spiele

Heute berichtet das Fernsehen, wenn irgendwo in der Welt die Olympischen Spiele stattfinden. Wir können sie von der ersten bis zur letzten Stunde in vielen Übertragungen auf dem Bildschirm verfolgen und erhalten so ein Bild des Geschehens.

In der Antike gab es jedoch noch keine Nachrichten, die über die Ereignisse der Olympischen Spiele berichtet hätten. Forscherinnen und Forscher haben dafür aber viele Wandmalereien, Schriftstücke, Statuen oder andere Darstellungen gefunden. So wurde es möglich, den Ablauf der Spiele zu rekonstruieren.

Die olympischen Disziplinen in der Antike

Die Spiele dauerten fünf Tage. Am ersten Tag fand eine Opferfeier zu Ehren von Zeus statt. Vor dem Zeusstandbild schworen die Sportler den Olympischen Eid.

Am zweiten Tag standen Fünfkampf, Pferde- und Wagenrennen auf dem Programm. Wettläufe, Prozessionen, Gesänge, Gebete, Opfergaben und Opferschmaus wurden am dritten Tag durchgeführt. Die Kampfsportarten und der Waffenlauf folgten am vierten Tag. Den Höhepunkt bildeten am fünften Tag die Ehrung der Sieger und Dankopfer im Zeustempel sowie das anschließende Festmahl, mit dem die Olympischen Spiele endeten. Die Sieger erhielten einen Kranz vom heiligen Ölbaum.

Die Männer, die an den Olympischen Spielen teilnehmen durften, mussten sich nackt dem Kampf stellen. Nur bei den sportlichen Wettkämpfen mit dem Pferd war Kleidung erlaubt.

Arbeitsaufträge

1. Informiere dich über die Sportarten heute. Stelle die Sportarten von damals und heute gegenüber. Fertige eine Tabelle an.
2. Beschreibe den Ablauf der Olympischen Spiele in der Antike. Nutze dazu auch die Geschichtserzählung auf den folgenden Seiten. Gehe besonders auf den Ablauf der Spiele und die Siegerehrung ein.
3. Nenne Gemeinsamkeiten und Unterschiede der antiken und heutigen olympischen Spiele.

(M1) *Zeustempel mit der Zeusstatue.*

Eine Geschichtserzählung

Kimon siegt in Olympia

Es war der erste Vollmond nach der Sommersonnenwende des Jahres 420 v. Chr. – der erste Tag der 90. Olympischen Spiele in Hellas. Von allen Küsten waren die Hellenen im weiten Wiesental von Olympia zusammengeströmt: Wettkämpfer, Zuschauer, Abgesandte aller griechischen Stadtstaaten. Herolde riefen das Volk zum Opfer für Zeus in den heiligen Bezirk mit den Tempeln. Hoch brannte auf dem großen Altar schon das olympische Feuer. Davor erhob sich die Halle des Zeustempels, die von mächtigen Säulen umgeben war.

Scheu spähten die Hellenen in das geheimnisvolle Dunkel des Innenraums: Da leuchtete das über zehn Meter hohe Götterbild des Zeus aus Gold und Elfenbein. Rings um den Tempel herum waren Gruppen und Reihen von Standbildern aufgestellt: Götter, Sagenhelden und Wettkampfsieger – Denkmal an Denkmal aus Marmor und Metall. Auf einer Terrasse standen dreizehn Schatzhäuser, in denen die Geschenke aufbewahrt wurden, die die einzelnen Stadtstaaten mitbrachten.

Ehrung für Zeus eröffnen die Spiele

Am großen Zeusaltar hatten Mädchen einen weißen Opferstier mit Kränzen und Bändern geschmückt. Nun erhob das Volk schweigend die Arme, Flötenmusik erklang und ein Chor sang. Ein Tempelpriester tötete den Stier. Dann übergaben die Gesandten der Stadtstaaten die Ehrengeschenke: kostbare Statuen aus Bronze oder Marmor und prunkvolle Gewänder. Inzwischen hatten sich auch die Kämpfer versammelt und schworen, dass sie sich gewissenhaft und den Vorschriften gemäß während der letzten zehn Monate auf den Kampf vorbereitet hätten. Sie gelobten, die Regeln zu achten. Dann losten die zehn Richter die einzelnen Kampfpaare aus. Diese Vorbereitungen währten den ganzen Tag, erst am nächsten Morgen begannen die sportlichen Wettkämpfe.

(M2) *Langstreckenlauf.*

M3 *Ringer (Mosaik).*

Die Wettspiele der Jugend

Schon bei Tagesgrauen waren die Sitzreihen des Stadions und der Abhang des nahen Hügels dicht mit Zuschauern besetzt. Die Laufbahn war 600 olympische Fuß, 192 m, lang. Nackt stellten sich die Jünglinge auf. Auf den Wink des Kampfrichters rasten sie durch den wirbelnden Sand, dem Ziel zu. 40 000 Zuschauer winkten und spornten die Jungen mit Sprechchören an. Unter den Siegern der Ausscheidungskämpfe war auch der junge Kimon aus Eleusis. Schon begann der entscheidende letzte Lauf. Dicht nebeneinander flogen die Körper dahin. Da schob sich Kimons Nachbar, Timander aus Theben, aus der Reihe nach vorn. Doch plötzlich knickte er ein und hinkte: Er hatte sich einen Dorn in den Fuß getreten. Kimon ersah den Vorteil und warf sich wie ein Pfeil dem Ziel entgegen. „Sieg! Sieg!" schrien die Tausende. „Wer ist der Jüngling?" Kimons Name lief durch die Reihen. „Kimon! Kimon! Eleusis!" riefen die Hellenen und schwenkten Arme und Tücher, ein einziges wogendes Meer.

Siegen wie die Großen

Sieger im Ringkampf war, wer den Gegner dreimal so geworfen hatte, dass dieser mit beiden Schultern den Boden berührte. Die Jungen salbten ihre Körper mit Öl, dass sie glänzten und aalglatt waren. So stellten sie sich paarweise zum Kampf. Die Ringer umschlangen sich mit Armen und Beinen, sie pressten und wanden sich, wälzten sich im Sand, ächzten und stöhnten vor Anstrengung und Schmerz. Die Zuschauer waren aufgestanden und lärmten Beifall. Immer schärfer wurde die Auslese, immer erbitterter das Ringen.

Kimons Gegner war ein großer, breitbrüstiger Geselle aus Korinth. Er schlug ihn mit den Hacken in die Kniekehlen, um ihn zu bezwingen, nachdem er selbst schon zweimal gelegen hatte. Kimon presste ihn mit aller Kraft nach hinten: Da lag der Gegner! „Aus!" rief der Schiedsrichter – „Kimon! Kimon!" schrien wieder Tausende. Nun galt es, noch eine, die letzte und härteste Prüfung, den Faustkampf, zu bestehen. Die Jünglinge umwanden die Hände und Arme mit Riemen. Tiefschläge waren verboten. Aber bei diesem Kampf mussten die Gegner hart sein im Nehmen und Geben. Durchhalten! Durchhalten! sagte sich Kimon. Der Kopf dröhnte ihm, er fühlte Blut auf den Lippen. Da hob der andere die Hand. Der Kampfrichter sprang zwischen die Gegner und schrie: „Aus, Aus! – Olympischer Sieg für Kimon aus Eleusis!". Dann legte er Kimon die Siegerbinde – den vorläufigen Siegespreis – um den Kopf. Kimon war überglücklich und erschöpft zugleich.

M4 *Faustkämpfer, 1. Jh. v. Chr. Beim Faustkampf kämpfte man ohne Pause, bis einer der Gegner kampfunfähig war. Die Arten der Schläge waren wohl die gleichen wie beim modernen Boxkampf: Gerade, Haken und Schwinger. Auch trainiert wurde ähnlich wie heute: mithilfe von Sandsäcken und durch Schattenboxen.*

Siegerstolz

Stolz sah Kimon an den folgenden Tagen den Wettspielen der Erwachsenen zu. Ein Höhepunkt war das Wagenrennen der Vierergespanne am vierten Tag. Endlich kam die Ehrung der Sieger. Herolde riefen die Namen der Sieger, ihrer Väter und Heimatorte aus. Kimon bekam den Siegerkranz, einen Ölbaumzweig, überreicht. Danach zogen alle Sieger zu den Tempeln, um den Göttern zu danken und ihnen Dankopfer für den Sieg darzubringen. Anschließend wurde ein großes Festmahl für die Sieger veranstaltet. In seiner Heimatstadt Eleusis empfing ihn seine stolze Familie. Am glücklichsten aber war Kimon über seinen olympischen Sieg, die höchste Ehrung für einen Sportler.

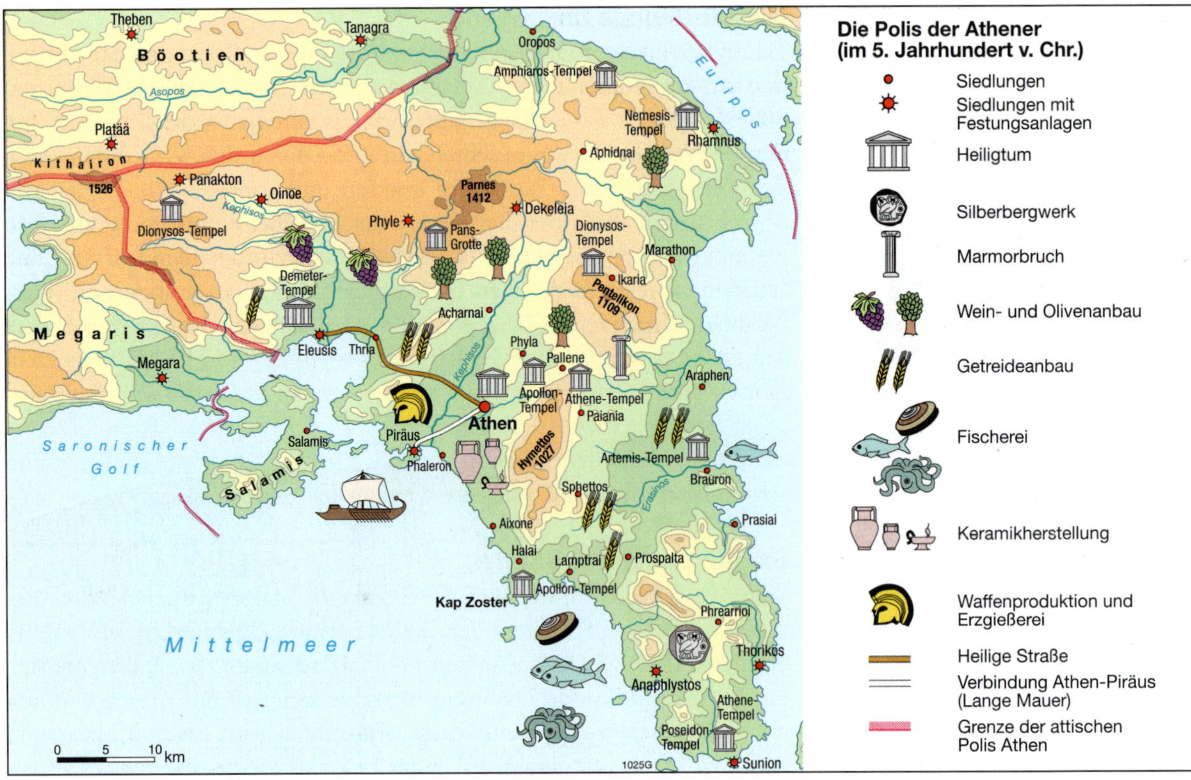

M1 *Die Polis Athen.*

Die Griechischen Stadtstaaten

Athen als Handelsstadt

In Griechenland gab es eine Vielzahl von Stadtstaaten, einer davon war Athen. Dieser Stadtstaat umfasste die Halbinsel Attika und die Insel Salamis – also Athen und seine Umgebung. Die Bewohner der Stadt nannte man „Athener" – nach der Schutzgöttin Athene.

Die Bauern pflanzten Oliven und Wein an, weideten ihre Herden, soweit es das bergige und felsige Land ermöglichte. Aber es gab auch Bodenschätze, wie Ton, Eisen und Silbererz.

Athen wird Handelsmittelpunkt

Um 500 v. Chr. begann die Blütezeit Athens. Es wurde zum Handelsmittelpunkt der antiken Welt. Die Schiffe der Athener fuhren weit auf die Meere und wurden von mächtigen Kriegsschiffen beschützt. Die Handelswaren des Stadtstaates waren sehr begehrt. Dazu zählten: Hämmer, Sägen, Helme, Schwerter, Lederriemen, Vasen, Krüge, Wein oder Olivenöl. Auf ihren Rückreisen brachten die Schiffe unter anderem mit: Getreide vom Schwarzen Meer, Schlachtvieh aus Italien, Kupfer aus Spanien, Bauholz aus Kleinasien und Papyrus aus Ägypten.

Ein so ausgedehnter Handel konnte nicht mehr im Austausch Ware gegen Waren betrieben werden. So wurde der Wert einer bestimmten Ware einem anderen Zahlungsmittel gleichgesetzt: dem Silber. Dieses konnte im nahe gelegenen Lauriongebirge abgebaut werden. Jede Ware wurde nun mit Silber bezahlt. Erst wog man das Silber, später prägten die Athener Münzen in verschiedenen Größen und Werten. Durch aufgeprägte Bilder oder Zeichen garantierte man den Wert der Silberstücke.

M2 *Vorder- und Rückseite einer silbernen Münze aus Athen, um 480 v. Chr.*

Die Landwirtschaft

Hauptnahrungsmittel aller Griechen war Brot aus Gerstenmehl. Daher mussten die Athener vor allem dieses Getreide anbauen. Wein und Olivenöl waren zwar begehrte Exportgüter, ihr Anbau lohnte sich aber nur auf den Feldern der reichen Bauern, denn diese waren groß genug für die Gewinnung von Wein und Olivenöl.

Da Griechenland extrem bergig ist, gab es nur wenige Möglichkeiten Viehzucht zu betreiben. Auf dem Speiseplan der Athener standen Schweine, Ziegen, Schafskäse und Milch. Schafe gaben ihnen die wertvolle Wolle zur Herstellung von Kleidung. Das Mittelmeer ermöglichte den Athenern Fischfang zu betreiben und Fische und Muscheln als Nahrung zu nutzen.

M3 *Griechisches Handelsschiff. Keramikschale, 6. Jh. v. Chr.*

Handwerk und Handel

Im Stadtstaat Athen hatten sich die Menschen auf bestimmte Handwerke spezialisiert. Tischler stellten kunstvolle Stühle, Truhen oder Tische her.

Berühmt waren die Töpferwaren aus Attika. Die Töpfer stellten Gefäße zum Aufbewahren und zum Transport anderer Waren her. Dieser Beruf war wichtig, um den Handel von Wein und Olivenöl zu ermöglichen.

Die Schifffahrt

Der Handel zwischen Athen und den anderen Stadtstaaten sowie fremden Ländern war nur mit Hilfe von Schiffen möglich. Die Athener kannten die Gefahren des Mittelmeeres und so segelten die Handelschiffe nur an den Küsten entlang. Die wertvolle Handelsware sollte sicher ans Ziel kommen, was nicht immer gelang. So hat das Meer nach und nach einige Schätze von den gestrandeten Schiffen immer wieder bis heute ans Licht gebracht.

Arbeitsaufträge

1. Erkläre den Begriff Stadtstaat.
2. Berichte, was du über den Stadtstaat Athen erfahren hast.
3. Liste in einer Tabelle Waren auf, die die Athener handelten oder herstellten.

Die Demokratie der Athener

i

Demokratie: Man unterscheidet drei Staatsformen:
Demokratie = die Herrschaft des Volkes
Aristokratie = Herrschaft der „Besten“ (der Adligen)
Monarchie = Herrschaft des Königs.

Volksversammlung: Versammlung aller männlichen Bürger in Athen. In ihr wurde über Krieg und Frieden entschieden, sie beschloss Gesetze und wählte Beamte.

Eine neue Regierungsform entsteht

In ganz alten Zeiten hatte es in Athen Könige gegeben, danach herrschten einzelne Adlige allein. Um 500 v. Chr. verwirklichten die Athener die *Demokratie*, eine „Herrschaft des Volkes“. Diese Herrschaft durften aber nur die männlichen *Bürger* von Athen ausüben. Bürger war, wer als Sohn eines freien Mannes in Athen geboren worden war. Frauen und Kinder der Bürger sowie die Sklaven hatten keinerlei politische Rechte und wurden in die Demokratie nicht mit einbezogen.

Sklaven wurden vom Staat als Bergarbeiter eingesetzt, für die Bürger arbeiteten sie im Haushalt, als Handwerker, Boten, Fuhrleute, Hafenarbeiter. Sie waren Eigentum ihrer Herren und hatten keinerlei Rechte.

Im 5. Jahrhundert setzte sich die Bevölkerung Athens folgendermaßen zusammen:

Bürger von Athen:	40 000
Familienangehörige:	70 000
Zugewanderte:	70 000
Sklaven:	200 000

Die Bürger konnten an der *Volksversammlung* teilnehmen. Diese beschloss die Gesetze und traf die wichtigsten Entscheidungen.

Die Volksversammlung überwachte den *Rat der 500.* In ihm saßen Bürger Athens, die für ein Jahr durch ein Los dazu bestimmt wurden. Ein Ausschuss von jeweils 50 Mitgliedern des Rates führte für ein Zehntel des Jahres die Regierungsgeschäfte.

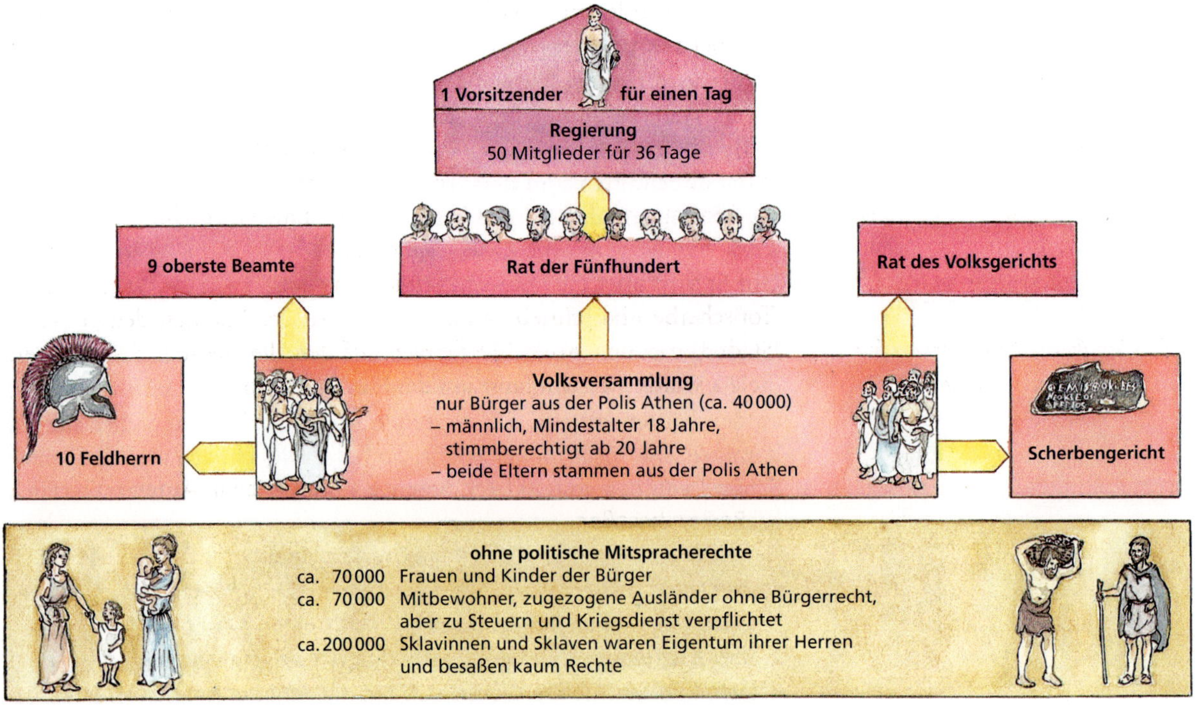

M1 *Aufbau des Staates in Athen, 5. Jh. v. Chr.*

M2 *Ein Redner auf der Volksversammlung, Rekonstruktion.*

Die Volksversammlung

Mindestens vierzigmal im Jahr wurden die Athener Bürger zur Volksversammlung eingeladen. Die Versammlung fand auf dem Pnyx, einem Hügel in der Stadt statt. 6 000 Bürger mussten zusammenkommen, damit Beschlüsse gefasst werden konnten. Jeder Bürger durfte Anträge an den Rat stellen.

Seit 440 v. Chr. bekamen die Bürger, die in der Politik der Stadt mitarbeiteten, Geld für ihre Tätigkeit. Ab 394 v. Chr. wurden auch die Teilnehmer an der Volksversammlung bezahlt.

Wer zu spät zur Volksversammlung kam, zahlte eine Geldstrafe und wurde mit roter Farbe gekennzeichnet. An der Versammlung durfte er aber teilnehmen. Jeder Bürger konnte das Wort ergreifen, dabei bekam er einen Myrtenkranz aufgesetzt. Dann bestieg er die Rednertribüne. Die Redezeit wurde mit einer Wasseruhr überwacht. Meist traten aber dieselben bekannten Redner auf, die die Bürger leicht überzeugen konnten.

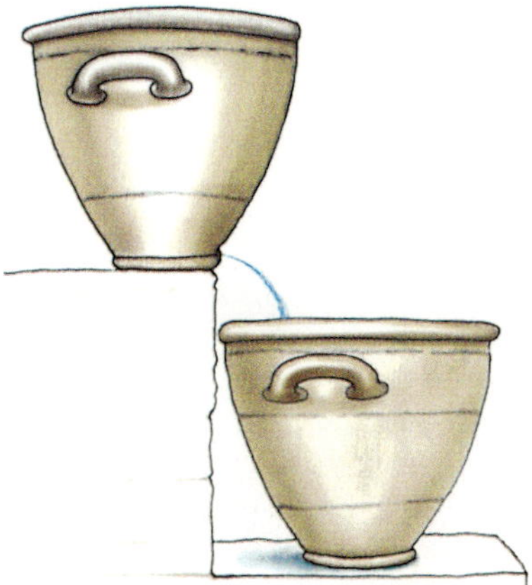

M3 *Mit dieser Wasseruhr wurde die Redezeit überwacht. Rekonstruktion.*

Das Scherbengericht

Schließlich hatte die Volksversammlung das Recht zu einem *Scherbengericht*. Es musste zuvor in einer Volksversammlung beantragt werden.

Das Scherbengericht wurde geschaffen, um eine Alleinherrschaft eines Politikers zu verhindern, die Demokratie zu sichern oder eine wichtige politische Entscheidung mehrheitlich zu fällen. Jeder Bürger nahm eine Tonscherbe und schrieb darauf den Namen des Mannes, den er aus der Stadt verbannen wollte. Derjenige, auf den die meisten Scherben entfielen, wurde für zehn Jahre aus der Stadt verbannt.

Arbeitsaufträge

1. Stelle mithilfe von M1 fest, wie viele Menschen in Athen politische Rechte besaßen.
2. Erkläre, was der Begriff „Demokratie" heute bedeutet.
3. Versetze dich in die Rolle des Redners in M2. Schreibe seine Rede auf.
4. Perikles, ein griechischer Geschichtsschreiber, hat Folgendes behauptet: „Das ganze Volk trifft in der Volksversammlung die Entscheidungen." Nimm Stellung zu diesem Satz und begründe deine Meinung.

(M1) *Themistokles (um 525–459 v. Chr.).*

Eine Geschichtserzählung

Auf einer Volksversammlung in Athen

500 v. Chr. hatten die Könige der Perser ein riesiges Reich in Asien erobert. Nun bedrohten sie auch Griechenland. Daraufhin schlossen sich zahlreiche Stadtstaaten zusammen. Sie konnten die Perser zurückschlagen. Acht Jahre später bereitete der Perserkönig Xerxes einen neuen Feldzug vor. In den Volksversammlungen kam es zu erregten Auseinandersetzungen über die beste Form der Abwehr.

Hitzige Diskussionen

Wieder werden die Athener eines Morgens zur Volksversammlung aufgerufen. Auf den Straßen drängt sich die Menge. Alle sind auf den Wege zum Pnyx, dem Hügel am Stadtrand. Hier hat man im Halbrund Terrassen für Sitzplätze am Abhang angelegt. Jeder bemüht sich, einen Platz zu bekommen, von dem er den Redner am besten sehen und verstehen kann. Schnell ist das Halbrund gefüllt, der Rat der 500 nimmt seine Ehrensitze ein, und der Vorsitzende eröffnet die Versammlung. Ein Herold ruft mit lauter Stimme: „Wer wünscht das Wort?“

Wer kann die Athener überzeugen?

Erwartungsvoll blicken alle um sich. In der Versammlung hat zwar jeder das Recht zu sprechen, aber selten wagt es ein anderer als die bekannten politischen Redner, das Wort zu ergreifen. Schlechte Redner werden vom Volk erbarmungslos ausgelacht. In der heutigen Versammlung sind es vor allem zwei Politiker, auf deren Rat die Athener gespannt sind: Aristides und Themistokles. Als erster eilt Aristides auf die Rednertribüne, auf der er für jedermann frei sichtbar steht. Nun hebt er die Hand und beginnt mit lebhaften Gesten und lauter Stimme zu reden:

(M2) *Platz, auf dem die Volksversammlung in Athen stattfand, Modell.*

(M3) *Eine Tonscherbe als Stimmzettel. Hier ist der Name eines bekannten Politikers eingeritzt. Kannst du ihn entziffern?*

„Athener! Wir müssen uns entscheiden, ob mein Rat oder der des Themistokles der rechte ist in dieser Zeit der drohenden Gefahr. Was braucht es aber einer langen Überlegung? Vor wenigen Jahren haben wir bewiesen, dass wir die Perser besiegen können. Auch diesmal wollen wir all unsere Kraft zu Lande einsetzen, um die Perser zurückzuwerfen!"

Lauter Beifall ertönt in der Volksversammlung. Doch alle Augen richten sich jetzt schon auf Themistokles, der auf die Rednertribüne hinaufstürmt. Alle kennen seinen Ehrgeiz. Jetzt ist er fest entschlossen, bei den Athenern seine Pläne durchzusetzen. Wenn Aristides sich ihm entgegenstellt, wird er ihn aus Athen verdrängen. Hart und schneidend fallen seine Worte von der Rednertribüne herab:

„Wohl gesprochen hat Aristides! Aber unsere Lage ist heute viel gefährlicher! Unermessliche Scharen von Landkämpfern führt Xerxes heran, unzählige Schiffe begleiten das Landheer auf See. Wenn wir Athener aber den Feinden siegreich widerstehen wollen, brauchen wir eine starke Flotte. Jetzt besitzen wir so wenige Schiffe, dass uns sogar die kleine Insel Ägina überlegen ist. Wenn wir aber eine Flotte bauen, werden wir die Vorkämpfer auf See für Hellas sein. Die Geldmittel zum Bau der Flotte werden uns nach altem Brauch freiwillig die reichen Mitbürger zur Verfügung stellen. Damit unsere Mittel aber auf jeden Fall reichen, stelle ich den Antrag, dass der Gewinn aus den Silberbergwerken von Laurion, von dem wir Bürger alle jährlich unseren Anteil ausgezahlt bekommen, von uns allen für mehrere Jahre dem Staat zur Verfügung gestellt wird."

Themistokles fordert das Scherbengericht

Mit tosendem Beifall stimmt die Volksversammlung dem Themistokles zu, und als Aristides es noch einmal versucht, die Athener umzustimmen, ruft sein Gegner in die Menge hinein: „Ich beantrage ein Scherbengericht!"

So kommen die Athener am nächsten Morgen erneut zusammen. Jeder nimmt nun eine Tonscherbe. Er schreibt den Namen des Mannes darauf, den er verbannen will, und bringt sie dann an einen mit Schranken umschlossen Ort. Hier zählen die Mitglieder des Ausschusses der 50 Ratsherren die abgelieferten Scherben und ordnen sie nach den Namen. Nur bei mindestens 6 000 abgegebenen Stimmen ist das Verfahren gültig.

Bald ist das Ergebnis bekannt: Aristides muss die Stadt verlassen, und Themistokles hat für seine Pläne freie Hand. In der folgenden schweren Zeit hört die Volksversammlung immer wieder auf seinen Rat.

Nach diesem Scherbengericht bauten die Athener mehr als 200 Kriegsschiffe. Bei Salamis besiegten die Athener gemeinsam mit den anderen griechischen Stadtstaaten die Perser und konnten sich so endgültig von der Bedrohung der Perser befreien.

Arbeitsaufträge

1. Erkläre die Begriffe „Demokratie", „Volksversammlung" und „Scherbengericht".
2. Beschreibe den Ablauf und die Regeln des Scherbengerichtes. Begründe, ob du das Vorgehen als gerecht empfindest. Nutze die Geschichtserzählung über das Scherbengericht.
3. Nenne Mitglieder der Volksversammlung.
4. Erkläre, warum die Bürger für politische Tätigkeiten bezahlt wurden.

M1 *Frauen bei der Hausarbeit.*

M2 *Die Folgen eines Trinkgelages.*

M3 *Mutter mit Kind im Babystuhl.*

Das Leben der Menschen in Athen

Männer in Athen

Das Leben reicher und armer Männer in Athen unterschied sich grundlegend. Während die Armen hart für ihren Lebensunterhalt arbeiteten, genossen die Reichen ein freies Leben. Sie trafen sich, um den jungen Männern beim Sport zuzusehen, mit Freunden zu spielen oder Gespräche über Politik zu führen. Abends besuchten sie ein *Symposium* – eine private Zusammenkunft, auf der gemeinsam gegessen, Wein getrunken und gesungen wurde. Sklavinnen tanzten und sangen für die Männer. Ihre Ehefrauen blieben zu Hause.

Die Frauen in Athen

Die Frauen hatten sich in der Polis Athen um Haus, Haushalt und Kindererziehung zu kümmern. Sie waren die Stellvertreterinnen des Mannes im Haus. Neben den Eltern, Kindern, Großeltern lebten oftmals auch die Sklaven im Haus der griechischen Familie. Männer und Frauen bewohnten unterschiedliche Räume im Haus.

Die Frauen sollten so wenig wie möglich den häuslichen Bereich verlassen. Ein griechischer Dichters sagte knapp: „Am Webstuhl sei der Platz der Frau, nicht bei der Debatte."

Q1 *Der Grieche Isomachos beschreibt die Rolle der Frau:*

Da beide Arten von Arbeit nötig sind, die draußen und drinnen, schuf Gott die Natur des Weibes für die Arbeit im Hause, die des Mannes aber für die Arbeiten außerhalb des Hauses, denn der Mann ist mehr dazu geschaffen, Kälte und Wärme, Märsche und Feldzüge zu ertragen. Daher trug der Gott ihm die Arbeiten außerhalb des Hauses auf. Der Körper der Frau ist weniger widerstandsfähig, deshalb ist sie besser für die Arbeiten im Hause geeignet.

In: Xenophon: Hauswirtschaftslehre.

M4 *Eine Schulszene mit Lehrer und Schüler. Vasenmalerei.*

Die Erziehung der Kinder

Im alten Griechenland lernten die Kinder lesen und schreiben. Die Mädchen blieben bis sie ungefähr fünfzehn waren bei ihrer Mutter und lernten von ihr alle häuslichen Arbeiten. Die Jungen lernten zuerst bei einem Privatlehrer und wurden später zu einem *Gymnasion* geschickt, wo sie vor allen Dingen Sport trieben. Neben Schreiben, Rechnen, Lesen wurden die Jungen auch in den Fächern Musik und Sport ausgebildet.

M5 *Ein Bergwerk in Griechenland. Tontäfelchen, um 600 v. Chr.*

Sklaven

Sklaven in Athen waren völlig rechtlos. Die Griechen hielten sie für Dinge, die man auf dem Markt einkaufen oder vermieten konnte. Die Sklaven arbeiteten in den Haushalten der Stadtbewohner, in den Werkstätten der Handwerker, auf den Höfen der Bauern im Umland und auf den Schiffen der Kaufleute. Die meisten mussten niedere und körperlich schwere Arbeiten verrichten. Das härteste Los aber hatten die Bergwerkssklaven.

Tausende von ihnen arbeiteten in den Silberbergwerken von Laurion. Sklaven gruben Schächte und Stollen über 100 Meter tief in die Erde. Dort brachen sie dann im Schein von Fackeln oder Öllampen das Erz. Hartes Gestein sprengten sie durch Erhitzen und Übergießen, was die Luft noch stickiger machte. Dabei mussten sie oftmals im Liegen arbeiten. Jugendliche schleppten die schweren Erzbrocken in Körben zum Schachtausgang.

Viele Sklaven wurden von herabbrechendem Gestein erschlagen. Andere starben vor Erschöpfung durch die übermäßige Anstrengung. Bergwerksklaven hatten nicht nur das härteste, sondern auch das kürzeste Leben.

Arbeitsaufträge

1. Berichte über die verschiedenen Menschengruppen in Athen.
2. Schreibe einen Brief, in dem ein Sklave seiner Familie über sein tägliches Leben berichtet.
3. Beschreibe die Rolle der Frau in der griechischen Gesellschaft. Vergleiche mit heute.
4. Betrachte M4 genau. Versuche aus den Gegenständen, die die Personen in den Händen halten, auf die Unterrichtsfächer zu schließen.

Kultur in Athen

Prächtige Bauwerke entstehen,

Noch heute stoßen wir überall auf Spuren der griechischen Kultur: In Griechenland finden wir die Überreste der alten Bauwerke, Tempel und Theater. Mit ihren Bauwerken wollten die Athener zeigen, wie reich und mächtig ihre Stadt war. Auf dem alten Burgberg – der *Akropolis* – entstanden eine Reihe von Prachtbauten. Diese waren weithin zu sehen. Im Mittelpunkt stand das Heiligtum der Athene, der *Parthenon*. Hier veranstalteten die Athener der Stadtgöttin Athene zu Ehren das größte Opferfest der Stadt. Zentrum der Stadt war der Marktplatz.

M1 *Die Akropolis in Athen (5. und 4. Jh. v. Chr.) ① Propyläen: Eingangstorhalle, ② Bronzestandbild der Athene, ③ Parthenon: Tempel der Stadtgöttin Athene, ④ Erechtheion: Tempel des attischen Gottes Erechtheus, ⑤ Tempel der Siegesgöttin Nike.*

i

Dionysos: Griechischer Gott des Weines, der Fruchtbarkeit und des Spiels.

M2 *Griechische Theatermaske.*

Das Theater

Ein besonderer Höhepunkt im Leben der Griechen war der Besuch des Theaters. Zunächst spielten die Griechen zu Ehren ihrer Götter, vor allem zu Ehren des *Dionysos*. Dabei traten singende und tanzende Gruppen auf. Hieraus entwickelte sich das Wechselspiel zwischen einzelnen Schauspielern und dem Chor. Später entstand dann die Handlung der Schauspieler. Dabei wurden auch die Frauenrollen von Männern gespielt.

Es wurden lustige Stücke *(Komödien)* und Trauerspiele *(Tragödien)* aufgeführt. Theateraufführungen dauerten oft den ganzen Tag lang. Schon am frühen Morgen strömten Männer und Frauen in das Halbrund der Sitzreihen für die Zuschauer. Gespannt blickten sie auf die Schauspieler, die lange Gewänder, hochhackige Schuhe und hölzerne Masken trugen. Dadurch konnten auch die Zuschauer in der letzten Reihe noch deutlich die einzelnen Spieler erkennen. Auch waren die Theater so kunstvoll gebaut, dass man überall gut hören konnte.

M3 *Rekonstruktion des Dionysos-Theater in Athen.*

Das Dionysos-Theater wurde zum Vorbild für die Theaterbauten im gesamten griechischen Raum. Grundlage des Baus ist der Tanzplatz: die *Orchestra*. Hier sang der Chor seine Lieder. Dahinter befand sich das mehrgeschossige Bühnenhaus: die *Skene*. In ihm lagen Dekorations- und Umkleideräume für den schnellen „Szenenwechsel“, ebenso die Theatermaschinerien. Auf einer Vorterrasse wirkten die Schauspieler im Wechselspiel mit dem Chor. Um diese Aufführungsstätte herum erhob sich ein Halbkreis, der in den Fels hineingehauen war und treppenförmig in die Höhe stieg – der Zuschauerraum (*Theatron*). Auf den langen steinernen Sitzreihen fanden bis zu 17000 Zuschauer Platz. Die Sitze der unteren Reihen waren die Ehrenplätze für „Prominente“ und Priester.

Arbeitsaufträge

1. Beschreibe den Bau eines griechischen Theaters. Nutze M3.
2. Stelle in einer Tabelle zusammen, wie sich das Theater bei den Griechen vom Theater heute unterscheidet.
3. Stelle dir vor, du besuchst ein Theater im alten Griechenland. Beschreibe dein Erlebnis in einem Brief an einen Freund oder eine Freundin.
4. Entwerft in der Klasse eine Theaterszene aus dem alten Griechenland. Spielt diese in der Klasse gemeinsam nach.
5. Entwerft selbst Masken, die zu den Rollen in eurem Theaterstück passen. Malt die Masken bunt an und klebt sie auf Pappe. Schneidet die Öffnungen für Augen und Mund aus. An den Seiten schneidet ihr jeweils ein kleines Loch in die Maske und knotet ein Gummiband fest. Nun könnt ihr die Masken tragen und euer Stück aufführen!

Ein griechischer Stadtstaat: Sparta

Eine neue Gesellschaftsordnung entsteht

In Griechenland gab es einen Staat, der sich von allen anderen unterschied: Sparta.

In den südlichen Teil der Halbinsel Peloponnes drangen um 900 v. Chr. kriegerische Gruppen aus dem Norden ein. Sie unterwarfen die Messenier, die hier ursprünglich wohnten, und verteilten das eroberte Land unter sich. Die Messenier mussten aber nach wie vor das Land bewirtschaften und waren vollkommen von den neuen Herren abhängig. Die Abhängigen bezeichnete man als *Heloten*. Sie waren schutzlos, eigentumslos und abgabenpflichtig. Um sich vom übrigen Volk abzugrenzen, schufen die neuen Herrscher einen geschlossenen Wohnbezirk – die Stadt Sparta. Sie wurden nun *Spartaner* genannt.

Sparta lag in einem fruchtbaren Tal. Dieses Tal umgab ein hohes Gebirge. Dort ließen sich ebenfalls einige Einwanderer nieder, die aber nicht nach Sparta ziehen durften. Diese *Periöken* hatten nicht die vollen Rechte der Spartaner, waren aber frei. Sie mussten die Grenzen bewachen und waren verpflichtet, den Spartanern im Kriegsfall Soldaten zu stellen.

i

Heloten: So bezeichneten die Spartaner das Volk der Messenier, das sie unterworfen hatten und das ihnen Abgaben zahlen musste.
Spartaner: Nachkommen der Eroberer, die sich auf der Halbinsel Peloponnes angesiedelt hatten. Sie allein hatten politische Rechte.
Periöken: bedeutet Umwohner. Die Spartaner ließen ihnen Freiheit und Land. Im Kriegsfall mussten sie Soldaten stellen.

Ständig im Kriegszustand

Die Spartaner sorgten nicht selbst für ihren Lebensunterhalt, was einmalig unter den Stadtstaaten war. Sie ließen die Periöken und die Heloten für sich arbeiten. Die Heloten mussten den Spartanern die Hälfte ihrer Ernte abgegeben. Jeder Spartaner bekam so viel Land und Heloten zugeteilt, dass er seine Familie ernähren konnte.

Die Zahl der Heloten überstieg die Zahl der Spartaner um ein Vielfaches: Den etwa 9000 freien Bürgern Spartas standen ungefähr 150000 Heloten gegenüber. Die Spartaner fürchteten den Freiheitsdrang der Heloten und bereiteten sich deshalb ständig auf einen Krieg vor. Sparta glich einem Soldatenlager.

M1 *Menschen in Sparta: Ein angreifender Krieger, ein Helot im Hirtenmantel und eine tanzende Spartanerin. Zwei Bronzestatuetten (6. Jh. v. Chr.) und eine Tonstatuette (400 v. Chr.).*

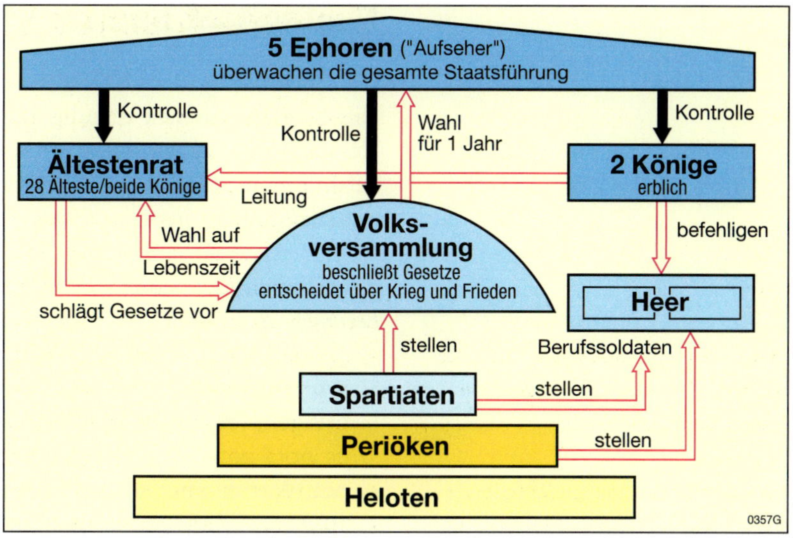

M2 *Die Staatsordnung von Sparta.*

Die Ordnung des Staates

Die Verfassung legte die Rechte und Pflichten in Sparta so fest:

Zur *Volksversammlung* gehörten alle über 30-jährigen waffenfähigen Spartaner. Sie entschied über Gesetze sowie über Krieg und Frieden.

28 Männer, die mindestens 60 Jahre alt sein mussten, bildeten den *Ältestenrat*. Sie konnten der Volksversammlung Gesetze vorschlagen. Auch die beiden *Könige* gehörten zum Rat. Sie leiteten die Zusammenkünfte. Die Könige hatten den Oberbefehl über das Heer.

Fünf *Ephoren* (Aufseher, Wächter) wachten darüber, dass alles nach der Verfassung entschieden wurde.

Arbeitsaufträge

1. Vergleiche das Alltagsleben der Athener und der Spartaner. Wo gibt es Gemeinsamkeiten, wo Unterschiede?
2. Beschreibe die Staatsordnung von Sparta. Wer hatte die größte Macht im Staat?

M3 *Schwerbewaffnete Spartaner im Kampf. Vasenmalerei um 650 v. Chr.*

Militärstaat Sparta

Die Erziehung zum Krieger

Die Spartaner lebten ständig in der Furcht vor einem Aufstand der Heloten. Sie erzogen daher schon ihre Kinder militärisch. Das gesamte Leben war auf Kampf und Kriegsbereitschaft ausgerichtet. Alle Bewohner mussten ihre Lebensweise daran anpassen.

Q1 *Der griechische Schriftsteller Plutarch (46 – 120 n. Chr.) berichtet über die Erziehung der Jungen:*

> Wurde ein Kind geboren, so hatte es der Vater an einen Ort zu bringen, wo die Ältesten saßen und das Kind untersuchten. Wenn es wohl gebaut und kräftig war, wurde seine Aufzucht angeordnet. War es aber schwächlich und missgestaltet, so ließen sie es zu einem Felsgrund bringen und hinunterwerfen. Denn sie meinten, für ein Wesen, das von Anfang an nicht fähig sei, gesund und kräftig heranzuwachsen, sei es besser, nicht zu leben. Während der ersten sieben Lebensjahre durften die Eltern die Kinder aufziehen; dann begann für die Knaben die staatliche Erziehung. ... Ihre Erziehung war darauf gerichtet, dass sie lernten zu gehorchen, Strapazen zu ertragen und im Kampf zu siegen. Lesen und Schreiben lernten sie nur so viel, wie sie brauchten. ... Sobald sie zwölf Jahre alt waren, gingen sie stets ohne Unterkleidung und bekamen nur einen Mantel aufs Jahr. Sie waren am ganzen Körper schmutzbedeckt und durften weder baden noch sich salben. ...
>
> In: Plutarch: Lykurg 16 – 17.

Die Aufnahme in die Kriegergemeinschaft

Im Alter von zwanzig Jahren wurden die Jungen in die Kriegergemeinschaft aufgenommen. Hier wurden sie einer Kleingruppe von etwa 15 Gleichaltrigen zugeteilt. Bis zum 30. Lebensjahr waren sie verpflichtet, Tag und Nacht hier anwesend zu sein.

So führten sie gemeinsam ihre ständigen militärischen Übungen durch, aßen gemeinsam und schliefen gemeinsam. Selbst Verheiratete erhielten zum Besuch ihrer Frauen und Kinder nur kurzen Urlaub.

Die Pflicht zur ständigen Anwesenheit der jungen Krieger stellte sicher, dass im Fall eines Aufstandes oder eines Krieges sofort eine schlagkräftige Truppe ausrücken konnte.

Die Erziehung der Mädchen

Auch die Erziehung der Mädchen verlief in Sparta anders als in Athen und den übrigen Stadtstaaten. Sie nahmen wie die Jungen teil an Spielen und Wettkämpfen. Das sportliche Training galt aber nur für die Frauen und Töchter der Spartaner.

Anders als in den übrigen griechischen Stadtstaaten war der Alltag der spartanischen Frauen nicht ausschließlich von der Familie bestimmt. Den größten Teil der Hausarbeiten überließ die Frau eines Spartaners den Heloten. Für die Erziehung der kleinen Kinder gab es staatliche Ammen, die schon bald nach der Geburt die Erziehung der Säuglinge übernahmen.

M1 *Junge Spartanerin. Bronzestatuette, um 530 v. Chr.*

M2 *Junge Spartanerinnen fordern Jungen zum Wettkampf heraus. So stellte sich ein Maler im 19. Jahrhundert das Leben in Sparta vor. Ölgemälde von Edgar Degas, 1860.*

i

Diskus: eine 5 kg schwere Wurfscheibe.

Q2 *Über die Erziehung der Mädchen berichtet Plutarch:*

In Sparta wurde auch den Frauen jede mögliche Sorgfalt zugewendet. Man kräftigte die Körper der Mädchen durch Laufen, Ringen, *Diskus*- und Speerwerfen, damit die künftige Frucht ihres Leibes in kräftigen Körpern heranwachse. Auch sollten sie befähigt sein, die Geburten kräftig zu bestehen und leicht und gut gegen die Wehen anzukämpfen. Weiblichkeit, Verzärtelung und alles weibische Wesen wurde verbannt.

In: Plutarch: Lykurg, 14f.

Arbeitsaufträge

1. Berichte über die Erziehung der Jungen.
2. Berichte über die Erziehung der Mädchen.
3. Vergleiche die Erziehung der spartanischen Jungen und Mädchen mit deiner eigenen.
4. Heute sagt man, eine bestimmte Umgebung sei „spartanisch". Versuche zu erklären, was damit gemeint ist.
5. Suche dir eine Person aus M2 aus. Schreibe auf, was sie gerade denkt.

M1 *Griechenland und das Perserreich um 500 v. Chr. Karte.*

Kampf um die Unabhängigkeit

Die Perserkriege

In Athen festigte sich um 500 v. Chr. die Demokratie. Da drohte eine Gefahr von außen: Die Perser bauten in Kleinasien ein Weltreich auf und unterwarfen viele Völker und auch griechische Küstenstädte. Die Einwohner dieser Gebiete mussten Steuern an den persischen König zahlen.

Im Jahr 500 v. Chr. versuchten sie sich durch einen Aufstand zu befreien. Zuerst waren sie dank der Unterstützung durch Athen erfolgreich, bereits sechs Jahre später unterwarfen die Perser die griechischen Städte aber erneut. Da Athen die Küstenstädte unterstützt hatte, beschloss der persische König Athen zu bestrafen. Er begann einen Rachefeldzug.

Der erste Marathonlauf der Geschichte

490 v. Chr. landete ein gut ausgerüstetes Heer der Perser mit etwa 20 000 Soldaten in der Bucht von Marathon. Schnell zogen ihnen athenische Truppen entgegen. Auch ohne die Spartaner konnten die Athener die Perser besiegen. Die Entscheidung für den Sieg brachten die Kampftechniken der Athener. Sie griffen im Sturmlauf an und waren im Nahkampf den persischen Bogenschützen überlegen. Die Nachricht vom Sieg der Athener brachte ein Läufer in das 40 Kilometer weit entfernte Athen.

M2 *Ein persischer Krieger. Er trug einen geflochtenen, mit Leder überzogenen Schild, eine Lanze, einen Dolch sowie einen Schuppenpanzer aus Metall unter dem Überwurf. Rekonstruktion.*

Q1 *Herodot (um 484–425 v. Chr.) versucht den Sieg der Athener zu erklären:*

... Die Athener waren stark geworden. Das Recht eines jeden Bürgers, in der Volksversammlung zu reden, ist eben etwas sehr Wertvolles. Solange die Athener von Adligen beherrscht wurden, waren sie keinem einzigen ihrer Nachbarn im Krieg überlegen. ... Als Untertanen waren sie feige und träge, als freie Menschen aber schaffen sie für sich selber.

In: Herodot: Historien.

Die Griechen retten ihre Freiheit

Zehn Jahre später wagten die Perser noch einmal einen Angriff. Sie kamen mit dem stärksten Heer und der größten Schiffsflotte, die die Menschen bislang gesehen hatten. Sparta und Athen wurden schnell in die Enge gedrängt. Nachdem die Spartaner besiegt waren, verwüsteten die Perser die Landschaft Attika und die Stadt Athen.

Doch auch die Athener waren in der Zeit zwischen den großen Kriegen nicht untätig gewesen. Auf Anraten des attischen Politikers Themistokles hatten sie 200 sehr wendige Kriegsschiffe, so genannte *Trieren*, gebaut. Mit diesen konnten sie die persische Flotte bei Salamis, einer Insel vor der attischen Küste, besiegen.

M3 *Kriegsschiffe der Athener, die Trieren. Die Ruderer saßen in drei Reihen übereinander. An der Vorderseite der Schiffe befand sich ein Rammsporn, mit dem man feindliche Schiffe von der Seite her zu treffen und zu versenken versuchte. Die Besatzung bestand aus bis zu 170 Ruderern und 50 Soldaten.*

Der Attische Seebund

Die Flotte hatte Athen und seinen Verbündeten den Sieg gebracht. Da die Perser immer noch Kleinasien beherrschten, baten viele Stadtstaaten die Athener um Schutz. Unter Führung Athens gründeten die griechischen Stadtstaaten den Attischen Seebund. Für den Schutz sollten die Mitgliedsstaaten entweder Schiffe stellen oder Geld bezahlen. Es war jedoch einfacher, Geld zu zahlen und so verfügte Athen bald über einen großen Bundesschatz. Er wurde im Apollo-Tempel aufbewahrt. Athen allein bestimmte darüber, wie das Geld verwendet werden sollte.

Arbeitsaufträge

1. Vergleiche mithilfe von M1 die Größe zwischen Griechenland und dem Perserreich.
2. Berichte über die Kämpfe der Griechen gegen die Perser.
3. Warum konnten die Griechen nach Herodots Meinung die Perser besiegen?
4. Beschreibe die Rolle Athens im Attischen Seebund.

Die Welt wird griechisch

Das Weltreich Alexanders

Die Zeit des Friedens zwischen den griechischen Stadtstaaten hielt nicht lange, bald begannen neue Kämpfe.

Aber nicht nur diese Kämpfe stellten eine gefährliche Situation dar. Seit 360 v. Chr. wuchs ein Staat im Norden Griechenlands zu einer neuen Führungsmacht heran: Makedonien. König Philipp II. von Makedonien gelang es, die griechischen Staaten in Abhängigkeit zu bringen. Sie mussten ihm Soldaten für seinen Feldzug gegen die verhassten Perser stellen.

Nachdem Philipp 336 v. Cr. von einem Adligen ermordet worden war, folgte ihm sein Sohn Alexander auf den Thron. Zuerst musste er zahlreiche Rivalen beseitigen.

Der Feldzug gegen die Perser

Alexander rüstete 334 v. Chr. sein Heer gegen die Perser. Mit 35 000 Fußsoldaten und 5 000 Reitern begann er seinen Kriegszug. Alexanders Heer war sehr erfolgreich, innerhalb kurzer Zeit unterwarf er die heutige Türkei, Palästina, Ägypten und Mesopotamien. Die vier Hauptstädte des Perserreiches Babylon, Susa, Persepolis und Ekbatana wurden ebenfalls erobert.

Die Perser hatten Alexander und seine Soldaten unterschätzt und konnten seinen Siegeszug nicht aufhalten.

M1 *Dieses Mosaik zeigt, wie Alexander (links) auf den persischen Großkönig Dareios trifft. Das Original hat eine Größe von 2,72 m × 5,13 m.*

(M2) *Alexandermünze.*

Ein ausgedehnter Eroberungszug

Nach seinen erfolgreichen Schlachten zog Alexander 331 v. Chr. wieder gegen den Perserkönig Dareios. Auch diesmal konnten die Makedonen die Perser vernichtend schlagen, Dareios floh.

Sein großes, ca. 2 500 000 Mann starkes Heer und der neue Kampfwagen, der überall mit Spießen und Schwertern bestückt war, hatten ihm keinen Erfolg gebracht. So zog Alexander in dessen Hauptstadt Susa ein. 330 v. Chr. wurde der Perserkönig Dareios auf der Flucht ermordet. Trotzdem gab Alexander den Feldzug nicht auf. Er zog weiter ins Innere Asiens, da er davon träumte, ein Weltherrscher zu werden. An vielen Stellen ließ Alexander neue Städte anlegen, die häufig seinen Namen trugen: Alexandria. Doch seine Soldaten waren müde geworden und wehrten sich, sie wollten nicht mehr weiterziehen. Es kam immer wieder zu Unruhen. Schließlich zwangen die Soldaten Alexander umzukehren.

Die Rückkehr

Alexander traf mit den Resten seines Heeres im Jahre 324 v. Chr. wieder in Susa ein. Nach seiner Rückkehr befahl Alexander eine Massenhochzeit, um eine enge Verbindung zwischen Makedonen und Persern herzustellen und somit seine eigene Herrschaft zu festigen. Die griechische Sprache sollte das Bindeglied zwischen allen Menschen werden.

Bei diesem Fest heirateten 80 Adlige und 10 000 Krieger aus Makedonien Perserinnen. Alexander selbst nahm eine Tochter des toten persischen Königs zur Frau. Während er eine weitere Expedition nach Arabien plante, um sein Reich zu sichern, starb er 323 v. Chr. im Alter von 33 Jahren an einem Fieber. Da Alexander keine volljährigen Nachkommen hatte, stritten sich seine Feldherren um die Nachfolge. Der Kampf um seine Nachfolge dauerte zwanzig Jahre. Keiner seiner Feldherren konnte sich durchsetzen, sodass sein Weltreich zerfiel.

(Q1) *Der griechische Geschichtsschreiber Diodor schreibt über das Rätsel Alexander:*

> Den unglücklichen Alexander trieb seine Zerstörungswut sogar ins Unerhörte. Oder hältst du jemanden für geistig gesund, der mit der Unterwerfung Griechenlands beginnt, wo er doch seine Erziehung erhalten hat?
>
> In: Gehrke: Alexander der Große, S. 100 f.

(M3) *Alexander der Große. Antike Büste.*

Arbeitsaufträge

1. Nenne die Ziele Alexanders und seiner Feldzüge. Was stellst du fest?
2. Schau dir die Karte auf der folgenden Seite an. Errechne, wie viel Kilometer das Heer der Makedonen zurückgelegt hat.
3. Stell dir vor du bist ein makedonischer Soldat. Schreibe seinen Bericht über den Eroberungszug.
4. Trage zusammen, wofür Alexander von seinen Soldaten bewundert und verurteilt wurde.
5. Suche Gründe dafür, warum Alexander mit dem Beinamen „der Große" bezeichnet wurde.
6. Entscheide, ob der griechische Geschichtsschreiber Diodor Alexander auch „der Große" nennen würde. Begründe!

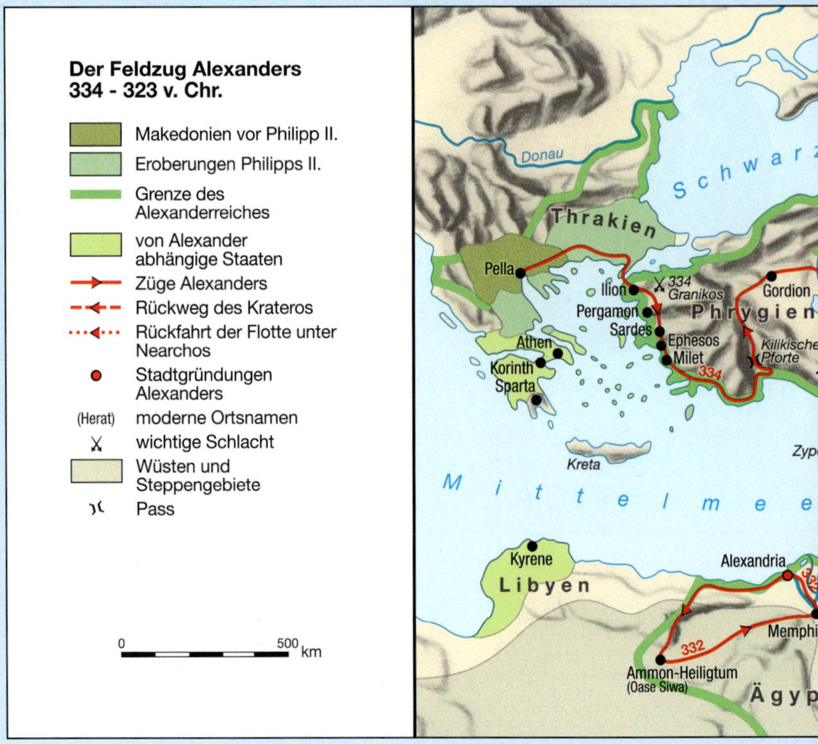

M1 *Der Feldzug Alexanders 334 – 323 v. Chr.*

Eine Karte auswerten

Nicht nur im Fach Erdkunde, sondern auch im Fach Geschichte wirst du immer wieder mit Karten arbeiten. Geschichtskarten zeigen eine Entwicklung über einem bestimmten geschichtlichen Zeitabschnitt oder verdeutlichen ein Thema aus der Geschichte.

Auf diesen zwei Seiten bekommst du eine Hilfe für den Umgang und die Auswertung geschichtlicher Karten.

Schritte für die Auswertung von geschichtlichen Karten:

1. Über welches Thema informiert die Karte?
2. Welche Staaten und welche Städte liegen heute auf diesem Gebiet?
3. Welche Zeit wird dargestellt?
4. Welche geografischen Besonderheiten weist der behandelte Raum auf?
5. Welche Farben, Zeichen und Symbole werden verwendet und wofür stehen sie?
   Tipp: Diese Informationen erhältst du aus der *Legende*.
6. Welche Ereignisse, Informationen und Entwicklungen zeigt die Karte?
7. Welche Folgen hatten sie für die weiteren geschichtlichen Ereignisse?
8. Welche Fragen ergeben sich aus der Karte?

Mit diesen Fragen kannst du die Karte M1 auswerten.

i

Legende: Erklärung der Zeichen und Farben, die in der Karte verwendet werden.

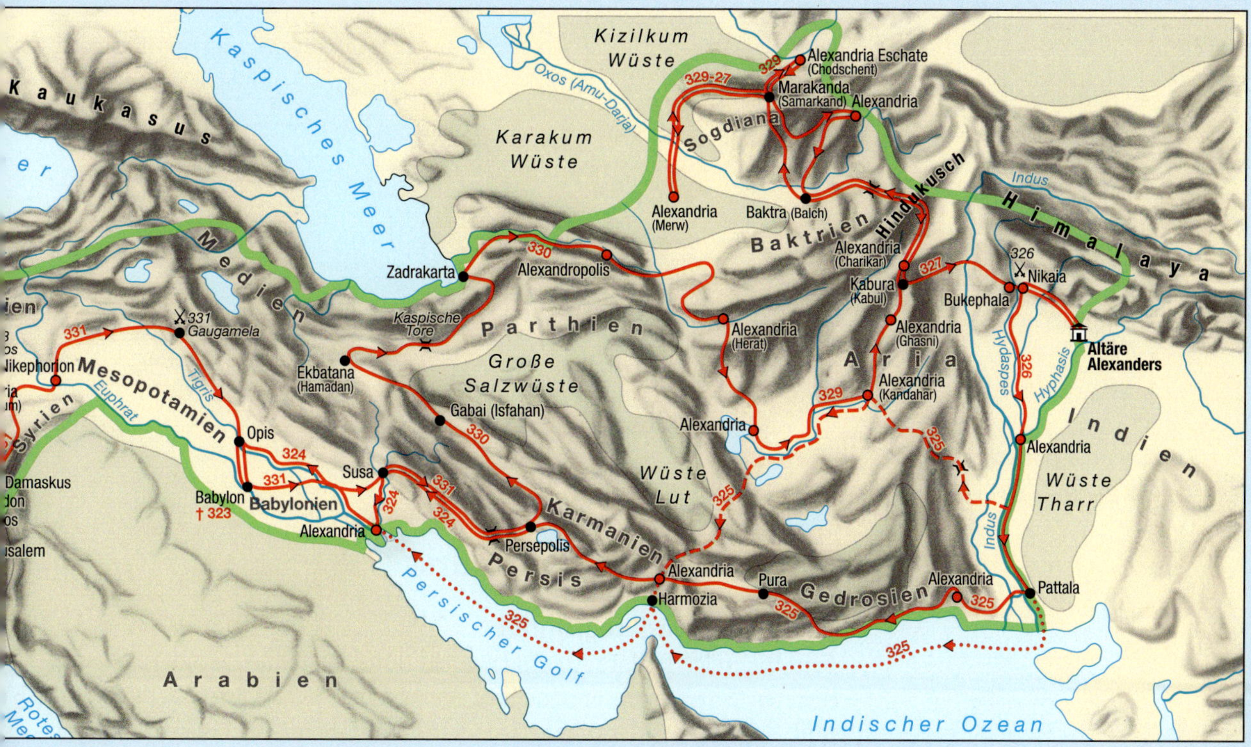

Und so könnte eine Lösung aussehen:

1. Die Karte informiert über die Größe des Reiches Alexanders des Großen und die Wege, die er auf seinen Feldzügen genommen hat. Sie zeigt, welche Gebiete Alexanders Vater in Makedonien erobert hat.
2. Heute liegen auf diesem Gebiet folgende Staaten: Türkei, Ägypten, Griechenland, Syrien …
3. Die Karte zeigt den geschichtlichen Zeitraum von 334–323 v. Chr.
4. Die eroberten und unterworfenen Gebiete liegen im südöstlichen Mittelmeerraum und in Südostasien. Hier gibt es viele Wüsten und sehr hohe Gebirge.
5. Das Reich Alexanders ist mit einem grünen Band umrandet. Die Feldzüge sind mit roten Linien und Jahreszahlen beschriftet. Gebiete, die von Alexander abhängig waren, sind grün eingefärbt. Orte, an denen die Makedonen gegen die Perser gekämpft haben, erkennt man an den gekreuzten Schwertern. Stadtgründungen zur Zeit Alexanders sind durch rote Punkte gekennzeichnet
6. Die Karte zeigt, wie gewaltig der Eroberungszug war, den Alexander unternommen hat. Weiterhin kann man sehen, wie viele Städte von Alexander gegründet wurden.
7. Es entstand ein riesiges Weltreich, das von Griechenland bis weit nach Persien hinein reichte.
8. Was geschieht mit dem Reich nach seinem Tod? Wie leben die unterdrückten Völker? Warum hat Alexander diese Eroberungszüge unternommen?

M1 *Modell der Stadt Alexandria (Rekonstruktion).*

Die Weltstadt Alexandria

Eine Stadt wird gegründet

Sein Weltreich konnte Alexander nicht durch Unterdrückung und Gewalt regieren. So gründete er neue Städte nach dem Vorbild griechischer Städte und ließ sie von Griechen besiedeln. Diese nahmen ihrerseits orientalische Sitten an. Diese Mischkultur nennt man *Hellenismus*.

332 v. Chr. gründete Alexander im westlichen Mündungsgebiet des Nils an der Stelle einer alten ägyptischen Siedlung die Stadt Alexandria. Die Stadt entwickelte sich zum Mittelpunkt der hellenistischen Welt.

Q1 *Der griechische Geograf und Historiker Strabon beschreibt Alexandria:*

Der König erkannte, wie überaus geeignet der Strand zwischen dem Mareotis-See und dem Meer zur Gründung einer Stadt, der Meeresarm zur Herstellung eines großen und fast gegen jeden Wind sicheren Hafen ist. Er selbst – so wird erzählt – wollte sofort seinem Baumeister Dinokrates den Plan der Stadt, die Straßen und Märkte, die Lage der Tempel für die hellenischen Götter und für die ägyptische Isis bezeichnen. Da eben nichts anderes zur Hand war, ließ er seine Makedonen ihr Mehl ausstreuen und die Grenzen ziehen, worauf unzählige Vögel von allen Seiten herbei geflogen kamen, um von dem Mehl zu fressen. Ein Zeichen, das der weise Aristandros auf den künftigen Wohlstand und ausgedehnten Handel der Stadt deutete.

Nach: Droysen, Geschichte Alexanders des Großen, S. 258.

Der Bau der Stadt begann nach einem genauen Plan, der ausgeführt wurde vom Baumeister Dinokrates. Eine 6 km lange Prachtstraße verlief durch Alexandria. Säulengänge sollten die Bewohner gegen die Sonne schützen. Läden, Werkstätten, Wechselstuben, Theater, mehrstöckige Wohnblocks und Speiselokale gestalteten das Bild der Stadt. Tempelanlagen und große öffentliche Gebäude gehörten ebenso zum Stadtbild. Das Palastviertel des Königs sollte ein Stadtviertel für sich sein.

M2 *Der Leuchtturm auf der Insel Pharos. Rekonstruktion.*

M3 *Stadtplan von Alexandria.*

Die Stadt der Wissenschaften

Alexander ließ in seiner neuen Stadt eine große Lehr- und Forschungsstätten bauen, das so genannte „Museion". In ihm trafen sich Künstler und Gelehrte aus der ganzen Welt. Viele berühmte Wissenschaftler ließen sich in der Stadt nieder. Ihr Wissen wurde im Museion auf unzähligen Papyrusrollen gesammelt und weiterentwickelt. Ärzte öffneten zum ersten Mal Leichen, entdeckten den Blutkreislauf, studierten das Körperinnere.

Q2 *Alexandria – das New York der Antike?*

Schon kurz nach der Gründung wuchs die Bevölkerung Alexandrias rapide an. Keine Zwangsumsiedlung war nötig, um das vorgeplante Rechteck auszufüllen: Ägypter, Griechen, Juden strömten in hellen Scharen in die neue Weltstadt. …
Die wechselseitige Durchdringung der griechischen, ägyptischen und jüdischen Kultur, die Mischung der Völker, der ungeheure Aufschwung des Handels machten Alexandria im 3. Jahrhundert v. Chr. zu einer knisternden, brodelnden Weltstadt, neben der das langsam verblühte Athen und das zur Weltherrschaft drängende Rom kühl und fast provinziell gewirkt haben müssen.

In: Wolf Schneider: Überall ist Babylon, S. 135.

Arbeitsaufträge

1. Erkläre, warum die Lage der neuen Stadt Alexandria so günstig war.
2. Versetze dich in die Rolle eines Bewohners oder einer Bewohnerin des antiken Alexandrias und mache eine Stadtführung.
3. Erkläre den Begriff „Hellenismus".
4. Alexandria – das New York der Antike? Nimm Stellung zu dieser Behauptung und begründe deine Entscheidung. Nutze Q2.

PROJEKT

Den Griechen auf den Spuren

Der Pergamonaltar in Berlin.

Jeden Tag ist in Berlin auf der Museums-Insel das gleiche Schauspiel zu sehen: Dutzende von Bussen bringen Touristen aus aller Welt und Schulklassen zum Pergamon-Museum. Sie alle wollen ein gigantisches Bauwerk besichtigen: den Pergamon-Altar.

Was hat dieser Altar mit den Eroberungszügen des Alexanders zu tun? In Pergamon, dem heutigen Bergama in der Türkei, herrschten nach dem Tod Alexanders Könige. Sie bauten im Laufe des 3. Jahrhunderts ihre Stadt nach dem Vorbild von Athen aus.

Auf dem Stadtberg hatten die Könige im 2. Jahrhundert v. Chr. eine große Anlage mit Denkmälern, Tempeln und Palästen bauen lassen. Zu ihnen gehörte ein großes, fast quadratisches Gebäude – ein Altarbau. Im Innenhof stand ein Altar, auf dem Opfer für die Götter gebracht wurde,

Im 19. Jahrhundert entdeckte ein deutscher Archäologe Reste des Baus, dazu Teile von Figuren. Er ließ alle Funde nach Berlin transportieren und sorgfältig wieder zusammenbauen. Die Westseite des Altars entstand als Ganzes wieder.

Arbeitsaufträge

1. Gehe in deinem Wohn- oder Schulort selbst auf Spurensuche. Suche Gebäude, die antiken Vorbildern ähneln.
2. Vieles von dem, was für uns heute selbstverständlich ist, haben zuerst die Griechen veranstaltet, erdacht, ausprobiert und entwickelt. Bereitet gemeinsam in der Klasse eine kleine Ausstellung zum Thema vor: „Auch heute: Griechische Spuren überall!"

M1 *Westfront des Pergamon-Altars. Der Figurenfries ist 2,30 m hoch und 120 m lang. Er zeigt Kämpfe zwischen griechischen Göttern und Riesen.*

IN KÜRZE

Wichtige Begriffe:

Demokratie
Hellenismus
Heloten
Kolonisation
Olympia
Polis (Plural: Poleis)
Scherbengericht
Sklaven
Theater

Im heutigen Griechenland entstanden um 900 v. Chr. *Stadtstaaten.* Landknappheit und Überbevölkerung in den *Poleis* führten dazu, dass viele Griechen aus ihren Städten auswanderten und *Kolonien* gründeten. Die wichtigsten Stadtstaaten waren *Athen* und *Sparta.* Diese beiden waren ganz gegensätzlich: Sparta war ein reiner Militärstaat, Athen entwickelte im 6. Jahrhundert vor Christus die erste *Demokratie.*

In den Stadtstaaten Griechenlands lebten auch viele *Sklaven*, die völlig rechtlos waren. Frauen durften in den Poleis keine politischen Ämter annehmen.

Neben vielen Unterschieden hatten die Griechen auch Gemeinsamkeiten. Ihre Sprache, der Glaube an die gemeinsamen Götter und die gemeinsame Teilnahme an den *Olympischen Spielen.*

Athener und Spartaner waren stolz auf ihre Freiheit und wehrten zu Beginn des 5. Jahrhunderts gemeinsam mit anderen griechischen Städten die drohende Gefahr durch die *Perser* ab.

Nach einem langen Krieg verloren Athen und Sparta ihre führende Rolle an die *Makedonen.* Deren König *Alexander* organisierte am Ende des 4. Jahrhunderts v. Chr. einen Eroberungszug gegen das Perserreich. Sein Reich zerfiel nach seinem Tod sehr schnell, die griechische Kultur breitete sich aber im ganzen östlichen Mittelmeerraum aus. Die Kultur des *Hellenismus* entstand.

Bis heute beeinflusst die Kultur der Griechen die Kunst, Literatur, Wissenschaft und Politik auf der ganzen Welt.

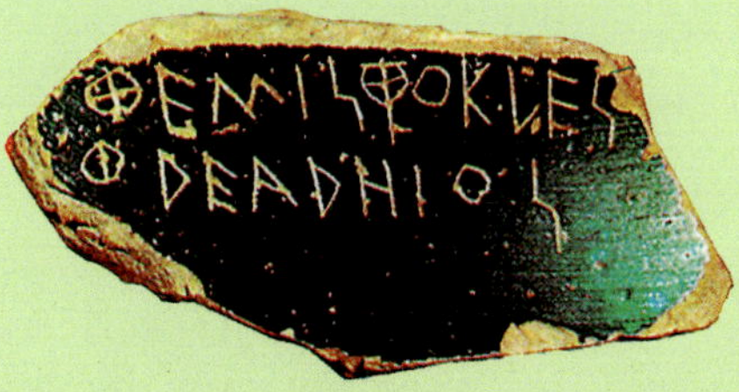

Römisches Leben auf dem Forum Romanum zu Beginn des 3. Jahrhunderts, Gemälde von Joseph Bühlmann (19. Jahrhundert).

Die Zeit der Römer

Die Anfänge Roms

i

Salzstraße: (lat. Via salaria) Eine alte Handelsstraße, die von der Mittelmeerküste über Rom bis zur Adria führte. Salz war teuer und wurde in flachen Meeresbuchten nahe der Tibermündung gewonnen.
Etrusker: (lat.: Etrusci, Tusci) Ein Volk, das vorwiegend in der heutigen Toscana (lat. Tusculum) lebte. Es hatte einen starken kulturellen und religiösen Einfluss auf das spätere Rom.
Konsul: Titel der beiden höchsten römischen Beamten. Sie leiteten die Sitzungen des Ältestenrates und befehligten im Krieg das Heer.
Via: Straße.

An den Ufern des Tibers

Über die Anfänge Roms ist wenig bekannt. Gräberfunde und Häuserreste zeigen, dass Bauern im 9. Jahrhundert v. Chr. kleine Siedlungen auf einigen der sieben Hügel in der Nähe des Flusses Tiber errichteten. Die Lage war glücklich gewählt: Kleinere Schiffe konnten bis hierher fahren. Da hier eine Insel im Fluss lag, konnte man diesen leicht überqueren. Ein alter Handelsweg, die *Salzstraße* führte an der Siedlung vorbei.

Vom Dorf zur Stadt

Die *Etrusker* bauten die ländlichen Siedlungen zu einer Stadt aus. Sie errichteten eine Burg auf einem der Hügel und bauten die ersten Tempel und steinernen Häuser. Mit einem Entwässerungsgraben legten sie die Sümpfe zwischen den Hügeln trocken. Sie umschlossen das Gebiet mit einer Stadtmauer. Etruskische Könige regierten die Stadt.

Allmählich wuchs die Bevölkerung Roms. Die Römer eroberten benachbarte Gebiete und dehnten ihre Herrschaft bis zum Meer aus. Im 5. Jahrhundert vertrieben einflussreiche Familien Roms den König. Sie wollten selbst regieren. Um eine neue Königsherrschaft für alle Zeiten zu verhindern, beschlossen sie, jedes Amt in Rom mit zwei Personen zu besetzen. Diese mussten alle Entscheidungen gemeinsam treffen und durften nur für ein Jahr gewählt werden. An der Spitze der Regierung standen bald zwei *Konsuln* als höchste Beamte und Heerführer.

M1 *Nachbau des frühgeschichtlichen Dorfes Rom (9. Jh. v. Chr.) nach den Ergebnissen der archäologischen Ausgrabungen auf dem Hügel Palatin.*

M2 *Karte von Rom und Umgebung.*

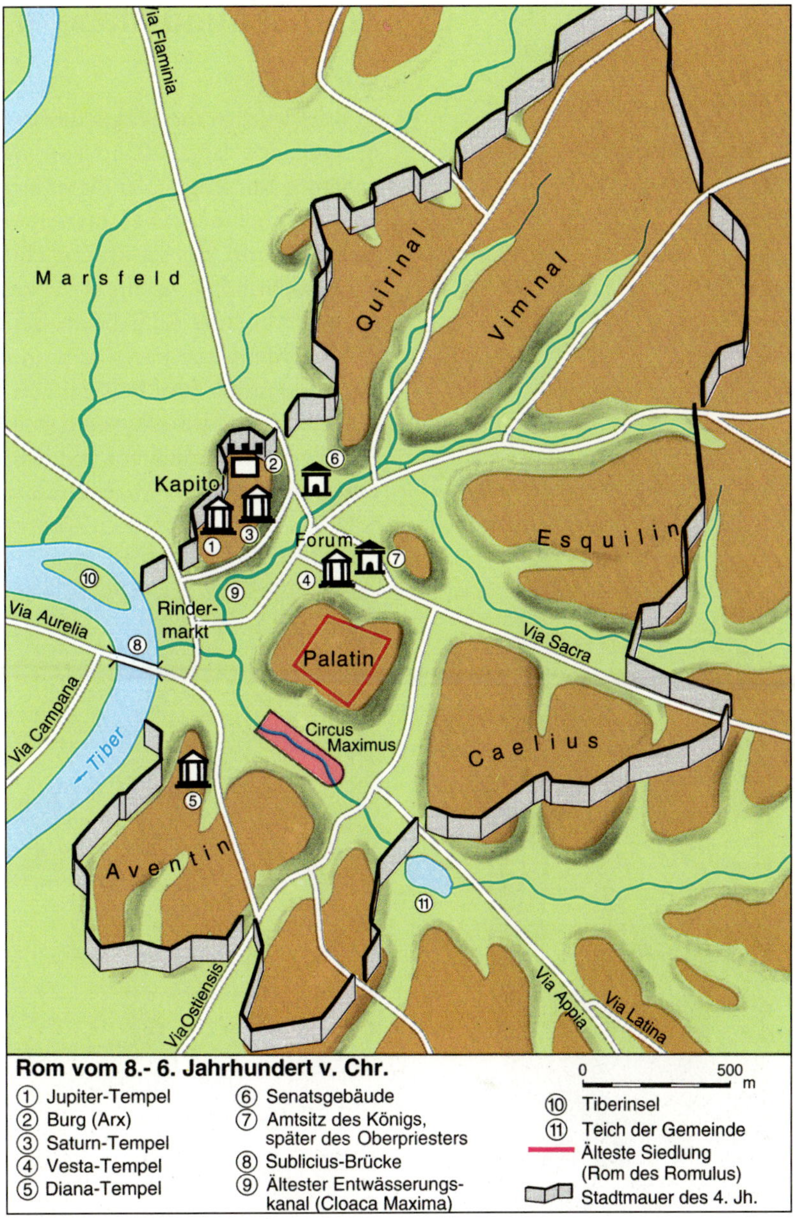

M3 *Karte: Die Stadt Rom im 4. Jhd. v. Chr. Kapitol, Palatin, Aventin, Caelius, Esquilin, Viminal und Quirinal sind die Namen der Hügel, auf denen Rom erbaut wurde. Der „Circus Maximus" ist eine ovale Bahn mit ringsum aufsteigender Zuschauertribüne. Hier wurden unter anderem Pferde- und Wagenrennen durchgeführt.*

Arbeitsaufträge

1. Nenne die Vorteile der Lage Roms für die dort lebenden Menschen. Betrachte dazu auch M2.
2. Beschreibe die Entwicklung Roms vom Dorf zur Stadt.
3. Überlege, wie die Art der Besetzung von Ämtern in Rom verhindern sollte, dass ein neuer König an die Macht kam.
4. Vergleiche M3 mit einem heutigen Stadtplan von Rom.

Patrizier und Plebejer

Die Patrizier

In Rom wurden die Mitglieder vornehmer und alteingesessener Familien, die auf eine lange Reihe von *Ahnen* zurückblicken konnten, Patrizier genannt. Nur Mitglieder dieser Familien durften Staatsämter und Priesterstellen einnehmen. Die Patrizier waren sehr reich und besaßen Viehherden und viel Land, das sie oft mit Hilfe von *Sklaven* bestellten. Sie hatten es daher nicht nötig, für ihren Lebensunterhalt zu arbeiten und sahen es als Ehre und höchste Aufgabe an, den Staat zu leiten.

Viele Menschen waren auch in Alltagsdingen auf die Patrizier angewiesen. Sie wurden zum Beispiel von ihrem patrizischen *Patron* bei Vertragsabschlüssen und Rechtsstreitigkeiten beraten und vertreten. Die meisten Patrizier fühlten sich für das Wohlergehen und den Schutz dieser von ihnen abhängigen *Klienten* verantwortlich.

M1 *Ein Patrizier mit den Büsten seiner Vorfahren. Marmorstatue, 1. Jh. v. Chr.*

M2 *Worüber ein Patrizier verfügt. Heutige Zeichnung.*

Die Plebejer

Zu den Plebejern gehörten Handwerker, Kaufleute, Bauern und Tagelöhner. Sie waren keine Sklaven, sondern freie Leute. Manche Plebejer waren sogar reich. Sie alle standen unter dem Schutz patrizischer Familien und waren zugleich von ihnen abhängig.

Die Plebejer hatten zunächst keine bürgerlichen Rechte. Obwohl sie die Mehrheit der Bevölkerung bildeten, durften sie zum Beispiel nicht über Gesetze mitbestimmen und konnten keine Ämter einnehmen. Ohne die Zustimmung eines Patriziers durften sie noch nicht einmal ein Geschäft abschließen. Ehen zwischen ihnen und den Patriziern waren verboten. Im Krieg dienten die Plebejer als Fußsoldaten und trugen die Hauptlast des Kampfes. Sie wurden daher immer unzufriedener mit ihrer benachteiligten Situation in Rom.

i

Ahnen: Vorfahren; alle Personen, von denen jemand abstammt.
Sklaven: Menschen, die als rechtloses Eigentum galten und z. B. auch verkauft werden konnten.
Patron: lat.: Schutzherr
Klienten: Schutzbefohlene einer patrizischen Familie, sie waren dieser zu Treue und Gefolgschaft verpflichtet.

M3 *Ein römischer Bauer auf dem Weg zum Markt. Relief aus dem 1. Jh. v. Chr.*

Die Plebejer wollen mitregieren

Es kam zu erbitterten Auseinandersetzungen zwischen Plebejern und Patriziern. Nach und nach erkämpften die Plebejer mehr Rechte für sich. Sie hielten eigene Volksversammlungen ab und wählten eigene Beamte, die Volkstribunen. Diese vertraten die Rechte der Plebejer gegenüber den Patriziern. Die *Volkstribunen* konnten sogar Gesetze verhindern, indem sie ausriefen: „Ich verbiete es!" (lat.: *Veto*).

Um 450 v. Chr. wurde das für alle freien Bürger Roms geltende Recht aufgeschrieben und auf zwölf Bronzetafeln festgehalten, die öffentlich ausgestellt wurden. Langsam besserte sich die Situation der Plebejer.

Im Jahr 367 wurde erstmals ein Plebejer Konsul, nun konnten Plebejer Beamte des römischen Staates werden.

i

Nobilität: von lateinisch nobilis: edel. Nachdem die höchsten Ämter auch den Plebejern offen standen, verschmolzen die führenden Plebejerfamilien mit den alten Patrizierfamilien.

Eine neue Führungsschicht entsteht

Mit dem Ende der Auseinandersetzungen zwischen Patriziern und Plebejern war eine neue Führungsschicht in der römischen Gesellschaft entstanden: die *Nobilität* (nobilis: lat.: edel). Zu ihr gehörten die patrizischen und plebejischen Familien, die in der Vergangenheit einen der beiden Konsuln oder andere Beamte gestellt hatten. Die Heirat zwischen Patriziern und Plebejern wurde erlaubt.

Arbeitsaufträge

1. Benenne, wer
   a) zu den Patriziern
   b) zu den Plebejern gehörte.
2. Ordne den Bildern in M1 die Überschriften *Ahnen*, *Landbesitz*, *Sklaven* und *Klienten* zu.
3. Besprecht in der Klasse, wodurch sich Patrizier und Plebejer voneinander unterschieden. Betrachtet dazu auch die Abbildungen. Listet die Unterschiede in einer Tabelle auf.
4. Schreibe eine Rede, in der ein Plebejer mehr Rechte im römischen Staat fordert.

Die Römische Republik

Staatsordnung und Verwaltung

i

Republik: (von lat. res publica: öffentliche Sache) So nannten die Römer ihren Staat.
Senat: ursprünglich: Rat der Alten. Der Senat beriet die Konsuln und machte Gesetzesvorschläge. In ihm saßen angesehene Männer.
Quästor: Hilfsbeamter des Konsuls, zuständig für Staatsfinanzen und Flotte.
Ädil: Beamter, der sich innerhalb Roms um öffentliche Angelegenheiten, Sicherheit und Ordnung kümmerte.
Prätor: Beamter, der für die Rechtsprechung zuständig war.

Die Römer nannten ihre Staatsform *Republik*. Damit meinten sie, dass alle römischen Bürger für den Staat mitverantwortlich waren und Mitbestimmungsrechte hatten. An der Spitze standen die Jahresbeamten. Die mächtigsten waren die beiden gleichberechtigten *Konsuln*. Unterstützt und beraten wurden sie von einem Ältestenrat, dem *Senat*.

Die Konsuln beriefen die Volksversammlung und die Senatssitzungen ein. Sie hatten auch das Recht zu bestrafen. Im Krieg führten sie das Heer an. Wer Konsul werden wollte, musste zuerst *Quästor*, dann *Ädil* und danach *Prätor* gewesen sein, denn ein Konsul sollte über Lebenserfahrung und Kenntnisse in der Verwaltung verfügen.

Die Ämter im Staat

Anfangs war jedes Amt zweimal vorhanden, denn die Beamten sollten sich gegenseitig kontrollieren. Außerdem durften sie ihr Amt nur ein Jahr ausüben. Jedes Jahr wurde neu gewählt. Weil es im wachsenden römischen Staat immer mehr Aufgaben gab, erhöhte sich jedoch die Zahl mancher Beamter. Normalerweise konnte jedes Amt nur einmal ausgeübt werden. Nach dem Ende der Amtszeit wechselten die Beamten in den Senat.

Der Senat

Die wichtigste Einrichtung des römischen Staates war der Senat. Seine Mitglieder hatten sich bereits in Staatsämtern bewährt. Im Senat bestimmten sie, welche Gesetze zur Abstimmung kamen und wer für ein Staatsamt vorgeschlagen wurde.
Auch über Außenpolitik und Staatsfinanzen wurde im Senat beraten.

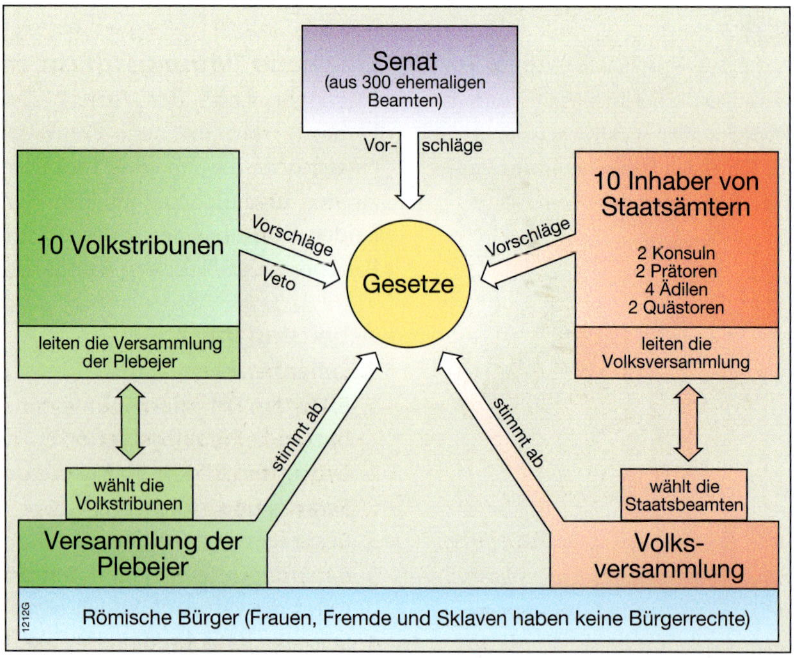

M1 *Die Staatsordnung der Römischen Republik im 3. Jh. v. Chr. Schaubild.*

M2 *Konsul mit Amtsdienern, antikes Relief. Jeder Konsul wurde von sechs Amtsdienern, den Liktoren, begleitet. Diese trugen Rutenbündel und Beile als Zeichen der Strafgewalt.*

Q1 *Der Schriftsteller Polybios (etwa 200 bis 130 v. Chr.) berichtete:*

Wenn der Konsul an der Spitze des Heeres ins Feld zieht, scheint er unumschränkte Gewalt zur Durchführung seiner Pläne zu haben, in Wirklichkeit aber bleibt er auf Volk und Senat angewiesen und ist ohne diese nicht in der Lage, seine Unternehmungen zu einem guten Ende zu bringen. Denn selbstverständlich bedarf das Heer dauernder Versorgung, und ohne den Willen des Senats kann ihm weder Getreide noch Kleidung, noch Sold geliefert werden. …
Der Senat wiederum, der doch so große Macht hat, ist erstens in allen politischen Angelegenheiten gezwungen, auf die Stimmung des Volkes zu achten und seine Wünsche zu berücksichtigen. … Vor allem aber kann der Senat, wenn nur ein einziger Volkstribun sein Veto einlegt, weder eine Beratung zu Ende führen noch auch nur zusammenkommen und eine Sitzung abhalten; die Volkstribunen aber sind stets verpflichtet zu tun, was das Volk will, und seine Wünsche zu beachten.

In: Polybios, Geschichte, IV. Buch, Kap. 11 ff.

M3 *Stimmtäfelchen. Ein Wahlhelfer gab jedem wahlberechtigten Römer ein solches Täfelchen, auf dem man bei Wahlen den Namen des Kandidaten markieren konnte.*

Arbeitsaufträge

1. Erläutere M1 mit deinen eigenen Worten. Welche Personen in Rom hatten keine Bürgerrechte? Was hältst du von der Staatsordnung? Begründe deine Meinung.
2. Beschreibe mithilfe von Q1 die Machtverhältnisse zwischen Konsuln, Senat und Volk.
3. Vergleiche M1 und Q1. Stimmen die Darstellungen der Staatsordnung überein?
4. Auch unser Land ist eine Republik. Sammle Informationen und erkläre.
5. Beschreibe, was auf den Münzen in M3 dargestellt ist.

M1 bis M3 *Roms Aufstieg zur Weltherrschaft, Karten.*

M1

Der Aufstieg zum Weltreich

Rom herrscht über Italien

Während sich Athen in Griechenland bereits zu einer großen und glanzvollen Stadt entwickelt hatte, war Rom noch ländlich und unbedeutend. Aber schon bald gewannen die Römer die Macht über ganz Italien.

In zahlreichen Kriegen zerstörten sie die Siedlungen und Städte ihrer Gegner oft völlig. Die Römer schlossen aber auch Bündnisse mit ihren ehemaligen Feinden. In den eroberten Gebieten siedelten sie römische Bürger, oft aus dem Dienst ausgeschiedene Soldaten, an. Diese Siedlungen nannten sie *Colonia*. Mit deren Hilfe sicherten sie ihre Herrschaft ab.

i
Colonia: lat.: Gründung, Kolonie.

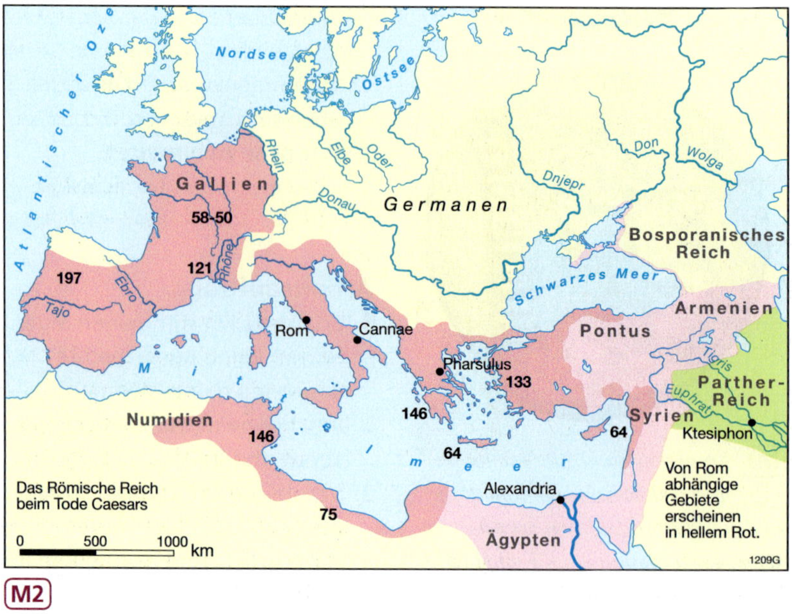

M2

Punier: antikes Volk aus dem Mittelmeerraum. Andere Namen dieses Volkes sind „Karthager“ und „Phönizier“.
Imperium Romanum: Imperium (lat.: Befehl): höchste Befehlsgewalt; seit dem 1. Jahrhundert v. Chr. verwendete Bezeichnung für das römische Reich.

Rom gewinnt das Mittelmeer

Nachdem sie ihre Herrschaft über Italien gefestigt hatten, gerieten die Römer bald in Konkurrenz zu den *Punier*. Dieses Volk war die führende See- und Handelsmacht des Mittelmeerraumes. Die Punier herrschten über die Küstengebiete Nordafrikas und einen Teil von Sizilien. Erst nach drei erbitterten Kriegen konnten die römischen Legionen die Punier besiegen. Sie zerstörten deren Hauptstadt Karthago im Jahre 146 v. Chr. vollständig. Die gesamte Mittelmeerküste geriet unter Roms Herrschaft. Von nun an nannten die Römer das Mittelmeer *mare nostrum:* „unser Meer“.

M4 *Marmorbüste des punischen Feldherren Hannibal.*

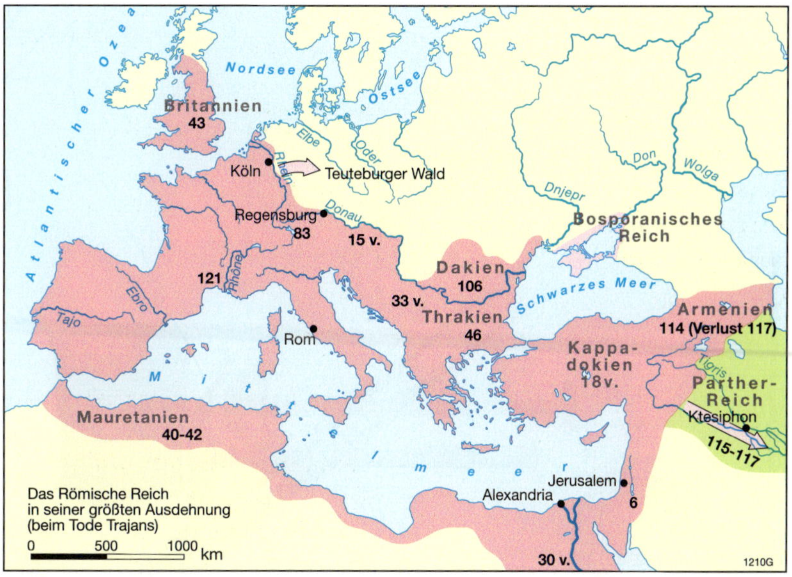

M3

Legion: Grundeinheit des römischen Heeres, bestehend aus anfangs 3 000, später 6 000 Mann, die in 10 Kohorten, 30 Manipel und 60 Zenturien eingeteilt waren.

Rom wird zum Weltreich

Mithilfe ihrer Legionen eroberten die Römer nach und nach große Teile Europas, Afrikas und Kleinasiens.

Die besetzten Länder fassten sie zu *Provinzen* zusammen. Das waren abhängige Gebieten unter römischer Verwaltung, die durch Militärsiedlungen und Befestigungen gesichert waren. Ein unvorstellbar großes Straßennetz durchzog das Imperium Romanum, das römische Weltreich. Dieses Straßennetz hatte eine Gesamtlänge von 76 000 km. Das ist etwa der doppelte Erdumfang!

Ob die Römer rücksichtslose Eroberer waren oder ob sie aus einem Gefühl der Bedrohung heraus die Kriege führten, lässt sich nicht entscheiden.

M5 *Teller aus dem 3. Jahrhundert v. Chr. Zum großen Schrecken der Römer setzte Hannibal im Kampf auch 37 Kriegselefanten ein.*

Arbeitsaufträge

1. Beschreibe, mit welchen Mitteln die Römer ihren Machtbereich erfolgreich ausdehnen und absichern konnten.
2. Betrachte M1 bis M3. Lege eine Zeitleiste für die Jahre von 200 v. Chr. bis 120 n. Chr. an und trage ein, wann welche Gebiete von den Römern erobert worden sind.
3. Beschreibe die Lage Roms innerhalb des Weltreiches zum Zeitpunkt seiner größten Ausdehnung. Erkläre den Spruch: „Alle Wege führen nach Rom“!

Legionäre: Die Berufssoldaten Roms

Die Schutzwaffen	
Schild	9,5 kg
Schildhülle, -tragegurt	2,0 kg
Kettenpanzer	8–9 kg
Helm	2,0 kg
(evtl. Arm-, Beinschutz)	4,0 kg
Gesamtgewicht	ca. 22 kg

Die Angriffswaffen	
Schwert mit Scheide	2,2 kg
Dolch mit Scheide	1,1 kg
Gürtel	1,0 kg
Speer	ca. 2,0 kg
Gesamtgewicht	ca. 6,5 kg

Ein neues Heer

Anfangs wurden alle römischen Bürger im Kriegsfall zum Militärdienst eingezogen. Als das Römische Reich immer größer wurde, nahm auch die Zahl der Kriege zu. Viele neu eroberte Provinzen mussten nun gesichert und verteidigt werden. Diese Aufgaben ließen sich nur mit gut ausgebildeten und ausgerüsteten Berufssoldaten, den Legionären, bewältigen.

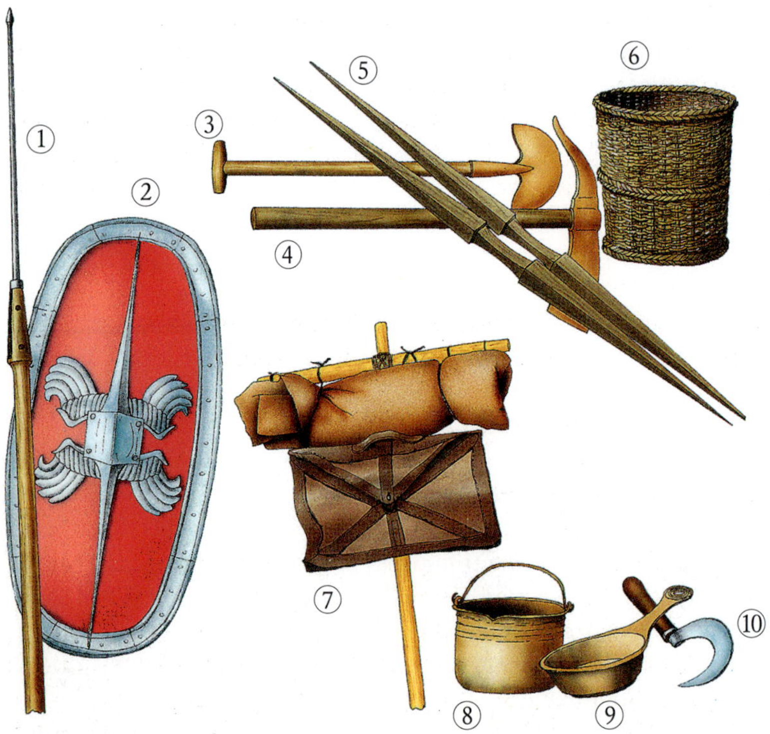

M1 *Ein römischer Legionär mit vollem Marschgepäck, daneben ① Speer, ② Schild, ③ Spaten, ④ Pionieraxt und ⑤ zwei Schanzpfähle, ⑥ Schanzkorb, ⑦ Tragestange mit Tornister, ⑧ Bronzekessel, ⑨ Kochgeschirr und ⑩ Sichel.*

Das Schanzzeug, Werkzeuge und Materialien zum Bau eines Lagers	
Pionieraxt	knapp 1,0 kg
Ziehhacke	1,5 kg
Schanzkorb	2,5 kg
Spaten	3,0 kg
Säge, Stricke	0,5 kg
Schanzpfahl	2,5 kg
Gesamtgewicht	über 10 kg

i

Sold: Lohn für einen Berufssoldaten.

Ausrüstung und Bezahlung der Legionäre

Junge Männer verpflichteten sich gerne zum Dienst in der Legion, denn das Leben in der Armee bot ihnen Sicherheit. Die Dienstzeit eines Legionärs betrug 25 Jahre. In den letzten vier Jahren war er von allen Lagerarbeiten freigestellt. Sein *Sold* wurde in der Kasse des Legionslagers verwaltet. Am Ende erhielt er einen Geldbetrag und ein Stück Ackerland in einer der eroberten Provinzen.

Grundnahrungsmittel und Geräte zur Nahrungszubereitung

Eiserne Ration für drei Tage:	
Speck und Käse	0,5 kg
Zwieback	1,8 kg
Tagesverpflegung:	
Getreide	1,1 kg
Speck oder Frischfleisch	0,2 kg
(und möglichst Ergänzung durch Gemüse und Obst)	
Gesamtgewicht	ca. 4 kg
Bronzetopf	
(evtl. Bratspieß)	1–1,5 kg
Kasserolle	0,6 kg
Löffel, Messer, Kleingerät	2,0 kg
Feldflasche mit	
Wasser-Essig-Gemisch	2,5 kg
Tragestange	2,0 kg
Gesamtgewicht	ca. 8,5 kg

Persönliches Gepäck, Kleidung und Schuhe

Leinentunika, Reservetuniken	1,5 kg
Mantel	2,5 kg
Stiefel	1,3 kg
Lederriemen, Öllampe	1,5 kg
Gesamtgewicht	ca. 7 kg

Zur Ausrüstung der Legionäre gehörten neben Rüstung und Waffen auch Geräte und Werkzeuge, mit denen sie auf dem Marsch in kurzer Zeit ein einfaches befestigtes Lager errichten konnten. Diese Ausrüstung war sehr schwer und musste auf dem Marsch von jedem Legionär selbst geschleppt werden. Jeder Soldat musste für persönliche Ausrüstung, Verpflegung und Waffen selbst aufkommen.

Einmal im Jahr zahlte jeder Legionär einen Beitrag zu einem gemeinsamen Festessen. Auch in eine Beerdigungskasse entrichtete er Beiträge.

Leben in der Legion

Für die Soldaten gab es nur wenige Möglichkeiten, Geld auszugeben. Würfelspiele waren aber weit verbreitet. Manchmal entstand in der Nähe eines Lagers eine Siedlung. Hier konnten die Legionäre gelegentlich kleine Geschäfte tätigen. Einfache Legionäre erhielten keine Heiratserlaubnis, doch durften sie manchmal mit Frauen zusammenleben. Das Leben in den befestigten Lagern, den Kastellen, war eintönig. Neben militärischem Training und drei Übungsmärschen im Monat erledigten die Legionäre alle Arbeiten vom Brotbacken bis zum Wäscheflicken selbst.

Die römischen Soldaten schlugen jeden Abend ein Lager auf, das stets befestigt wurde. Lager von besonderer militärischer Bedeutung wurden zu Kastellen ausgebaut. Die Kastelle (M2) waren im Grundriss rechteckig und hatten vier Tore; in der Mitte befand sich das Dienstgebäude des Kommandanten. Die Lager wurden immer nach dem gleichen Grundriss angelegt.

Arbeitsaufträge

1. Erkläre, warum das Römische Reich Berufssoldaten brauchte.
2. Rechne aus, wie viel Kilogramm Gepäck ein Legionär auf dem Marsch tragen musste.
3. Diskutiert die Vor- und Nachteile des Dienstes in der Legion.

M2 *Modell eines römischen Kastells. Alle römischen Kastelle waren nach einem einheitlichen Muster erbaut.*

① *Eingangstore, Hauptstraße*
② *Wohnbaracken für die Legionäre (Kaserne)*
③ *Lazarett*
④ *Hauptquartier der Legion*
⑤ *„domus legati", Kommandeur, Waffenkammer*
⑥ *Straße*
⑦ *Offiziersunterkunft*
⑧ *Mauer*
⑨ *Kornspeicher*
⑩ *z. B. Kerker*
⑪ *z. B. Stallungen*

Die Provinzen des Römischen Weltreiches

Aus Fremden werden Römer

Zur Zeit des Kaisers Trajan, der von 97 – 117 n. Chr. regierte, erreichte das Römische Reich seine größte Ausdehnung. In den 40 *Provinzen* lebten ungefähr 60 Millionen Menschen. Im Jahre 212 n. Chr. bekamen alle freien Männer im ganzen Weltreich das römische Bürgerrecht verliehen. An der Spitze jeder Provinz stand ein römischer *Statthalter*. Mit seinen Beamten war er dort für die Verwaltung, die Rechtssprechung und die Steuereinnahmen verantwortlich. Meist blieb ein Statthalter viele Jahre in derselben Provinz. Dadurch kannte er die Menschen und die Probleme in seiner Gegend genau.

i

Provinz: erobertes Land, das unter römischer Herrschaft stand. Seine Bewohner waren bis 212 n. Chr. ohne Rechte und mussten Abgaben zahlen.
Statthalter: Stellvertreter des Kaisers in einer Provinz oder einem abhängigen Land.
Laien: Menschen aus dem einfachen Volk, die kein kirchliches Amt haben.

Widerstand gegen Rom

Manche Völker wehrten sich gegen die römische Herrschaft und Verwaltung. In verschiedenen Provinzen kam es zu Aufständen und erbitterten Kämpfen. So erhob sich in der Provinz Palästina die jüdische Bevölkerung im Jahre 66 n. Chr. gegen ihren römischen Statthalter. Kaiser Nero schickte ein großes Heer nach Palästina. Die römischen Legionen zerstörten die Hauptstadt Jerusalem. Später wurden die Juden aus ihrer Heimat verbannt und mussten sich in verschiedenen fremden Ländern eine neue Bleibe suchen.

Q1 *Der jüdische Geschichtsschreiber Flavius Josephus berichtete über die Zerstörung Jerusalems:*

> Während nun der Tempel in Asche sank, raubten die Soldaten alles, dessen sie habhaft werden konnten. Es gab kein Pardon für das Alter, keine Ehrfurcht vor der Würde. Kinder und Greise, *Laien* und Priester fielen den Schwerthieben der Feinde ohne Unterschied zum Opfer. ... Die Römer überantworteten nun auch noch die äußersten Stadtteile den Flammen und schleiften die Mauern vollends.
>
> In: F. Josephus, Der jüdische Krieg. Buch 6, Kap. 1, 3, 5,9 (gekürzt).

M1 *Nach der Eroberung Jerusalems rauben die Römer den Tempelschatz. Relief im Titusbogen in Rom, um 81 n. Chr.*

(M2) *Modell einer römischen Wand- und Fußbodenheizung, Zeichnung. Heiße Luft strömte von mehreren Feuerstellen durch die Hohlräume unter den Fußböden und durch die Hohlziegel in den Wänden.*

Römische Lebensart setzt sich durch

Viele Legionäre erhielten zur Belohnung für ihre Dienste ein Stück Land in den Provinzen. Hier ließen sie sich nieder und bewirtschafteten ihre Höfe. Allmählich übernahmen auch die anderen Menschen dort die Lebensart und Sprache der Römer. Denn diese brachten viele angenehme Neuerungen mit, die den ursprünglichen Einwohnern bis dahin unbekannt waren: die gepflasterten Straßen, die *Thermen* und die Wasserversorgung durch *Aquädukte*. In den kalten nördlichen Provinzen führten die Römer ihr Heizsystem ein, das sich in Rom bereits in den Thermen bewährt hatte. Die Menschen staunten über unbekannte Gewürze, Pflanzen und Früchte, die die Römer mitbrachten. Auch römische Wandmalereien und Mosaiken wurden in den Provinzen bewundert und bald nachgeahmt. In nahezu allen Bereichen setzten sich römische Kultur und Lebensgewohnheiten durch. *Lateinische* Wörter wie „villa" oder „moneta" sind bis heute in vielen Sprachen als *Lehnwörter* erhalten geblieben.

(M3) *Die Rheinbrücke von Köln, gebaut um 310 n. Chr. Modell. Ähnliche Brücken gab es in Mainz, Trier, Bonn und Xanten.*

i

Therme: römisches Badehaus.
Aquädukt: Wasserleitungen.
Latein war die Sprache der Römer.
Lehnwörter: Wörter, die aus einer anderen Sprache in die eigene übernommen werden.

Vom Legionslager zur Provinzstadt

Viele römische Provinzstädte entwickelten sich aus einem Militärlager und einer kleinen Ansiedlung. So entstand auch die *Colonia Agrippinensis*, das heutige Köln. Die Hauptstadt der Provinz Niedergermanien wurde völlig neu nach römischen Plänen gebaut. Bald lebten hier 15 000 Einwohner.

Geschickte Glasbläser, Töpfer, Metallgießer und Gerber förderten den schnellen Aufstieg zum Wirtschaftszentrum. Kunstvolle Glaswaren aus Kölner Produktion waren begehrte Luxusartikel im ganzen Reich.

Arbeitsaufträge

1. Beschreibe, wie die Römer ihre Provinzen kontrollierten.
2. Beschreibe M1. Was tragen die Römer hier fort?
3. Erkläre, wie sich die römische Kultur in den Provinzen durchsetzen konnte.
4. Übersetze die Wörter „villa" und „moneta". Finde weitere Lehnwörter aus dem Lateinischen in der deutschen Sprache.
5. Die Römer – brutale Eroberer oder Vertreter für Sicherheit und Fortschritt? Wie ist deine Meinung?
6. Ein Bewohner/eine Bewohnerin der Colonia Agrippinensis berichtet einer Verwandten in Castra Regina (Regensburg) von den Neuerungen, die die Römer eingeführt haben. Schreibe seinen/ihren Brief.

M1 *Römischer Bauer bei der Feldarbeit, Plastik.*

Innere Kämpfe und Spannungen

Aus Bauern werden Proletarier

Die römischen Bauern verarmten durch die vielen Kriege des Römischen Reiches, weil sie durch den ständigen Militärdienst ihre Felder nicht mehr bestellen konnten. Oft blieb ihnen nur noch der Verkauf ihres Landes an Großgrundbesitzer. Zugleich führten die Römer aus einigen ihrer neuen Provinzen Schiffsladungen voller Getreide ein. Da dies sehr billig war, konnten die römischen Bauern ihr Getreide nicht mehr verkaufen. Viele mussten ihre Höfe aufgeben. In der Hoffnung auf Arbeit zogen sie in die Stadt Rom. Aber die Händler und Handwerksbetriebe Roms arbeiteten lieber mit billigen Sklaven.

So entstand aus besitzlosen Bauern, arbeitslosen Handwerkern und Gelegenheitsarbeitern eine neue, ständig wachsende Bevölkerungsgruppe. Sie wurde *Proletariat* genannt, weil sie nichts anderes besaß als ihre Nachkommen (lat.: proles). Diese Menschen lebten von Getreidespenden des Staates und vom Verkauf ihrer Stimmen bei den jährlichen Wahlen der Amtsträger. Sie wohnten dicht gedrängt in riesigen Mietshäusern.

Die Reichen werden immer reicher

Auf den Landgütern, die oft den wohlhabenden Familien der Senatoren gehörten, bauten Sklaven nun statt Getreide Obst, Wein und Oliven an. Diese Produkte brachten bedeutende Gewinne ein. Auch in den neu eroberten Gebieten kauften die Gutsherren Land. Manche gingen als Statthalter oder Steuerpächter dorthin. Sie zahlten dem römischen Staat im Voraus eine festgesetzte Steuersumme und trieben deren Vielfaches in den unterworfenen Gebieten wieder ein. Reiche Gutsherren und Kaufleute ließen in Rom Paläste und prächtige Villen für sich bauen. Allmählich vergrößerten sich die Spannungen zwischen den Armen und Reichen.

M2 *Modell einer Mietskaserne in Rom. Diese Mietshäuser waren 20 Meter hoch und lagen dicht nebeneinander. Die Zimmer waren sehr klein und dunkel. Im Erdgeschoss befanden sich oft Werkstätten von kleinen Handwerkern.*

M3 *Tiberius und Gaius Gracchus, Büste. In den Händen halten die Brüder das Ackergesetz.*

Tiberius und Gaius Gracchus setzen sich für Änderungen ein

Im Jahr 133 v. Chr. wurde Tiberius Gracchus zum Volkstribun gewählt. Besorgt beobachtete er die wachsende Unzufriedenheit der verarmten Bevölkerung und erkannte darin Gefahren für die innere Sicherheit Roms und das römische Heer. Er kämpfte für ein Ackergesetz, das die wirtschaftliche Not der Bauern beheben sollte. Doch dafür hätten reiche römische Landpächter Teile ihres Landes abgeben müssen.

Es kam zu schweren Auseinandersetzungen in Rom, in deren Verlauf Tiberius erschlagen wurde. Zehn Jahre später versuchte sein Bruder Gaius erneut, *Reformen* durchzusetzen. Aber auch Gaius stieß auf erbitterten Widerstand im Senat und wurde getötet. Die Spannungen blieben ungelöst und führten schließlich zum Ausbruch von Machtkämpfen und Bürgerkriegen in Rom.

i
Reform: planmäßige, allmähliche Verbesserung, Neuerung.

Q1 *Tiberius Gracchus hält 133 v. Chr. eine Rede über die Lage der Bauern:*

> Die wilden Tiere, die Italien bevölkern, haben ihre Höhlen und kennen ihre Lagerstätte, ihren Schlupfwinkel. Die Männer aber, die für Italien kämpfen und sterben, haben nichts als Luft und Licht; unstet, ohne Haus und Heim, ziehen sie mit Weib und Kind im Lande umher. Die Feldherren lügen, wenn sie in der Schlacht ihre Soldaten aufrufen, Gräber und Heiligtümer gegen die Feinde zu verteidigen. Denn keiner von diesen armen Römern hat einen Altar von seinen Vätern geerbt, kein Grabmal seiner Ahnen. Für Wohlleben und Reichtum anderer setzen sie im Krieg ihr Leben ein. Herren der Welt werden sie genannt: in Wirklichkeit gehört kein Krümchen Erde ihnen zu eigen.
>
> In: Plutarch, Tiberius Gracchus.

M4 *Mosaik aus der römischen Hafenstadt Ostia. Dargestellt ist die Getreideverteilung an arme Bürger.*

Arbeitsaufträge

1. Erkläre, wie die Schicht des Proletariats in Rom entstand.
2. Beschreibe, wie die reichen Bürger Roms ihren Besitz vermehrten.
3. Formuliere Gründe für die wachsenden Spannungen zwischen Arm und Reich.
4. Erkläre, warum sich Tiberius und Gaius Gracchus für Reformen einsetzten.

M1 *Gaius Julius Caesar (100–44 v. Chr.). Kopf einer Marmorstatue.*

Das Ende der Römischen Republik

Die Macht der Legionen

Weil es kaum noch Bauern gab, die als Legionäre im Krieg dienen konnten, erlaubte der Konsul Marius auch den besitzlosen Proletariern den Eintritt in das Heer. Ihre Ausrüstung bekamen sie gestellt. So entstand eine Berufsarmee, die von ihren Feldherren bezahlt und belohnt wurde. Die vielen Soldaten waren ihren militärischen Führern eng verbunden. Dadurch bekamen die Feldherren immer mehr politische Macht und Einfluss im zerstrittenen römischen Staat.

Einer setzt sich durch: Caesar

Aus den politischen Kämpfen in Rom stieg der Konsul und Feldherr Gaius Julius Caesar schließlich zum Alleinherrscher auf. Er hatte die reiche Provinz Gallien für Rom erobert und war so berühmt geworden. Er konnte sich auf ein kampferprobtes Heer verlassen. Caesar sorgte für seine Soldaten ebenso wie für die Proletarier in Rom: Sie erhielten Land in Italien und den Provinzen. So hatte er zahlreiche Anhänger, aber auch mächtige Gegner. Caesars Feinde in Rom befürchteten, dass er sich zum König machen wollte. Deshalb wurde er im Jahr 44 v. Chr. von einer Gruppe Senatoren erstochen.

M2 *Römische Münze. Caesar war der erste Römer, der sich zu Lebzeiten auf einer Münze abbilden ließ.*

Q1 *Der Geschichtsschreiber Cassius Dio schilderte um 230 n. Chr. die Verehrung für Caesar:*

Den Titel „Imperator", der auch heute noch dem Inhaber der höchsten Macht gegeben wird, legten sie ihm wie einen Eigennamen bei. Und sie gingen in ihrer Schmeichelei so weit, dass sie beschlossen, auch seine Kinder und Nachkommen sollten so benannt werden, obwohl er doch keine Kinder hatte und schon betagt war. Daher ging denn dieser Titel genauso wie die Bezeichnung „Caesar" auf alle ihm nachfolgenden Selbstherrscher über. ... Ein anderes Bild Caesars stellten sie im Tempel des Quirinus auf, mit der Inschrift „Dem unbesiegten Gotte", ein weiteres im Kapitol zu den Bildern der einstigen Könige Roms.

In: Cassius Dio 43f.

M3 *Caesar als Feldherr. Szene aus „Asterix in Spanien".*

Rom wird Kaiserreich

Aus den Kämpfen um Caesars Nachfolge ging dessen Großneffe und Adoptivsohn Octavian als Sieger hervor. Geschickt förderte er das Ansehen des Senats. Alle wichtigen Entscheidungen lagen jedoch in seiner Hand. Er bestimmte die Gesetze und konnte von niemandem zur Rechenschaft gezogen werden. Dabei war er aber so vorsichtig, die äußeren Formen der Republik zu wahren. Er erhielt vom Senat die Beinamen Caesar, Imperator und Augustus.

Mit Augustus begann die Zeit der *Caesaren*, der römischen Kaiser. Nach den vorangegangenen Jahren voller Kämpfe und Spannungen war die Sehnsucht nach Frieden unter den Römern groß. Die Regierungszeit des Augustus ist zum „Glücklichen Zeitalter" in der Erinnerung der Römer geworden. Ein Zeitalter, in dem die Künste gefördert wurden und in Rom die ersten Marmortempel gebaut wurden.

M4 *Marmorstandbild des Augustus, entstanden um 20 n. Chr.*

Q2 *Augustus verfasste vor seinem Tod einen Rechenschaftsbericht, der in vielen Abschriften über das ganze Reich verteilt wurde und den er auf seiner Grabstätte in Rom anbringen ließ:*

[27 v. Chr.] habe ich, nachdem ich die Bürgerkriege ausgelöscht hatte, obwohl ich nach dem übereinstimmenden Wunsche aller in den Besitz der höchsten Gewalt gelangt war, den Staat aus meiner Amtsgewalt dem Ermessen des Senats und dem römischen Volk überantwortet. Und für diesen meinen Verdienst bin ich durch Senatsbeschluss „Augustus" genannt worden, mit Lorbeer sind die Türpfosten meines Hauses von Staats wegen geschmückt worden, der Bürgerkranz ist über meiner Türe befestigt und ein goldener Schild [im Rathaus] aufgestellt worden, den mir der Senat und das Volk Roms wegen meiner Tapferkeit, Milde, Gerechtigkeit und Frömmigkeit nach dem Zeugnis der Inschrift dieses Schildes gab. Nach dieser Zeit habe ich an persönlichem Einfluss alle übertroffen, an Amtsgewalt aber habe ich um nichts mehr gehabt als die Übrigen, die in dem jeweiligen Amt mir Kollegen gewesen sind.

In: Res gestae divi Augusti.

Arbeitsaufträge

1. Berichte, wie sich Rom von einer Republik zum Kaiserreich entwickelte. Beziehe dabei auch die Informationen auf den Seiten 130/131 mit ein.
2. Beschreibe, wie die Römer ihre Verehrung für Caesar ausdrückten. Warum erhielten auch seine Nachfolger den Beinamen „Caesar"?
3. Nenne den Grund für Caesars Ermordung und überlege, welche römische Gesellschaftsschicht dadurch Vorteile haben konnte.
4. Erkläre, warum die Römer die Regierungszeit des Augustus als „glückliches Zeitalter" empfanden.
5. Bearbeite Q1 genau. Stelle fest
   a) was Augustus getan hat;
   b) warum er dies getan hat;
   c) was auf diese Tat folgte.

Alltagsleben im antiken Rom

M1 *Römischer Junge aus vornehmer Familie, Statue. Das am Hals getragene Goldamulett sollte vor bösem Zauber schützen.*

Familie und Schule

Unser Wort „Familie“ stammt vom lateinischen Wort „familia“. Allerdings war für die Römer eine „familia“ etwas anderes als für uns.

Die römischen Patrizier lebten in Großfamilien. Nicht nur Eltern und Kinder gehörten dazu, sondern auch die im Haushalt lebenden Sklaven. So bestand eine Familie oft aus zwanzig oder mehr Personen. Dazu kamen noch die Klienten, denn auch sie galten als Familienmitglieder.

Herr und Beschützer der Familie war der Pater familias – der Familienvater. Er verfügte über das Geld und allen anderen Besitz. Er bestimmte über alle Mitglieder der Familie, auch über die verheirateten Söhne und Enkel. Und er allein entschied darüber, ob ein Neugeborenes aufgezogen oder ausgesetzt wurde.

Der Familienvater hatte das Recht, jedes Familienmitglied zu strafen, zu verkaufen, ja sogar zu töten. Kinder, die einem Nachbarn Schaden zugefügt hatten, durfte er an diesen ausliefern. Dann brauchte er den Schaden nicht zu bezahlen. Ohne seine Erlaubnis durften weder Kinder noch Sklaven heiraten. Der Vater entschied auch, welche Ausbildung die Kinder erhalten sollten. Mit sechzehn Jahren war ein Junge volljährig. Mädchen wurden ab dem zwölften Jahr verheiratet.

M2 *Die römische Familie. Schaubild.*

Aufgaben der Frauen

Der Haushalt wurde von der Ehefrau und Mutter verwaltet. Sie leitete auch die Sklaven zur Arbeit an und sorgte für die Erziehung der Kinder. Nur selten konnte sie das Haus verlassen, um Freundinnen zu besuchen oder ins Theater zu gehen. Der Vater war tagsüber meist nicht da. Er ging seinen Geschäften nach und traf sich mit Freunden. Erst zum Abendessen, der wichtigsten Mahlzeit der Familie, war er wieder zu Hause.

Die Familie gibt Sicherheit

Die Familie half, wenn ein Mitglied in Not geriet oder krank wurde. Je größer das Vermögen einer Familie war, desto mehr Schutz und Sicherheit konnte sie bieten. Deshalb sollte jeder zu Ansehen und Wohlstand seiner Familie beitragen. Die meisten Patrizierfamilien verdankten ihren Reichtum den Leistungen ihrer Vorfahren. Deshalb wurden diese besonders verehrt und galten als Vorbilder.

M3 *Römerin mit Schreibtafeln und Griffel, Wandbild, um 79 v. Chr.*

Wie junge Römerinnen und Römer lernten

Jungen und Mädchen aus reichen Familien wurden von Privatlehrern zu Hause unterrichtet. Ihre strengen Lehrer waren oft gebildete Sklaven. Für die anderen gab es Schulen, in denen die Kinder Rechnen, Lesen und Schreiben erlernten. Die Kinder mussten Zahlen und Buchstaben mit einem *Griffel* in weiche Wachstafeln ritzen. War eine Aufgabe gelöst, glätteten sie ihre Tafeln für die nächste.

Söhne aus reichen Familien, die später ein politisches Amt übernehmen sollten, bekamen zusätzlich Unterricht von Rednern. Schulen waren teuer, deshalb konnten sich arme Familien überhaupt keine Bildung für ihre Kinder leisten.

Arbeitsaufträge

1. Zähle auf, welche Personen zu einer römischen Familie gehörten.
2. Nenne die Rechte eines römischen Familienvaters.
   Wie ist deine Meinung dazu?
3. Familie und Schule im alten Rom und heute – vergleiche!

M4 *Kinder im Unterricht. 2. Jh. v. Chr.*

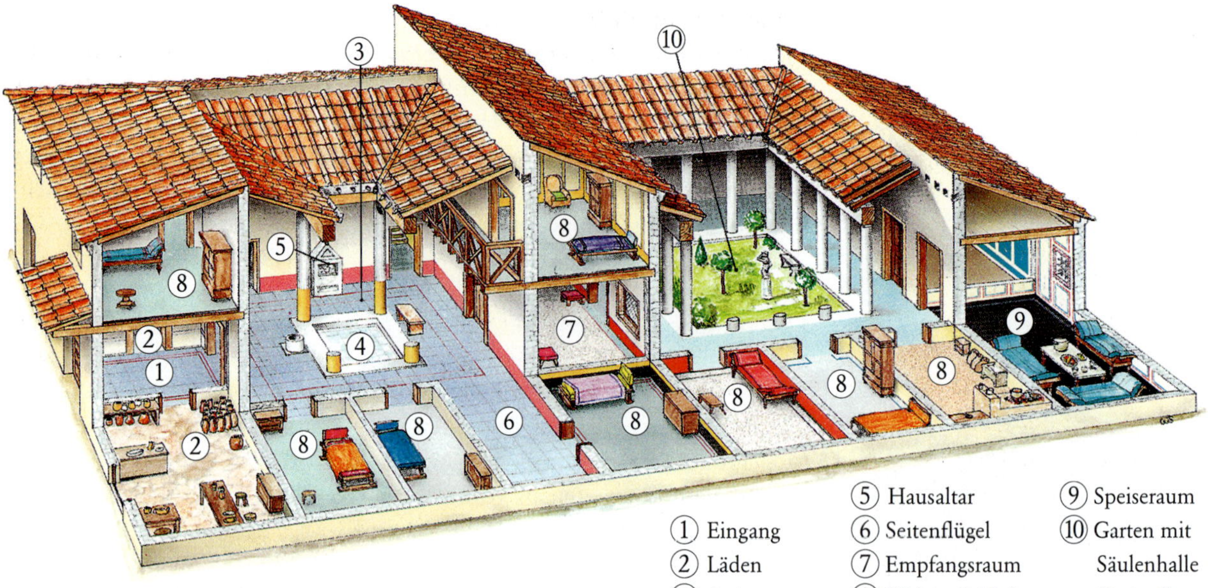

M1 *Villa einer vornehmen römischen Familie. (Heutiges Modell).*

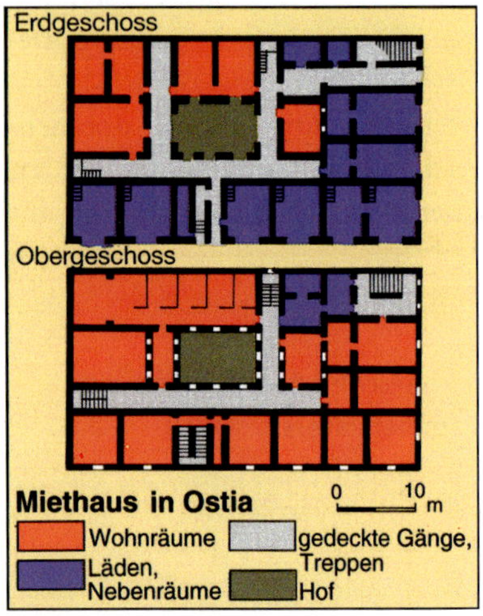

M2 *Aufteilung der Räume eines römischen Mietshauses. Grundriss.*

Wohnen und Arbeiten

Wohnen im Mietshaus

In Rom herrschte große Wohnungsnot. Geschäftsleute verdienten viel Geld, indem sie schnell und billig riesige Mietshäuser bauen ließen und die Wohnungen teuer vermieteten (vgl. S.130/131). Hier lebten die meisten Einwohner Roms. Manche dieser Häuser hatten bis zu fünf Stockwerke. Einige Räume im Erdgeschoss waren als Läden und kleine Werkstätten vermietet. In den oberen Stockwerken gab es weder Toiletten noch Wasserleitungen. Weil die Häuser nachlässig und aus schlechtem Material gebaut waren, stürzten sie manchmal ein.

Die Mieten waren so hoch, dass sich oft mehrere Familien eine Wohnung teilen mussten. So hatte eine Familie meist nur einen einzigen Raum, in dem alle wohnen, kochen, essen und schlafen mussten. Die Mieter benutzten eine Gemeinschaftstoilette und holten Wasser aus dem Straßenbrunnen. Manche warfen ihren Abfall einfach aus dem Fenster. Besonders im Sommer stank es fürchterlich.

Die Mieter benutzten tragbare Holzkohlebecken, um ihr Essen zu kochen und sich zu wärmen. Durch die glühenden Kohlen kam es nicht selten zu verheerenden Bränden in Rom, die ganze Stadtviertel zerstörten.

Reiche Römer wohnen angenehmer

Ein wohlhabender Römer wohnte mit seiner Familie gewöhnlich in einer geräumigen Villa. Die an der Straßenseite gelegenen Räume vermietete er als Läden an Handwerker oder Kaufleute. Mittelpunkt seines Hauses war das *Atrium*. Hier war es hell und ein Regenbecken sorgte für eine angenehme Raumtemperatur. Überall im Haus befanden sich kunstvolle Mosaiken, Wandmalereien und wertvolle Möbel. Besonders luxuriöse Villen waren sogar mit einer Wand- und Fußbodenheizung ausgestattet!

i

Atrium: Innenhof. Lichthof.

Arbeiten in Rom

In der großen Stadt waren Handel und Handwerk von großer wirtschaftlicher Bedeutung. Händler machten gute Geschäfte und die Handwerker konnten sich vor Aufträgen kaum retten. Viele hielten Sklaven, die gut rechnen und schreiben konnten oder handwerklich geschickt waren, um ihre Arbeit zu bewältigen. Im ganzen Stadtgebiet verteilten sich kleine Läden, in denen Händler und Händlerinnen Tonkrüge, Kleider, Schmuck, Obst, Gemüse und vieles mehr verkauften. Überall gab es Schmiede- und Schusterwerkstätten, Schlachtereien, Wäschereien und Wirtshäuser. Viele ärmere Römer waren wegen ihrer schlechten Kochmöglichkeiten im eigenen Haus auf das Essen in diesen Wirtshäusern angewiesen. Vor jedem Laden gab es eine hölzerne Falttür, die am Abend verschlossen wurde.

Schlechter ging es den vielen Arbeitslosen in Rom. Oft suchten sie vergeblich nach Gelegenheitsarbeiten. Viele von ihnen waren auf die staatlichen Getreidespenden angewiesen, um in Rom überleben zu können. Kaiser Augustus ließ jeden Monat je 30 kg Weizen kostenlos verteilen, damit die Armen genug zu essen hatten. Die städtischen Betriebe in Rom suchten zwar Arbeitskräfte, konnten aber die Fülle der vom Lande kommenden Bauern nicht alle unterbringen.

M3 *Laden eines Messerschmiedes.*

M4 *Ein Schmied bearbeitet ein Werkstück mit dem Hammer. Sein Gehilfe facht mit einem Blasebalg das Feuer an. Relief.*

Arbeitsaufträge

1. Betrachte M2 und berechne die Größe der Räume. Vergleiche mit dem Wohnraum deiner Familie.
2. Das Wohnen im Mietshaus war nicht ungefährlich. Nenne Gründe dafür.
3. Betrachte M1 genau. Stell dir vor, der Hausherr lädt dich für drei Tage in sein Haus ein. Schreibe eine Geschichte darüber, welche Annehmlichkeiten dir hier geboten werden!
4. Sammelt in Zeitungen und Zeitschriften Bilder von verschiedenen Häusern heute und wertet sie in der Klasse aus: Wer wohnt wo? Sprecht über unterschiedliches Wohnen in heutiger Zeit.
5. Betrachte M3. Welche Waren bietet der Händler zum Verkauf an?
6. Überlege, warum es für die Arbeitslosen so schwierig war, eine Anstellung zu finden.

Sklaven im Römischen Reich

M1 *Diese Sklavenmarke trägt die Inschrift: „Halte mich, wenn ich fliehe, und bring mich meinem Herrn Viventius auf dem Landsitz des Callistus zurück."*

Menschen ohne Rechte

Mehr als ein Viertel aller Menschen im Römischen Reich waren Sklaven. Sklaven erhielten keine Bezahlung. Sie waren Eigentum römischer Bürger und konnten wie eine Sache oder ein Tier gekauft und wieder verkauft werden. Auch ihre Kinder waren von Geburt an Sklaven. Sklaven wurden manchmal von ihren Besitzern freigelassen oder konnten sich freikaufen.

Woher kamen die Sklaven der Römer?

Für die römischen Feldherren und Legionäre gehörten die Kriegsgefangenen und die Bewohner eroberter Städte und Landgebiete zur Kriegsbeute. Männer, Frauen und Kinder wurden wie Vieh abtransportiert und auf besonderen Sklavenmärkten verkauft. Viele Menschen wurden zu Sklaven, weil Seeräuber sie bei einem Überfall auf ihr Küstendorf raubten und an Sklavenhändler verkauften. Auch Herrscher von Nachbarländern des Römischen Reiches machten gute Geschäfte, indem sie die Gefangenen ihrer Kriege an die Römer verkauften.

i

Galeere: Kriegs- oder Handelsschiff, das durch mehrere Reihen von Ruderern angetrieben wird.
Arena (lat.): Sand-Kampfplatz.

Die römische Wirtschaft braucht Sklaven

Auf den großen Landgütern und in den Bergwerken arbeiteten die Sklaven besonders schwer. Viele Sklaven überlebten hier nicht lange. Schlimm erging es auch den Sklaven, die als Ruderer auf den *Galeeren* arbeiten mussten. Sie waren angekettet und gingen bei einem Unglück oft mit dem Schiff unter. Unternehmer besaßen Hunderte von Sklaven, die sie in sogenannten Arbeitshäusern einsperrten und bei Bedarf an Auftraggeber vermieteten. Viele Straßen und Gebäude in Rom wurden so gebaut oder instand gesetzt. Entsprechend begabte Kriegsgefangene wurden von Gladiatorenschulen gekauft und für den Kampf in der *Arena* ausgebildet. Fast in jeder römischen Familie arbeiteten mehrere Haussklaven als Dienstboten.

M2 *Sklaven bei der Weinbereitung. Zwei Sklaven zerstampfen Trauben mit den Füßen, ein anderer Sklave schleppt frisch geerntete Trauben in einem Korb heran. Relief.*

Q1 *Ein römischer Bericht über Sklavenarbeit im Bergwerk:*

Die Sklaven, die im Bergbau beschäftigt sind, bringen ihren Besitzern unglaubliche Einkünfte. Sie selbst aber müssen unterirdisch graben, bei Tag und bei Nacht, gehen körperlich zugrunde und viele sterben infolge der übermäßigen Anstrengung – denn Erholung und Pausen gibt es nicht. Aufseher zwingen sie mit Schlägen, die furchtbaren Leiden zu ertragen, bis sie elend ihr Leben aushauchen.

In: Geschichte in Quellen, 1, S. 506.

M3 *Sklavinnen frisieren ihre Herrin. Relief.*

Manche Sklaven hatten es besser

Gebildete Sklaven hatten Vorteile. Sie arbeiteten als Lehrer, Ärzte, Ratgeber oder Verwalter für römische Bürger. Wegen ihrer Fähigkeiten und Zuverlässigkeit waren sie oft angesehen und wurden später freigelassen.

M4 *Sklaven beim Musizieren, Wandmalerei aus Pompeji.*

M5 *Ein alter Haussklave begleitet einen Schüler zum Unterricht, bemalte Schale.*

Sklavenaufstände

Mehrfach wehrten sich die Sklaven gegen ihre schlechten Lebensbedingungen und die grausame Behandlung, die sie ertragen mussten. Der berühmteste Sklavenaufstand begann im Jahr 73 v. Chr. und wurde von Spartakus, einem zum Schwertkämpfer ausgebildeten Sklaven, angeführt. Spartakus folgten bald mehr als zehntausend Anhänger, die nach eigenen Regeln in Freiheit leben wollten. Ständig schlossen sich ihm weitere entflohene Sklaven an. Erst zwei Jahre später konnten die Aufständischen von einem römischen Heer besiegt werden. Spartakus fiel im Kampf. Sechstausend überlebende Sklaven wurden hingerichtet, indem man sie zur Abschreckung lebend an Holzkreuze nagelte.

Arbeitsaufträge

1. Erkläre, wie Menschen zu Sklaven und Sklavinnen werden konnten.
2. Beschreibe die Lebensbedingungen und die verschiedenen Aufgaben der Sklaven. Betrachte dazu auch die Abbildungen.
3. Benenne, was alle Sklaven kennzeichnete.
4. Du bist ein Sklave, der sich gegen seine Lebensbedingungen wehren möchte und Mitstreiter sucht. Formuliere Argumente, mit denen du andere Sklaven überzeugen könntest.

Handel und Versorgung

M1 *Römisches Handelsschiff, Zeichnung.*

Transport auf dem Wasser

Die Römer besaßen viele Handelsschiffe. Mit ihnen beförderten sie große Frachtmengen auf dem Mittelmeer, aber auch auf den Flüssen. Je nach Größe passten zwischen siebzig und dreihundertfünfzig Tonnen Ladung in ein Handelsschiff. Die Flussschiffe waren kleiner und hatten einen flachen Boden. So konnten sie in den flachen Gewässern nicht auf Grund laufen.

Regelmäßige Schiffsverbindungen gab es unter anderem zwischen Ostia, dem Hafen Roms, und Alexandria in Ägypten. Eine Fahrt mit dem Getreidefrachtschiff zwischen diesen Häfen dauerte zwei bis drei Wochen. Kriegsgaleeren schützten die Wege der Schiffe vor Piraten. Leuchttürme zeigten den Seeleuten bei Dunkelheit den Weg zur Hafeneinfahrt.

Neue Straßen für das Römerreich

Römische Legionäre bauten die ersten gepflasterten Straßen in Europa. Lange Zeit hatten nur sie die nötigen Fachkenntnisse dafür. Die Straßen bestanden aus zwei Schotterlagen und der Pflasterschicht aus Basalt. Sie waren ungefähr fünf Meter breit. Vorher gab es nur unbefestigte Wege, auf denen bei schlechtem Wetter die Fuhrwerke stecken blieben. Auf den neuen Straßen gelangten die Legionen, aber auch Waren und Botschaften schnell von einem Teil des Reiches in einen anderen. Entlang der Straßen gründeten die Römer neue Siedlungen.

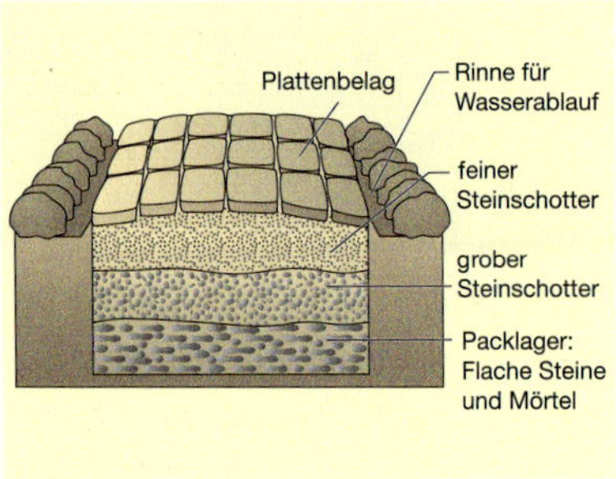

M2 *Römische Pflasterstraße, Querschnittszeichnung.*

Straßenfahrzeuge

Einfache Ochsenkarren waren auf den Straßen am häufigsten zu sehen. Die schnelleren, von Pferden gezogenen Reisewagen konnten bis zu dreißig Kilometer am Tag fahren. Hohe Beamte durften kaiserliche Eilpostwagen benutzen, die mit mehreren Pferdewechseln sogar bis zu zweihundert Kilometer pro Tag zurücklegten.

M3 *Via Appia. Foto.*

M4 *Reisewagen, Relief.*

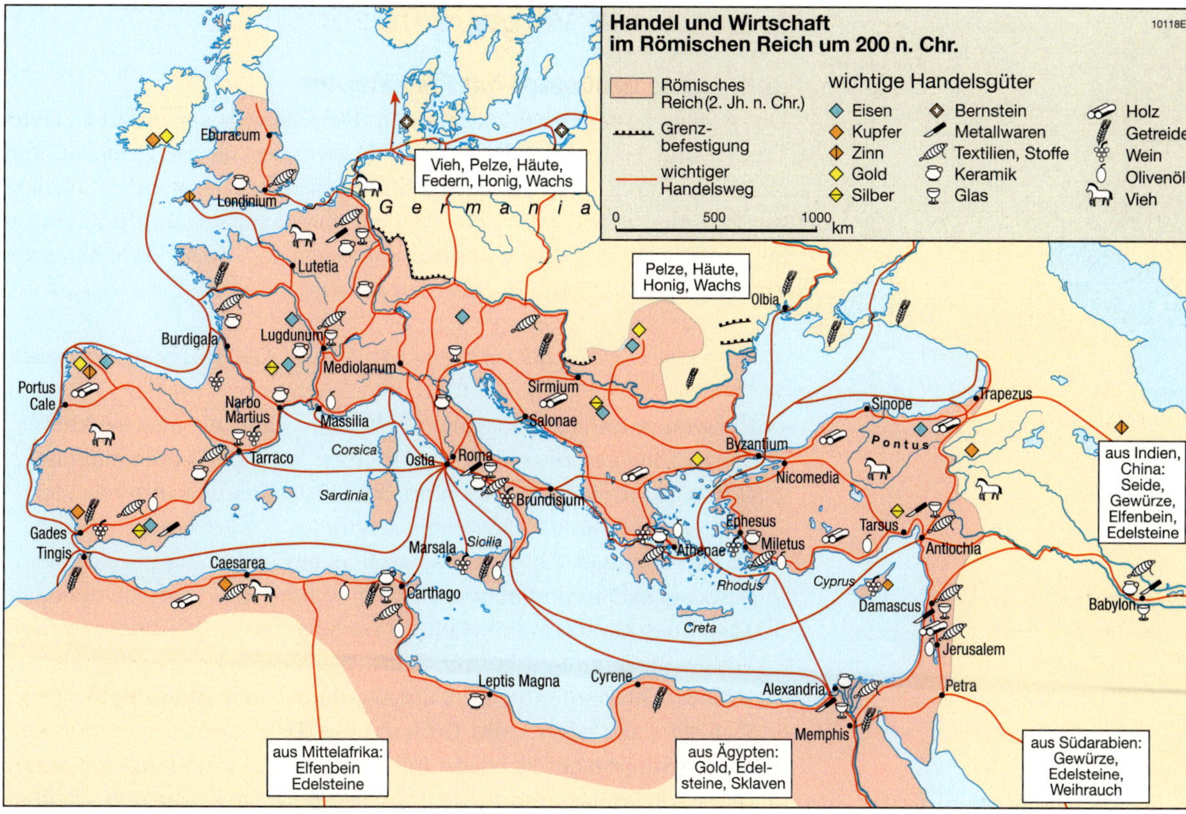

M5 *Wirtschaft und Handel, Karte.*

M6 *Pont du Gard. Aquädukt, Foto.*

Wasser für die Städte

Die römischen Städte brauchten nicht nur Lebensmittel und Handelswaren, sie mussten auch mit sauberem Trinkwasser versorgt werden. Unterirdische Kanalröhren, teilweise aus Beton hergestellt, leiteten das Wasser von Bergquellen über viele Kilometer den Städten zu. Steinerne *Aquädukte* führten die Wasserleitungen über Täler und Flüsse hinweg zu den städtischen Brunnen. Noch heute zählen diese Bauwerke zu den Meisterleistungen römischer Baukunst. Einige Teilstücke dieser Bauwerke sind bis in die Gegenwart erhalten geblieben. Unter den Straßen der Städte verliefen Abwasserkanäle, die das Schmutzwasser sammelten und in den nächsten Fluss leiteten. Über die elf Wasserleitungen, die Rom besaß, floss täglich mehr als eine Milliarde Liter Wasser in die Stadt. Sie versorgten über ein ausgeklügeltes Verteilersystem zuerst die 1152 öffentlichen Brunnen, dann die öffentlichen und 856 privaten Bäder und zuletzt die Häuser zahlungskräftiger Privatleute.

Arbeitsaufträge

1. Beschreibe, wie die Römer reisten und ihre Waren transportierten.
2. Betrachte M2. Erkläre, wie eine römische Pflasterstraße gebaut wurde.
3. Nenne die Vorteile einer Pflasterstraße im Vergleich zu den vorher üblichen Wegen. Informiere dich, wie heute Straßen gebaut werden. Gibt es noch Pflasterstraßen in deinem Wohnort?
4. Liste mithilfe von M5 auf, welche Waren die Römer aus welchen Teilen ihres Reiches bekamen.

Freizeit und Vergnügen

Rom – eine Großstadt mit Freizeitwert

Die Römer konnten zwischen vielen Freizeitangeboten wählen. Freier Eintritt und kostenloses Essen lockten Menschen in Theaterspiele und Konzerte. Alle Römer liebten die öffentlichen Bäder. In diesen *Thermen* gab es außer heißen und kalten Bädern auch Saunaanlagen und andere Sportmöglichkeiten. Die Eintrittspreise waren so niedrig, dass sich jeder Römer einen Thermenbesuch leisten konnte.

Q1 *Der römische Philosoph Seneca (etwa 4 v. bis 65 n. Chr.) schrieb an einen Freund:*

Ich wohne genau über dem Bade. Nun stelle dir alle verschiedenen Töne vor, die einen dazu bringen könnten, seinen eigenen Ohren zu grollen. Wenn Kraftprotze sich üben und ihre mit Blei beschwerten Hände schwingen, … höre ich ein Ächzen und, wenn sie den angehaltenen Atem ausstoßen, ein Zischen. Wenn sich ein Besucher salben und massieren lässt, so höre ich in verschiedenen Tönen das Klatschen der Hand, je nachdem ob sie hohl oder flach auf den nackten Schultern auftrifft. Wenn nun noch der Ballspiel-Schiedsrichter anfängt, die Bälle zu zählen, dann ist das Maß voll. Stell dir dazu noch … das Grölen eines Badegastes vor, dem die eigene Stimme gefällt, dann noch das ungeheure Geplatsche der Leute, die ins Bassin springen. Daneben noch die dünne und schrille Stimme des Haarzupfers, der immerzu schreit … und der nicht eher schweigt, bis er einen Kunden gefunden hat, den er dann an seiner Stelle schreien lässt. Und endlich die verschiedenen Rufe all der Händler, die Getränke, Süßigkeiten und Würstchen anbieten, jeder mit dem ihm eigenen Singsang.

In: Seneca: Moralische Briefe 56.

(1) Forum Romanum:
Fest- und Marktplatz, Tempelbezirk.
(2) Circus Maximus:
Stadion für Wagenrennen mit 250 000 Zuschauerplätzen
(3) Aquädukt:
Wasserleitung für einen Teil der Häuser und Thermen
(4) Kolosseum:
Arena für Kampfspiele
(5) Therme:
Diese Freizeitzentren waren auch ein wichtiger Treffpunkt, um Neuigkeiten auszutauschen.

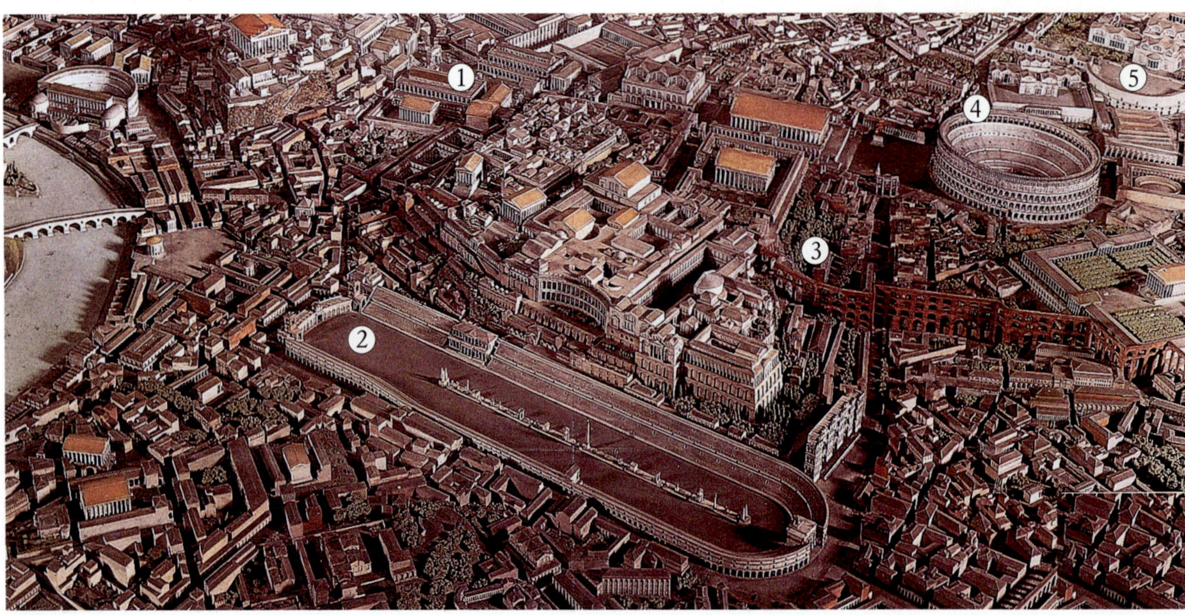

M1 *Die Millionenstadt Rom zur Kaiserzeit, Modell.*

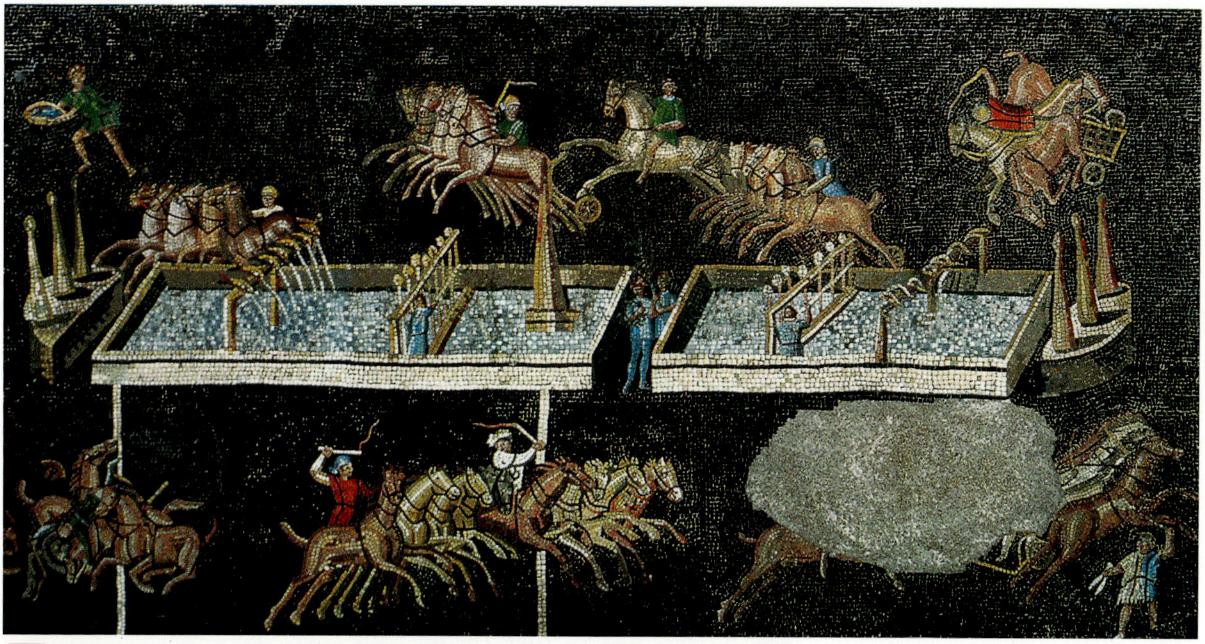

(M2) *Ein Wagenrennen, Mosaik aus dem 2. Jh. n. Chr.*

i

Quadriga: zweirädriger Streit-, Renn- oder Triumphwagen mit vier Pferden nebeneinander.

Brot und Spiele

Weil die meisten Römer arm und beschäftigungslos waren, fürchteten sich die Mitglieder des Senats ständig vor Unruhen und Aufständen. Deshalb sorgten sie für ein kostenloses Unterhaltungsprogramm und ließen Getreide zum Brotbacken verteilen. So sollten die Menschen bei guter Laune gehalten und von ihren Alltagssorgen oder politischen Fragen abgelenkt werden. Kein Römer konnte sich einen Feiertag ohne Schauspiele und blutige Kämpfe im *Kolosseum* vorstellen.

Wagenrennen

Die spannenden Rennen im *Circus Maximus* waren berühmt. Die Leidenschaft der Römer für die Wagenrennen war so groß, dass längst nicht alle in den Circus Maximus mit seinen 250 000 Plätzen Einlass fanden. Auf kleinen Wagen standen die Wagenlenker in der farbenprächtigen Kleidung ihres Rennstalles. Vier Pferde liefen vor den Wagen. Diese Gespanne wurden *Quadriga* genannt. Spektakuläre Stürze waren nicht selten, weil die Fahrer ihre Gegner anfahren und behindern durften. Die Zuschauer konnten Wetten auf den Ausgang der Rennen abschließen. Den Wagenlenkern winkten hohe Siegpreise. Mancher Römer verdiente so gutes Geld durch die Wagenrennen und die Rennpferdezucht.

(M3) *Diocles, ein Star unter den römischen Wagenlenkern in den Farben seines Stalles. Von 4 257 Rennen beendete er 1 462 als Sieger. Mosaik.*

Arbeitsaufträge

1. Berichte, welche Freizeitmöglichkeiten die Römer hatten.
2. Der Römer Seneca (Q1) ärgert sich. Nenne den Grund.
3. Finde mithilfe von Senecas Brief heraus, welche Beschäftigungsmöglichkeiten die Römer in einer Therme hatten.
   Vergleiche mit dem Angebot eines heutigen Fitness-Centers.
4. Erkläre, warum der römische Senat daran interessiert war, seine Bürger zu unterhalten.

Helden in der Arena: die Gladiatoren

(M1) *Ein zum Tode Verurteilter wird zur Hinrichtung durch wilde Tiere in die Arena geschoben.*

Die Spiele

Bereits am Vormittag hatten viele Zuschauer den Tierkämpfen im Kolosseum, dem größten *Amphitheater* des Reiches, zugesehen. Spannend waren die Kämpfe zwischen Löwen und Tigern gewesen, und ein Nashorn hatte zuvor noch kein Römer gesehen. Bei den Tierkämpfen der letzten Spiele wurden an einem Tag fünftausend Tiere getötet. Es war schwierig gewesen, die nötige Zahl an Löwen für die heutige Veranstaltung zu bekommen. In der Mittagspause fanden dann die öffentlichen Hinrichtungen statt. Einige der Verurteilten wurden Leoparden zum Fraß vorgeworfen. Manche Zuschauer hatten etwas Mitleid, andere fanden dieses Schauspiel würdelos, aber es gehörte sich für einen Römer nicht, besonderes Interesse für den Tod eines Verbrechers zu zeigen. Alles wartete auf den Beginn des Nachmittagsprogramms, denn bekannte *Gladiatoren* waren angekündigt.

(M2) *Kampfszenen mit Gladiatoren, Mosaik.*

i

Amphitheater: römisches Freilichttheater mit ringsum aufsteigenden Sitzreihen.
Gladiatoren: (lat.: gladius = Schwert). Schwertkämpfer, die in einer Arena auftreten.
professionell: berufsmäßig.

Der Höhepunkt der Spiele beginnt

Unter den fünfzigtausend Zuschauern auf der Tribüne des Kolosseums trat für einen Augenblick Stille ein. Dann begann unter dem immer lauter werdenden Gebrüll des Publikums und dem Getöse von Hörnern und Trompeten der Einzug der Gladiatoren in die Kampfbahn.

(M3) *Das Kolosseum in Rom war das größte Amphitheater des Römischen Reiches. Es bot bis zu 60 000 Zuschauern Platz. Unter der Arena befanden sich die Tierkäfige. Aufzüge brachten die Tiere zu versteckten Falltüren. Foto der heutigen Ruine.*

So lebten die Gladiatoren

Gladiatoren waren Kriegsgefangene oder für den Kampf in der Arena gekaufte Sklaven. Auch manche Verbrecher wurden nicht zum sofortigen Tod, sondern „zu den Spielen" verurteilt. Sie waren Eigentum der Besitzer von Gladiatorenschulen, die ihre Truppe an Veranstalter von Kämpfen vermieteten. Als *professionelle* Kämpfer wurden sie hart trainiert und von den besten Ärzten versorgt. Starb ein Gladiator im Kampf, konnte der Besitzer viel Geld als Schadensersatz fordern.

Der Sieger trat waffenlos vor den Veranstalter und erhielt die Siegprämie und den Siegerkranz. Auch das Publikum gab großzügig Geld. Wer lange genug überlebte, konnte wohlhabend und berühmt werden. Erst nach vielen Siegen erhielt ein Gladiator von seinem Besitzer das Holzschwert als Zeichen des Ruhestandes. Ehemalige Gladiatoren arbeiteten oft als Leibwächter wichtiger Senatoren.

(M4) *Gladiatoren mit Schiedsrichter, Wandbild.*

i

equites: (Reiter) kämpften mit Lanzen zu Pferde, aber auch zu Fuß mit dem Schwert gegeneinander.
murmillo: wegen der Helmform „Fisch" genannt; kämpfte mit einem langen, geraden Schwert.
thraex: („Thraker") nach einem Volksstamm genannt; kämpfte mit einem kurzen gebogenen Schwert.
provocatores: („Herausforderer") geschützt durch Helm, Brustpanzer und großen Schild kämpften sie mit Kurzschwertern gegeneinander.
secutor: („Verfolger") war mit seinen großen Schild, Helm und Beinschiene etwas unbeweglich. Er kämpfte mit einem Schwert.
retiarius: („Netzkämpfer"); weniger geschützt, aber beweglich, kämpfte mit Wurfnetz, Dreizack und Dolch.

Kampf nach Regeln

Paarweise traten die Gladiatoren gegeneinander an. Schiedsrichter überwachten den Kampf. Gab einer der Kämpfer auf, unterbrachen sie den Kampf. Der Veranstalter entschied dann über Leben oder Tod des Besiegten. Oft nahm er dabei Rücksicht auf die Stimmung der Zuschauer. Ein besiegter Gladiator konnte den Kaiser in der Loge um Gnade bitten.

Vom Gladiator wurden Disziplin, ein tapferer Kampf und ein mutiger Tod erwartet. Diese Eigenschaften waren den Römern wichtig. Hatte der Verlierer gut gekämpft, hob der Veranstalter den Daumen nach oben. Zeigte der Daumen nach unten, wurde der Verlierer vom Sieger erstochen. Der Körper wurde aus der Arena geschleift, die Rüstung abgenommen.

Die Gladiatoren kämpften in verschiedenen, typischen Ausrüstungen gegeneinander. Bei gleichen Chancen im Kampf war ihre Bewaffnung oft sehr unterschiedlich. So wurden die Kämpfe für die Zuschauer spannender.

(M5) *Gladiatorenkampf in Pompeji zwischen einem „Secutor" (Verfolger; bewaffnet mit großem Schild, Schwert, Helm Beinschiene) und einem „Retiarius" (Netzkämpfer, bewaffnet mit Wurfnetz, Dreizack und Dolch), der verletzt ist und sein Netz verloren hat. Aquarell von P. Connolly.*

Arbeitsaufträge

1. Stelle zusammen, wer im antiken Rom Gladiator wurde.
2. Beschreibe Ausbildung und mögliche Lebenswege von Gladiatoren.
3. Versetze dich in die Rolle eines Römers/einer Römerin. Er/Sie besucht zum ersten Mal eine Veranstaltung im Kolosseum in Rom und berichtet hinterher begeistert von der Veranstaltung. Schreibe den Bericht auf.
4. Nenne heutige Sportarten, in denen moderne „Gladiatoren" gegeneinander antreten.

Pompeji – die begrabene Stadt

i

Lava: aus dem Erdinneren aufsteigendes, flüssiges, glühendes Gestein, das bis zu 1 300 Grad Celsius heiß werden kann.
Bimssteine: schaumiges, löchriges vulkanisches Gestein. Bimsstein ist sehr leicht und schwimmt deshalb auf dem Wasser.

Der Ausbruch des Vulkans

Im Spätsommer des Jahres 79 n. Chr. verdunkelte plötzlich eine riesige Wolke den Himmel über der kleinen Küstenstadt Pompeji, die am Fuße des Vulkans Vesuv lag. Kurz darauf regnete es unter Donnern und Dröhnen Gesteinsbrocken und Asche. Glühende *Lava* floss aus dem Vulkan. Pompeji wurde innerhalb weniger Minuten unter einer meterhohen Ascheschicht begraben. Auch andere Küstenstädte in der Nähe waren von der Katastrophe betroffen.

Q1 *Der junge Römer Plinius hielt sich an diesem Tag bei seinem Onkel, einem römischen Admiral, in der Stadt Misenum auf. Er berichtete:*

Mein Onkel ließ die Kriegsschiffe segelfertig machen und schiffte sich ein, um Hilfe zu bringen .... Schon regnete es Asche in die Schiffe, immer heißer und dichter, je näher man kam, nun auch *Bimssteine* und schwarze, angebrannte und vom Feuer versengte Steine. ... Mächtige Felsblöcke rollten vom Vesuv herab und machten die Küste unzugänglich.
[Trotz der Gefahr segelte Plinius' Onkel weiter zur Stadt Stabiae, um einem Freund zu helfen, der dort wohnte. Er konnte dort an Land gehen und traf seinen Freund. Plinius berichtete weiter:]
Als mein Onkel ... an Land kam, umarmte, tröstete, ermunterte er den zitternden Mann. Inzwischen leuchteten aus dem Vesuv an mehreren Orten breite Flammen und hohe Feuersäulen empor, deren Glanz und Helle durch die Finsternis der Nacht noch gesteigert wurde. ... Doch entschied man sich nach Abwägung der Gefahren für das Weggehen. Zum Schutze gegen den Steinregen banden sie sich mit leinenen Tüchern Kopfkissen auf das Haupt. ... Man beschloss, ans Ufer zu gehen, um aus nächster Nähe zu sehen, ob man sich aufs Meer wagen könne. Dieses aber war noch wild und machte die Fahrt unmöglich. Hier legte sich der Onkel auf das abgeworfene leinene Tuch nieder. ... Auf zwei Sklaven gestützt, erhob er sich, brach aber sofort zusammen, erstickt, wie ich glaube, durch den dicken Rauch. Als es Tag wurde, fand man seinen Körper völlig unverletzt in den Kleidern.

In: Plinius. In: H. Krüger: Briefe des Altertums, S. 24ff.

M1 *Ausgrabungsfund aus Pompeji: Im Ofen eines Bäckers steckte noch dieser Brotlaib.*

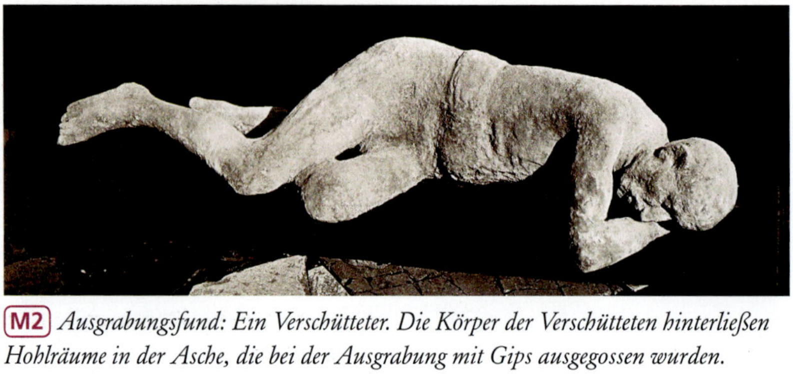

M2 *Ausgrabungsfund: Ein Verschütteter. Die Körper der Verschütteten hinterließen Hohlräume in der Asche, die bei der Ausgrabung mit Gips ausgegossen wurden.*

M3 *Eine freigelegte Straße in Pompeji, heutiges Foto.*

Das Leben erstarrt

Als der Vulkanausbruch begann, ließen die etwa 16 000 Einwohner Pompejis alles stehen und liegen und versuchten verzweifelt, sich zu retten. Aber 2 000 Menschen und viele Tiere starben. Sie erstickten und verbrannten in ihren Häusern und unter den Bäumen, wo sie vergeblich Zuflucht gesucht hatten. Ihre Körper wie auch ihre Häuser und Haushaltsgegenstände wurden sofort in der heißen Asche „eingebacken". Auf den Tischen standen noch Teller mit Essen und gefüllte Gläser; im Backofen waren noch Brote. Von einem Moment zum anderen blieb das Leben stehen. Aber damit war die Geschichte Pompejis noch nicht zu Ende.

Pompeji heute

Viele Jahrhunderte später stießen Bauarbeiter zufällig auf verkohlte Balken und bemalte Mauerreste. Archäologen gelang es, die etwa sieben Meter hohe Schicht aus *Schlackegestein* abzutragen. So kam die Stadt Pompeji wieder zum Vorschein. Touristen können heute durch ihre Straßen gehen wie die Menschen vor zwei Jahrtausenden. Für die Menschen in Pompeji war der Vulkanausbruch ein grauenvolles Unglück. Geschichtswissenschaftler fanden dadurch eine unschätzbar wertvolle Ausgrabungsstätte, ohne die unser Wissen über das Leben der Römer nicht denkbar wäre.

i

Schlacke: löchrige Lavabrocken, die von Vulkanen ausgeschleudert werden.

Arbeitsaufträge

1. Beschreibe die letzte Fahrt von Plinius' Onkel.
2. Pompeji ist als Ausgrabungsort in der ganzen Welt bekannt. Sammle Informationen (Internet, Lexikon, Filme ...). Stelle deine Ergebnisse in der Klasse vor.

Die Anfänge des Christentums

Ein neuer Glaube entsteht

i

Apostel (gr.): jemand, der von Christus als Gesandter beauftragt worden ist.
isolieren: absondern, sich getrennt halten.
Nero: 37 bis 68 n. Chr., römischer Kaiser, der besonders grausam regierte. Möglicherweise hat er selbst befohlen, Rom anzuzünden.
Katakomben: unterirdische Begräbnisanlagen.
Papa (lat.): Vater.

Die Anfänge des Christentums gehören in die Geschichte des Römischen Reiches. Jesus Christus starb in der römischen Provinz Palästina am Kreuz. Bald verkündeten seine Anhänger auch im ganzen Römischen Reich seine Lehre. Besonders der *Apostel* Paulus reiste unermüdlich von Ort zu Ort. Wo immer er predigte, konnte er christliche Gemeinden gründen. Er begeisterte die Menschen mit der Botschaft von dem einen allmächtigen Gott, der alle wie ein guter Vater liebt. Er erzählte von der Auferstehung, vom Gleichsein aller vor Gott und von der Nächstenliebe. Die ersten Christengemeinden nahmen Freie und Sklaven, Männer und Frauen, Arme und Reiche gleichermaßen auf. Sie trafen sich in ihren Häusern und beteten dort gemeinsam. Doch dadurch erregten sie das Misstrauen ihrer Mitbürger, denn sie *isolierten* sich von anderen religiösen Gruppen. Als in Rom ein Feuer ausbrach, behauptete Kaiser *Nero*, Christen hätten den Brand gelegt.

Q1 *Der römische Schriftsteller Tacitus berichtete:*

Alle, die sich offen zum Christentum bekannten, wurden zuerst ergriffen, dann auf deren Aussagen hin eine weitere große Menge. Da man sie nicht der Brandstiftung überführen konnte, verurteilte man sie wegen allgemeinen Menschenhasses. Mit ihnen trieb man grausames Spiel. Sie wurden in Tierfelle eingenäht und den Hunden vorgeworfen. Wenn der Tag sich neigte, dienten sie als Fackeln. Nero gab für dieses Schauspiel seinen Park frei und veranstaltete dabei ein Zirkusspiel. Dabei mischte er sich als Wagenlenker verkleidet unter das Volk oder stand auf seinem Wagen.

In: Tacitus: Annalen, 15, 44.

M1 *Gang in einer Katakombe unter der Stadt Rom. Links und rechts von den Gängen wurden Nischen für die Gräber in die Wände gehauen, oft in mehreren Lagen übereinander.*

M2 *Wandbild in der Giordani-Katakombe in Rom. Christus wird hier als „guter Hirte" dargestellt, der ein Schaf aus Gefahr rettet. Er beschützt die Gläubigen wie ein Hirte seine Herde.*

Christen werden verfolgt

In der Kaiserzeit war es üblich geworden, die Kaiser als göttlich zu verehren. Ihnen wurden Tempel gebaut und Opfer dargebracht. Doch die Christen dachten anders: Sie erkannten die Kaiser zwar als Herrscher, nicht aber als göttliche Wesen an. Oft galten die Christen daher als Staatsfeinde. Viele wurden deshalb grausam hingerichtet, ihre Gottesdienste verboten.

Da kamen sie heimlich zusammen. Sie trafen sich in den unterirdischen *Katakomben* Roms. Deren Wände schmückten sie mit Bildern, die sie trösteten und in ihrem Glauben an Errettung bestärkten.

Der neue Glaube setzt sich durch

Trotz der Verfolgungen behauptete sich der christliche Glaube. Seeleute, verkaufte Sklaven, Soldaten und Reisende breiteten die Botschaft von Christus weiter aus. So entstanden auch in abgelegenen Provinzen neue Christengemeinden. Im vierten Jahrhundert ließen die Christenverfolgungen nach. Die Christen durften ihren Glauben nun frei bekennen. Tempel und Götterbilder verschwanden allmählich. 393 verbot ein christlicher Kaiser die Olympischen Spiele. Das Christentum war nun die einzige Religion im Römerreich.

Der Bischof von Rom wurde zum angesehensten Vertreter der Christenheit. Er bekam den Titel *„Papa"* – Papst. Rom blieb bis heute Mittelpunkt der katholischen Christenheit.

M3 *Die Ausbreitung des Christentums im 4. Jahrhundert.*

Arbeitsaufträge

1. Nenne zwei Gründe für die Verfolgung der Christen.
2. Beschreibe mithilfe von Q1, wie Christen hingerichtet wurden.
3. Stell dir vor, du gehörst einer der ersten Christengemeinden an und musst mit Verfolgung und Tod rechnen. Würdest du dich dennoch zu deinem Glauben bekennen oder nicht? Begründe!
4. Betrachte M2 und überlege, warum die Christen damals dieses Bild an die Wand der Katakomben malten.
5. Beschreibe, wie sich das Christentum weiter ausbreiten konnte.

Römer und Germanen

Die Reichsgrenzen werden bedroht

i

Barbaren: So nannten die Römer fremde, in ihren Augen „ungebildete“ Völker.

Lange interessierten sich die Römer wenig für die *Barbarenvölker* im Nordosten ihres Reiches. Ihnen war unklar, wer die gefährlichen Völker waren. Von den Kelten übernahmen sie die Bezeichnung Germanen. Die Einstellung der Römer änderte sich aber, als immer wieder germanische Stämme die Grenze am Rhein überschritten und die Sicherheit des Reiches bedrohten. Oft wollten diese Kriegerscharen nur Beute machen und Ruhm und Ehre im Kampf gewinnen. Manchmal waren aber auch ganze Stämme auf der Suche nach neuen Siedlungsgebieten.

Um die Grenzen zu sichern, schickte Rom neue Legionen in die germanischen Gebiete.

M1 *Römische Münze mit dem Bildnis des Kaisers Augustus. Sie trägt den Stempel VAR für Varus. Mit diesem Geld bezahlte Varus seine Legionäre, Foto.*

Wird ganz Germanien zur römischen Provinz?

Nach schwierigen Kämpfen schlossen die Römer Bündnisse mit romfreundlichen Stämmen und Anführern. Einige germanische Stämme durften sich auf römischem Gebiet ansiedeln und passten sich der römischen Lebensweise an. Viele Germanen erhielten eine Militärausbildung und dienten im römischen Heer. Im Gebiet feindseliger Stämme richteten die Römer dagegen befestigte Legionslager ein. Rom bereitete sich darauf vor, das Land zwischen Rhein und Elbe als neue germanische Provinz dem Reich anzuschließen.

M2 *Germanien zur Römerzeit (um 150 n. Chr.), Karte.*

(M3) *Anlage des obergermanischen Limes, Rekonstruktionszeichnung.*

i

Teutoburger Wald: Waldgebirgsrücken, Teil des Weserberglandes. Nach dem römischen Schriftsteller Tacitus fand hier 9 n. Chr. die Schlacht zwischen Römern und Germanen statt.
Kastell: kleines befestigtes Truppenlager.
Limes: befestigter Grenzwall der römischen Kaiserzeit.

(M4) *Funde aus dem Germanischen Fürstengrab von Lübsow in Polen. Diese Gefäße wurden in Italien und den römischen Provinzen am Rhein hergestellt, Foto.*

Der Aufstand des Arminius

Kaiser Augustus ernannte im Jahre 7 n. Chr. Publius Quintilius Varus zum Statthalter in Germanien. Varus hielt die Germanen für besiegt und baute die römische Verwaltung in Germanien aus. Er erhob Steuern und führte römische Gesetze ein. Die Germanen waren über diese Einschränkung ihrer Rechte empört. Die Führung dieser Unzufriedenen übernahm Arminius. Er war ein junger Mann aus einer vornehmen und romfreundlichen Familie und kommandierte eine Reitereinheit in römischen Diensten. Im Jahre 9 n. Chr. besiegten Arminius und seine Verbündeten die Legionen des Varus in einer mehrtägigen Schlacht am *Teutoburger Wald.*

Nach dieser Niederlage gab es weitere Kämpfe zwischen Römern und Germanen, aber schließlich verzichteten die Römer auf größere Eroberungen.

Eine Grenze zwischen Römern und Germanen: der Limes

Ihre Grenze sicherten die Römer durch viele *Kastelle* und den *Limes.* Der obergermanische Limes bestand aus einem Palisadenzaun – einer endlos erscheinenden Reihe spitzer Holzpfosten. Hinter dem Zaun wurde ein fünf bis sechs Meter breiter Graben ausgehoben. Dessen Erde bildete einen zusätzlichen Schutzwall. Dahinter standen in Abständen von 500 bis 1 000 Metern hölzerne Wachtürme. Der rätische Limes bestand aus einer zwei bis drei Meter hohen Steinmauer.

Römer und Germanen am Limes

Ein lebhafter Warenaustausch mit dem freien Germanien fand in der Nähe der Grenze statt. Die Germanen hatten eine Schwäche für römische Luxuswaren wie bronzene Gefäße, Gläser, Wein, Metallwerkzeuge und Schmuck. Dafür lieferten sie Getreide, Pferde, Rinder und Schweine, Leder und Felle, Gänsefedern, Honig und Bienenwachs ins Römische Reich. Wertvoller Bernstein diente der Schmuckherstellung und blondes Frauenhaar war bei den Römern für die Herstellung von Perücken beliebt. In der Nähe einiger Kastelle entstanden Städte und Handelsplätze.

Arbeitsaufträge

1. Erkläre, warum die Römer Germanien nur bis zum Rhein eroberten.
2. Beschreibe, wie der Limes aufgebaut war.
3. Liste auf:
   Was bekamen die Germanen von den Römern und umgekehrt?

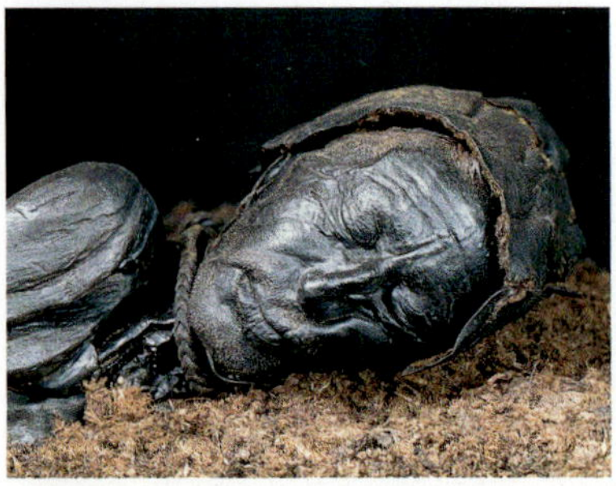

(M1) *Der „Mann aus Tollund“, eine über 2 000 Jahre alte Moorleiche, Foto. Moorleichen sind oft gut erhalten. Sie geben den Forscherinnen und Forschern Informationen über die Kleidung der Germanen.*

Wer waren die Germanen?

Wie wohnten und lebten die Germanen?

Als Kaiser Augustus in Rom regierte, wohnten die Germanen an der Nordseeküste, zwischen Rhein und Weser und im Elbegebiet. Sie lebten als Bauern und Viehzüchter auf einzelnen Höfen oder in kleinen Dörfern. Die Ansiedlungen lagen oft weit auseinander und die Wege waren schlecht. Die Bewohner einer Siedlung stellten alles, was sie zum Leben brauchten, selbst her. Dazu gehörten Kleidung, Werkzeuge und Haushaltsgegenstände, oft auch Schmuck und Waffen. Ihre Häuser bauten sie aus Holz und Flechtwerk, das mit Lehm verschmiert wurde. Menschen und Tiere lebten hier unter einem Dach. Im Wohnteil befand sich die offene Feuerstelle.

(M3) *Germanische Kleidung, Rekonstruktionszeichnung.*

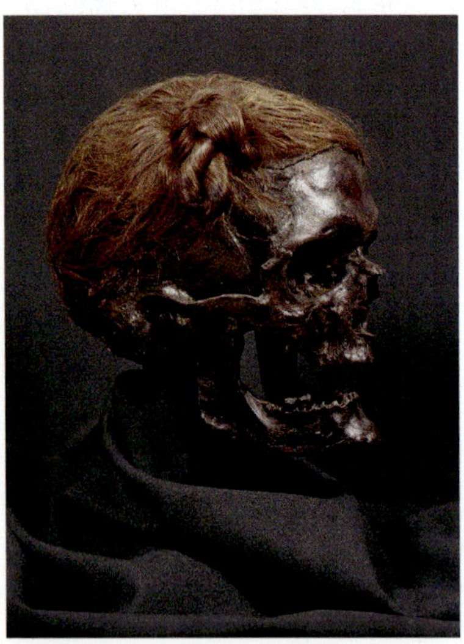

(M2) *Kopf einer Moorleiche, Foto. Der „Mann von Osterby“ lebte um 100 n. Chr. Seine Frisur, der „Suebenknoten“, war bei den Sueben und andern germanischen Stämmen verbreitet. Die rote Farbe der Haare entstand durch Einwirkung des Moores.*

Stammeswesen

Die Germanen waren kein einheitliches Volk. Sie gliederten sich in viele Stämme und Gruppen, die oft in Kämpfe untereinander verwickelt waren. Die Namen ihrer Stämme kennen wir heute nur aus den Berichten der Römer, denn die Germanen hinterließen keine schriftlichen Aufzeichnungen. Bei ihnen galt das gesprochene Wort mehr. Germanische Krieger kämpften meist als Reiter. Ihre Bewaffnung bestand aus Speer, Langschwert, Kurzschwert und Schild.

Für wichtige Entscheidungen in der Gemeinschaft beriefen die Germanen eine Volksversammlung, das *Thing,* ein.

M4 *Germanisches Bauernhaus. Rekonstruktion.*

Glauben

Die Germanen verehrten ihre Vorfahren und opferten für die Toten. In Naturkräften wie Stürmen oder Blitz und Donner sahen sie Geister. Bestimmte Wälder und Quellen hielten sie für heilig. Vor allem Seen und Moore dienten als Opferstätten. Die Germanen glaubten: je wertvoller das Opfer, desto wirkungsvoller war es. Daher führten sie auch Menschenopfer durch.

i

Rosse: Pferde.

Q1 *Der römische Schriftsteller Tacitus hielt sich im Jahr 98 n. Chr. bei den Germanen auf. Er berichtete über das Thing:*

Man kann beim Thing auch Klage führen. ... die Strafen sind unterschieden nach dem Vergehen. Verräter und Überläufer hängen sie an den Bäumen auf, Feiglinge, im Krieg Versagende und körperlich Geschändete versenken sie, indem sie ein Geflecht darüberwerfen, in Morast und Sumpf. ...

Aber auch für kleinere Vergehen gibt es nach ihrem Maß Strafe: mit einer Anzahl *Rosse* oder Vieh müssen die Überführten büßen. Ein Teil der Buße wird an den König oder Stamm, ein Teil dem, der gerächt wird, selber oder seinen Verwandten gezahlt.

In: Tacitus: Germania, 11, 12.

M5 *„Pfahlgötter". Die über zwei Meter großen Figuren aus Eichenholz wachten an Opferstätten, Foto.*

Arbeitsaufträge

1. Berichte, wo und wie die Germanen lebten.
2. Betrachte M4. Beschreibe möglichst genau, wie ein germanisches Haus aussah und wie es gebaut wurde.
3. Nenne die Aufgaben eines Thing.
4. Beschreibe, woran die Germanen glaubten und worin sich ihr Glaube äußerte.
5. Überlege, wie die Männer aus Tollund und Osterby wohl ins Moor gelangt sein könnten. Denke auch daran, wie die Germanen Recht sprachen und straften.

Das Römische Reich zerfällt

Adoptierte Kaiser

Am Ende des ersten Jahrhunderts n. Chr. wählte ein Kaiser zum ersten Mal den Besten unter seinen Mitarbeitern und Beratern aus und machte ihn durch Adoption zu seinem Nachfolger. Das Volk nannte diese Herrscher die „guten Kaiser“. Denn sie sorgten für Gerechtigkeit, innere Ordnung und Ruhe. Die Grenzen des Reiches verteidigten sie erfolgreich.

Legionäre machen Kaiser

Wegen der zunehmenden Kämpfe an den Grenzen des Reiches gewann das Militär immer mehr Einfluss. Die Legionäre riefen schließlich ihre jeweiligen Befehlshaber zu Kaisern aus. So gab es zeitweilig mehrere Kaiser in verschiedenen Reichsteilen, die sogar gegeneinander Krieg führten. Von diesen *Soldatenkaisern* starb nur ein einziger eines natürlichen Todes. Keiner von ihnen lebte noch in Rom. Die Hauptstadt wurde immer unwichtiger.

Der Limes schützt nicht mehr

Weil die Römer nun immer häufiger gegeneinander kämpften, bewachten nur noch wenige Legionen die Grenzen. Am Limes häuften sich erfolgreiche Überfälle und Beutezüge germanischer Stammesgruppen und Banden. In römischen Berichten wurden sie *Alamanni*, zusammengemengte Menschen, genannt. Zwischen 250 und 260 n. Chr. gaben die Römer den Limes und die Provinzgebiete auf der rechten Rheinseite auf.

Das verlassene Gebiet zwischen Limes und Rhein nannten sie Alamannia. Aus den nach und nach neu einwandernden Bewohnern wurden die Alamannen.

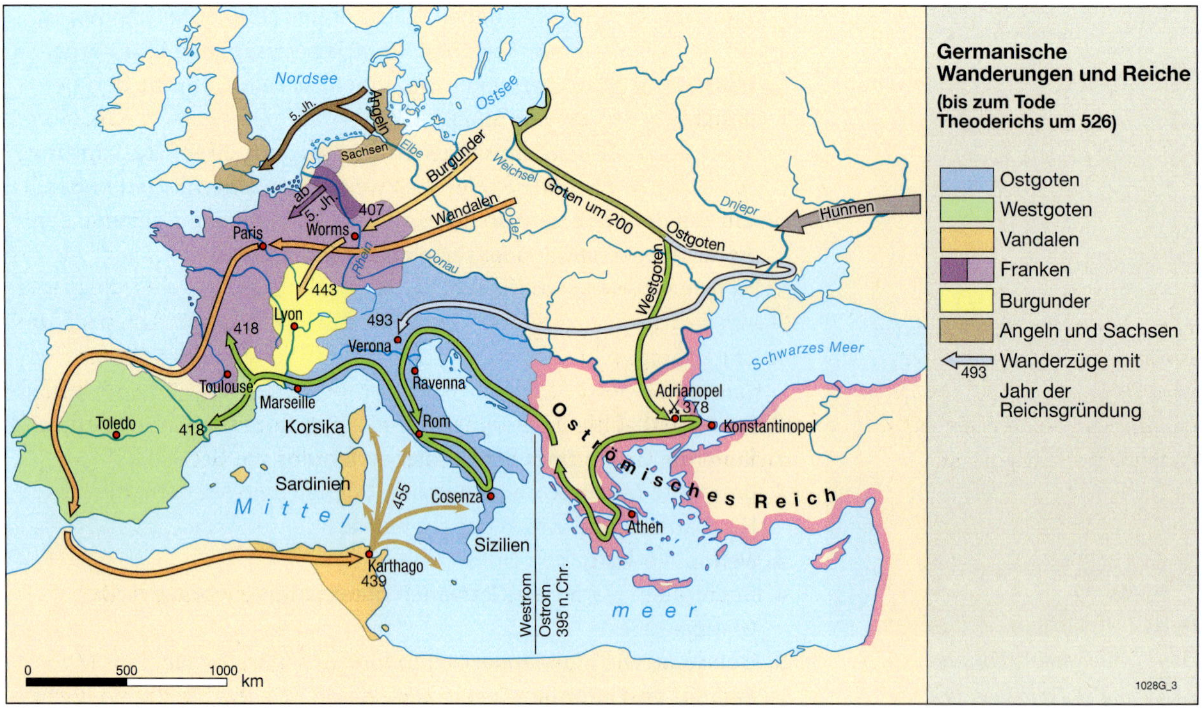

M1 *Germanische Wanderungen und Reiche.*

M2 *Die vier Kaiser des Römischen Reiches. Statue. Anfang des 4. Jh. n.Chr.*

Ostrom und Westrom

Bedrängt von den Persern im Osten und großen germanischen Stammesverbänden im Westen teilten sich schließlich zwei Oberkaiser und zwei Unterkaiser als *Tetrachen* die Herrschaft im Römischen Reich. Konstantin, der ehemalige Herrscher des Westens, konnte seine Konkurrenten und Mitkaiser schließlich besiegen: Er herrschte alleine. Die Hauptstadt des Reiches verlegte er nach *Byzanz*, das er in Konstantinopel umbenannte. Das christliche Konstantinopel entwickelte sich zur Hauptstadt des Oströmischen Reiches. Rom blieb Hauptstadt des Weströmischen Reiches.

Kaiser Theodosius I. einigte das Reich für kurze Zeit. Aber 395 n. Chr. teilte er es endgültig unter seinen Söhnen auf. Rom schrumpfte nach und nach auf die Größe eines Stadtstaates und verlor alle Bedeutung.

i

Byzanz: (gr. Byzantium). Anderer Name für Konstantinopel. Das Oströmische Reich wurde daher auch das Byzantinische Reich genannt.

Arbeitsaufträge

1. Beschreibe, wie sich das Kaiserreich durch den Einfluss des Militärs veränderte.
2. Erkläre, warum die Römer ihre Limesgrenzen aufgaben.
3. Verfasse einen kleinen Text und beschreibe darin, wie das Römische Reich zerfiel.

PROJEKT

Eine Exkursion nach Kalkriese

(M1) *Eiserne Lanzenspitzen mit den Resten des Holzschaftes. Länge 24 cm. Foto.*

Museum und Park Kalkriese
Venner Straße 69
49565 Bramsche-Kalkriese
Tel.: 05468/92040
www.kalkriese-varusschlacht.de

Der Ort der Varusschlacht

Jahrhundertlang wusste niemand, wo die Schlacht zwischen den Germanen und den Römern im Jahr 9 n. Chr. stattgefunden hatte.

In ihr hatten die Germanen unter Führung des Cheruskerfürsten Arminius ein Heer des römischen Statthalters Varus vernichtet.

1989 entdeckte ein Hobby-Archäologe römische Münzen in Kalkriese, einem kleinen Ort in der Nähe von Osnabrück. Keine dieser Münzen war später als 9 n. Chr. geprägt worden. Jetzt begannen Archäologen und Archäologinnen mit planmäßigen Ausgrabungen. Sie fanden weitere Münzen, Speerspitzen, Teile von Schwertern und andere Dinge, die auf eine kriegerische Auseinandersetzung hindeuteten. Sogar die Skelette mehrerer Maultiere und eine germanische Wallanlage wurden ausgegraben. Der Ort der Varusschlacht war gefunden!

Kämpfen wie die Römer und Germanen

Heute steht in Kalkriese ein Museum. Hier werden die Ausgrabungsfunde ausgestellt. Neben dem Museum befindet sich ein großes Freigelände, auf dem die Varusschlacht in regelmäßigen Abständen nachgespielt wird.

(M2) *Römertage in Kalkriese.*

M3 *Eiserne Maske eins römischen Gesichtshelms.*

M4 *Eine Kupfermünze des Augustus.*

Eine Exkursion planen und durchführen

Das Museum in Kalkriese ist das einzige in Niedersachsen, das sich hauptsächlich mit den Römern beschäftigt. Für Schulklassen gibt es eine Reihe von Angeboten: Sie können sich wie die Römer kleiden, auf dem Freigelände eine „Schlacht“ schlagen oder wie die römischen Kinder spielen.

So geht ihr vor:

1. Den Besuch planen

- Bevor ihr das Museum und den Park Kalkriese besucht, müsst ihr euch darüber informieren, was es dort zu sehen gibt. Lasst euch Informationsmaterial zuschicken und recherchiert im Internet.
- Besprecht in der Klasse, was erkundet werden soll.
- Teilt Gruppen ein, die verschiedene Themen vorbereiten. Sammelt Fragen, auf die ihr im Museum Antworten erhalten wollt.
  Mögliche Fragen: Mit welchen Waffen haben die Römer/die Germanen gekämpft? Wie haben die Römer/die Germanen zur Zeit der Schlacht gelebt? Was erfahren wir über ihr Alltagsleben? Wie werden die Funde ausgewertet?

2. Während des Besuches

- Schaut euch an, was die Archäologen und Archäologinnen bis jetzt alles herausgefunden haben.
- Wenn ihr im Museum seid, könnt ihr klären, aus welcher Zeit die Ausstellungsstücke stammen und wozu sie früher gebraucht wurden. Zeichnet oder fotografiert mehrere Dinge!
- Ihr könnt herausfinden, wie sich die Germanen und Römer gekleidet und ernährt haben, wie sie frisiert waren, wie sie ihre Toten begraben haben und vieles mehr.
- Im Kindermuseum könnt ihr selbst wie die Archäologen und Archäologinnen arbeiten.

3. Nach dem Besuch

- Überlegt nach eurem Besuch in Kalkriese, wie ihr eure neuen Informationen vorstellen könnt. Ihr könnt selbst eine kleine Ausstellung gestalten oder eine Wandzeitung herstellen. Benutzt dafür die Prospekte vom Museum und eure eigenen Fotos und Zeichnungen.

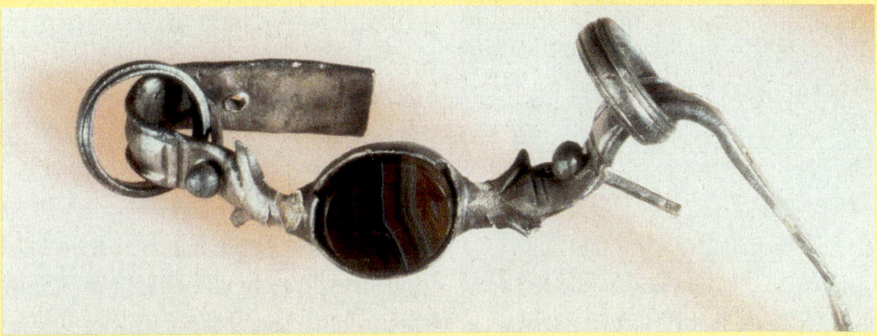

M5 *Klammer einer Schwertscheide. Silber mit Achat (Schmuckstein).*

PROJEKT

M1 *Mosaik aus dem Eingangsflur eines Hauses in Pompeji, Foto. Dieses Bildmotiv war Zierde und Warnung zugleich: „Cave Canem“ bedeutet: „Hüte dich vor dem Hund!“*

Wir gestalten ein Mosaik

Was ist ein Mosaik?

Mosaiken sind Bilder, die aus vielen kleinen bunten Steinchen zusammengefügt sind. Diese Gestaltungstechnik war schon bei den Griechen sehr beliebt und breitete sich später auch im Römischen Reich aus. Kunstvolle Fußbodenmosaiken schmückten öffentliche Gebäude und vornehme Häuser. Es war zeitaufwendig und teuer, ein großes Mosaik herzustellen.

Ein Mosaik selber machen

Ein kleines Mosaik könnt ihr im Werkraum eurer Schule selbst herstellen. Vielleicht kann euch euer Kunstlehrer dabei unterstützen.

Ihr braucht:

- ca. 12 mm starke Spanplatten auf 30 × 40 cm zugeschnitten
- ca. 5 mm hohe Leisten und Drahtstifte
- Fliesenbruch in mehreren Farben
- Pappe, Alleskleber, Fliesenkleber, Spachtel, Hammer, Plastikschüssel, Plastiktüten.

Nagelt die Leisten mit den Drahtstiften als Rahmen an die Seiten der Spanplatten. Verpackt die Fliesenbruchstücke in zwei Plastiktüten übereinander. Schlagt auf dem Schulhof mit dem Hammer vorsichtig auf die Tüten, bis die Fliesenstücke darin kleine Steinchen sind.

So geht ihr vor:

Fertigt auf der Pappe eine Vorzeichnung an. Klebt dann eure Steinchen mit so wenig Kleber darauf, dass ihr sie später leicht wieder ablösen könnt (1). Rührt den Fliesenkleber in der Plastikschüssel so an, dass er zäh, aber noch gießbar ist. Tragt ihn in einer Schicht von etwa 1 cm auf die Spanplatte auf und streicht die Masse mit dem Spachtel glatt (2). Übertragt euer Bildmotiv von der Pappe auf die Fliesenkleberschicht. Drückt dabei die Steinchen leicht in die Masse ein (3). Lasst alles trocknen – fertig!

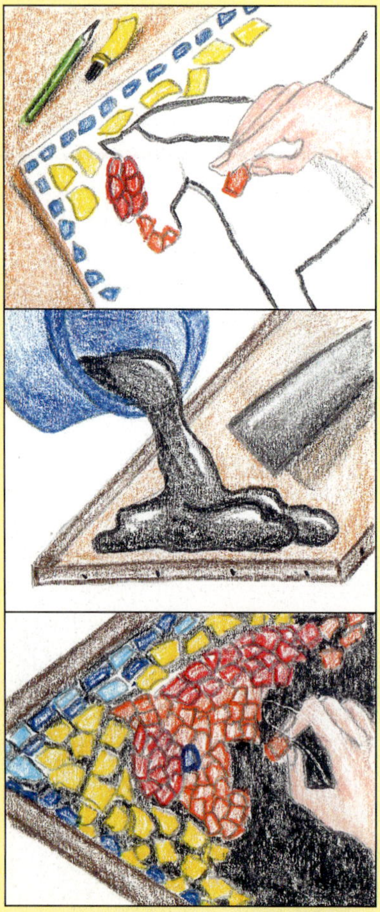

M2 *Schritte zur Mosaikherstellung, Zeichnungen.*

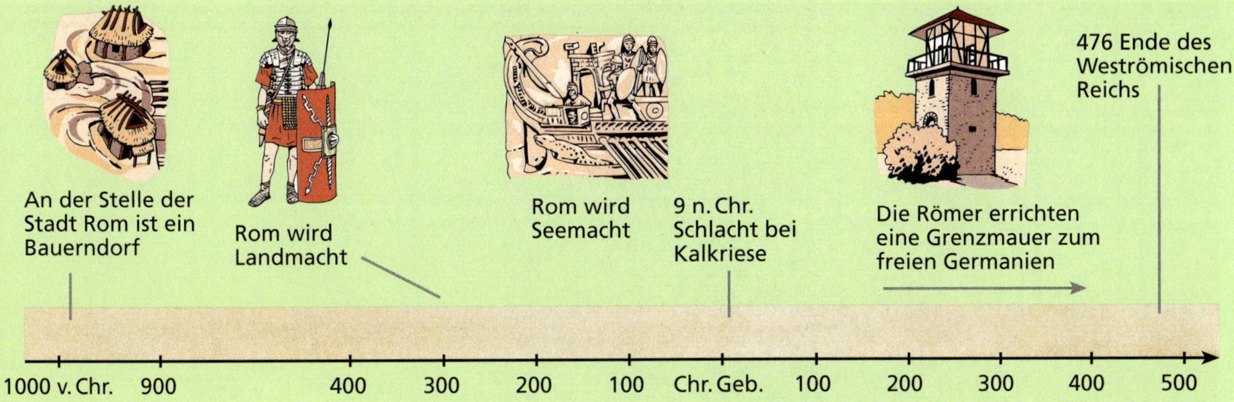

IN KÜRZE

Wichtige Begriffe:
- Kolosseum
- Legion
- Limes
- Patrizier
- Plebejer
- Proletarier
- Provinz
- Republik
- Senat
- Sklaven

Die Geschichte Roms begann vor dreitausend Jahren mit einer Bauernsiedlung am Fluss Tiber. Schnell entwickelte sich Rom zu einer Stadt, die ihren Einflussbereich durch Kriege und Bündnisse ständig vergrößerte. Tausend Jahre später war Rom Hauptstadt eines *Weltreiches*. Von einer *Königsherrschaft* wandelte sich Rom zur *Republik*. Anfangs übten die alten Familien der *Patrizier* den größten Einfluss aus; mit der Zeit erreichten auch die zunächst rechtlosen *Plebejer* eine Gleichstellung.

Die durch ständige Kriegsdienste verarmten Bauern bildeten in Rom das besitzlose *Proletariat*. Politische Gegensätze, Machtkämpfe und der große Unterschied zwischen Arm und Reich führten zu Unruhen und *Bürgerkriegen*. Die Republik wurde durch das *Kaiserreich* abgelöst.

Das *Römische Weltreich* wurde durch eine wirksame Verwaltung, kampferprobte Legionen und ein gut ausgebautes Straßennetz zusammengehalten. Handwerkliche Erzeugnisse, landwirtschaftliche Produkte und Erfindungen wurden im ganzen Reich verbreitet. Landwirtschaft, Bergbau und Handwerk nutzten zum großen Teil die Arbeitskraft von *Sklaven*. Der allgemeine Wohlstand wuchs. In den Provinzen übernahmen die Menschen die römische Lebensart. Im 4. Jh. n. Chr. wurde das Christentum Staatsreligion und verdrängte die römischen Götter. Oberhaupt der Christen wurde der Papst. Machtkämpfe im Inneren und Angriffe an den Grenzen führten zum langsamen Zerfall des Römischen Weltreiches.

Karl der Große wird zum Kaiser gekrönt. Französische Buchmalerei.

Aus der Geschichte des europäischen Mittelalters

Europa entsteht

Die Germanen werden Christen

Die Germanen glaubten, die Natur sei von Göttern belebt. Wenn der Sturm um ihre Häuser heulte, so jagte der Göttervater Wotan auf seinem Pferd durch die Luft. Grollte der Donner, so hatte der Regen bringende Donar seinen Hammer auf die Erde geworfen.

Um die Götter freundlich zu stimmen, brachten ihnen die Germanen Opfer: Früchte, Tiere, Kriegsbeute und manchmal auch Menschen.

Aber auch andere Wesen – so glaubten sie – hausten auf der Erde und griffen zuweilen in das Leben der Menschen ein: Zwerge in den Höhlen, Riesen auf den Bergen, Nixen in den Gewässern. Es war eine bunte Welt der Götter und Geister.

Ein neuer Glaube setzt sich durch

Diejenigen Germanen, die auf der großen Völkerwanderung in das Römische Reich vorgedrungen waren, hatten hier den christlichen Glauben kennen gelernt. Häufig wurden sie selbst Christen. Vom Jahr 600 an aber wurde die christliche Lehre auch zu den Germanen gebracht, die in ihrer Heimat geblieben waren. *Missionare* reisten durch das Land und warben für das Christentum

i

Missionar: Bezeichnung für einen Glaubensboten, der im Auftrag der Kirche den christlichen Glauben unter Nichtchristen verkündet.

Der berühmteste Missionar war Bonifatius. Immer wieder zog er in das Land der Thüringer und der Hessen. Es war schwer, diese Menschen zu bekehren, denn sie konnten den neuen Gott nicht hören und sehen. Einmal aber hatte Bonifatius eine besondere Idee:

Er fällte eine uralte Eiche, die dem Gott Donar geweiht war. Als die Rache Donars ausblieb, glaubten viele, dass der Gott der Christen stärker sei und ließen sich taufen.

M1 *Bonifatius tauft einen Germanen, der durch einen Helfer in ein Taufbecken eingetaucht wird. Die rechte Bildhälfte zeigt, wie er umgebracht wird. Darstellung von 975.*

Die „Armen im Himmelreich"

Missionare zogen von neu gegründeten Klöstern und Bischofssitzen aus durch das Land der Germanen und verbreiteten den christlichen Glauben. Um seine Stärke zu veranschaulichen, zerstörten sie viele Kultgegenstände der Germanen. Der neue christliche Glaube stieß auf Widerstände und es gab viele Zwangstaufen. Besonders lange leisteten die Friesen Widerstand gegen die Taufe und die Annahme des Christentums.

Q1 *Ein Friesenherzog verweigert die Taufe:*

Der Friesenherzog Radbod selbst war schließlich geneigt, sich taufen zu lassen. Er zögerte aber immer noch und verlangte von dem Bischof, er solle ihm sagen, wo die verstorbenen Könige und Häuptlinge des Friesenstammes weilten: In jenem himmlischen Reiche, das er selbst erlangen sollte, wenn er glaube und getauft werde, oder in der höllischen Verdammnis, von welcher der Bischof spreche.
Darauf erwiderte der Mann Gottes: „Täusche dich nicht, edler Fürst. Bei Gott ist die Schar seiner Erwählten. Aber deine Vorgänger, die Friesenfürsten, die gestorben sind ohne Taufe, die haben unbedingt das Urteil der Verdammnis zu empfangen." Als dies der Herzog hörte, der schon zum Taufbecken schreiten wollte, zog er den Fuß zurück und sagte, er könne nicht auf die Gemeinschaft mit allen, die vor ihm über die Friesen geherrscht hätten, verzichten und wolle nicht mit einer kleinen Zahl von Armen im Himmelreich sitzen.

In: Leben des Heiligen Wulfram.

Arbeitsaufträge

1. Nenne die Gebiete, die Bonifatius missionieren wollte.
2. Warum lehnt der Friesenherzog Radbod die Taufe ab? Erkläre.
3. Taufe damals – Taufe heute. Vergleiche den linken Ausschnitt von M1 mit M2 (Täufling, Taufbecken, Taufhelfer, Zeugen, Geistlicher, Kleidung).

M2 *Eine Taufe heute. Foto.*

(M1) *Karl der Große. Reiterstandbild um 870 n. Chr.*

(M2) *Münze aus der Zeit Karls des Großen. Um das Bild Karls herum steht: „KAROLUS IMPAUG". Die Buchstaben IMP bedeuten „Imperator", das ist das lateinische Wort für den obersten Feldherren. Die Buchstaben AUG sind eine Abkürzung für „Augustus".*

i

Wams: Eine Art Unterjacke.

(M3) *Namenszeichen Karls des Großen (Nachzeichnung).*

Das Reich der Franken

Die Anfänge

Nach dem Untergang des Weströmischen Reiches im Jahr 476 n. Chr. entwickelte sich das Frankenreich zur wichtigsten Macht in Europa.

Ursprünglich lebten die Franken im Mündungsgebiet des Rheins. Allmählich drängten sie mehr und mehr in die einstige römische Provinz Gallien, das heutige Frankreich, hinein. Um 500 n. Chr. fasste der fränkische König Chlodwig das gesamte eroberte Gebiet zu einem Reich zusammen.

Der Kirchenstaat

In einem Krieg gegen die Langobarden eroberten die Franken einen Gebietsstreifen zwischen Rom und Ravenna. Der fränkische König Pippin schenkte ihn dem Papst. So erhielten die Päpste ein eigenes Herrschaftsgebiet, den *Kirchenstaat.*

Karl der Große

Im Jahre 768 gehörten folgende Länder zum Frankenreich: das heutige Frankreich, Belgien, Holland, die Gebiete an Rhein, Main und Mosel sowie das heutige Württemberg und Thüringen. In diesem Jahr wurde ein neuer König Herrscher über das Frankenreich: Karl der Große.

(Q1) *Einhard beschreibt Karl den Großen (9. Jh.):*

Er war von breitem und kräftigem Körperbau und von hervorragender Größe. Seine Augen waren sehr groß und lebendig, seine Nase ging etwas über das Mittelmaß. Er hatte schöne weiße Haare und ein freundliches, heiteres Gesicht. So war seine Gestalt, mochte er sitzen oder stehen, höchst würdig und stattlich, obwohl sein Nacken dick und kurz, sein Bauch etwas herabhängend scheinen konnte.

Er kleidete sich nach landestypischer, nämlich fränkischer Weise. Auf dem Leib trug er ein leinenes Hemd und leinene Unterhosen, darüber ein *Wams*, das mit seidenen Streifen verziert war, und Hosen. Die Beine bedeckte er mit Binden und die Füße mit Schuhen. Schließlich trug er einen blauen Mantel und immer das Schwert an der Seite.

Bei festlichen Gelegenheiten trug er ein mit Gold durchwirktes Kleid und mit Edelsteinen besetzte Schuhe. Der Mantel wurde durch eine goldene Spange zusammengehalten. Auf dem Kopf trug er dann eine aus Gold und Edelsteinen gefertigte Krone.

Was er wollte, konnte er leicht und klar ausdrücken. Im Lateinischen brachte er es so weit, dass er es wie seine Muttersprache redete. Auch zu schreiben versuchte er und pflegte deswegen Tafel und Papier im Bett unter dem Kopfkissen mit sich herumzuführen, um in freien Stunden seine Hand an die Gestaltung von Buchstaben zu gewöhnen. Indes brachte er es hierin mit seinen Bemühungen nicht weit, da er es zu spät angefangen hatte.

Nach: Einhard: Vita Caroli Magni, 5, 7.

Der Ausbau des Frankenreiches

Weit dehnte Karl seine Macht über die Gebiete aus, die an das Frankenreich grenzten: Mit seinen Heeren eroberte er das Reich der Langobarden südlich der Alpen. Auch das Land der Bayern, das damals bis Südtirol reichte, wurde in das Frankenreich eingegliedert.

Am längsten dauerten die Kriege, die Karl gegen den letzten noch freien und heidnischen Stamm der Germanen führte: die Sachsen. Immer wieder stießen fränkische Soldaten weit in das sächsische Land hinein. Aber immer wieder erhoben sich die Sachsen. Diesen Aufständen folgten Strafzüge, Unterwerfung wechselte mit erneutem Aufstand.

782 ließ Karl nach einem Aufstand in der Nähe von Verden an der Aller etwa 6 000 Sachsen hinrichten. Schließlich zwang er die Sachsen mit Gewalt, den christlichen Glauben anzunehmen.

M4 *Das Reich Karls des Großen.*

Arbeitsaufträge

1. Finde mithilfe der Münze in M2 heraus, an welches Vorbild Karl anknüpfen möchte.
2. Fasse in deinen Worten zusammen, welche äußeren Merkmale und Fähigkeiten Karls Einhard erwähnt.
3. Verfasse anhand der Informationen aus Q1 einen Steckbrief Karls des Großen.
4. Beschreibungen von Herrschern sind oft geschönt. Überlege, ob das auch auf Einhards Beschreibung zutrifft. Begründe!

Die Regierung des Reiches

Ein König auf Reisen

Groß und mächtig war das Reich Karls des Großen. Auch das Kernstück des Römischen Reiches gehörte dazu. Am Weihnachtstag des Jahres 800 wurde Karl in der Peterskirche in Rom vom Papst zum Kaiser der Römer gekrönt.

Karls Reich hatte keine Hauptstadt. Deshalb reiste er mit seiner Familie und seinen Hofbeamten durch das Reich, um überall nach dem Rechten zu sehen. Im ganzen Land hatte er *Pfalzen* errichtet. Diese lagen meist einen Tagesritt auseinander. An diesen Königshöfen machte Karl Station, hielt Gerichtssitzungen ab, verhandelte mit den Adligen der Gegend, erließ Befehle und Gesetze.

i

Pfalz: (lat. palatium = Palast) Befestigter Königshof, der dem König und seinem Gefolge als Unterkunft und Versorgungspunkt diente.

Die Kaiserpfalz in Aachen

Am liebsten aber hielt Karl sich in Aachen auf. Dort baute er eine besonders schöne Pfalz. Im Mittelpunkt der Anlage stand die Pfalzkapelle, links im Hintergrund die große Halle, in der Karl Hof hielt. In den Häusern rechts vor der Halle wohnte der Kaiser mit seiner Familie.

Die sechzehneckige Pfalzkapelle ist 36 Meter hoch und war damals der höchste Bau nördlich der Alpen.

Q1 *Einhard berichtet über die Pfalz in Aachen:*

> Der christlichen Religion war Karl mit größter Ehrfurcht zugetan. Darum erbaute er auch das herrliche Gotteshaus zu Aachen und stattete es aus mit Gold und Silber, mit Leuchtern und ehernen Gittern und Türen. Da er die Säulen und Marmorplatten für die Kirche anderswoher nicht bekommen konnte, ließ er sie aus Rom und Ravenna herbeischaffen.
>
> In: Einhard, Vita Caroli Magni.

M1 *Die Pfalz in Aachen. Rekonstruktionszeichnung.*

Karl sichert sein Reich

Karl konnte nicht gleichzeitig an allen Orten sein. Deshalb setzte er überall im Land Grafen ein, die ein bestimmtes Gebiet verwalteten. Sie hielten an seiner Stelle Gericht, nahmen Steuern ein, überwachten den Bau von Burgen und Wegen und führten auch die Heere an. So waren sie seine Stellvertreter, die mit ihm für Ruhe und Sicherheit im Reich sorgten.

Damals konnten nur ganz wenige Menschen lesen und schreiben. Für die Verwaltung seines Reiches brauchte Karl Helfer, die seine Gesetze und Verordnungen aufschrieben oder Abgaben von Bauern notierten. Daher ließ er an den Pfalzen und Bischofssitzen Schulen gründen, die er häufig aufsuchte, um den Unterricht zu kontrollieren.

Arbeitsaufträge

1. Führe einen Fremden durch die in M1 dargestellte Pfalz von Aachen.
2. Beschreibe, wie Karl der Große sein Reich regierte. Nutze auch M2.

M2 *Orte, die Karl der Große während seiner Regierungszeit aufsuchte.*

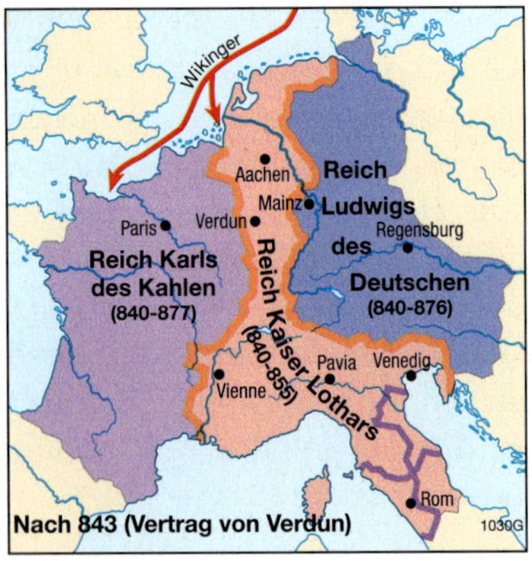

M1 *Die Reichsteilung von 843.*

Das Ostfränkische Reich entsteht

Deutschland, Frankreich und Italien entstehen

Der Sohn Karls des Großen, Ludwig der Fromme, konnte das Frankenreich nur mit Mühe zusammenhalten. Seine Enkel teilten 843 das Reich im *Vertrag von Verdun* auf. Der eine – Ludwig „der Deutsche" erhielt das Land rechts des Rheins. Ein anderer – Karl „der Kahle" übernahm das westliche Frankenreich. Das lang gezogene Zwischenstück regierte der älteste der drei Brüder – Lothar. Bei dieser Regierung blieb es aber nicht lange. Nach dem Tode Lothars teilten Karl und Ludwig 870 die zwischen ihren Reichen liegende „Kegelbahn" im Vertrag von Mersen unter sich auf. Aus dem Reich Karls des Kahlen wurde Frankreich, aus dem Reich Ludwigs Deutschland. Der südliche Teil des ehemaligen Lotharreiches fiel an dessen Sohn und wurde später Italien.

Stämme und König

Nach den Teilungen des Reiches Karls des Großen hatten dessen Nachkommen als Könige des Ostfränkischen Reiches nur wenig Macht. Mächtig waren vielmehr die *Herzöge*, die Anführer der Stämme – vor allem die Herzöge der Sachsen, der Franken, der Bayern und der Schwaben. Bald nachdem der letzte Nachkomme Karls des Großen im Ostfränkischen Reich gestorben war, wählten die Herzöge 919 den mächtigsten Stammesherzog zum neuen König: Heinrich von Sachsen.

i

Herzog: Oberster gewählter Heerführer eines Stammes der Germanen.

M2 *Gebiete des Ostfränkischen Reiches im 10. Jahrhundert.*

M3 *Otto I. setzt Papst Johannes XII. ab und macht Leo VII. zum neuen Papst. Buchmalerei, 11. Jahrhundert.*

Vom König zum Kaiser: Otto I.

Zum deutschen König wurden meist die mächtigsten Stammesherzöge gewählt. Seit 962 war mit diesem Königtum fast immer auch der Kaisertitel verbunden: Wie vor ihnen Karl der Große zogen die Könige nach Rom, wo sie sich vom Papst zum „römischen Kaiser" krönen ließen.

Nach dem Tode Heinrichs I. wurde sein Sohn Otto zum deutschen König gewählt. Er konnte die Grenzen des Reiches sichern. 962 wurde er schließlich vom Papst zum Kaiser gekrönt.

Kaiser und Papst kämpfen um die Macht

Seit dem Ende des Römischen Reiches hatten die Päpste ihre Vorrangstellung in der europäischen Christenheit ausbauen können. Sie hatten für die Missionierung der germanischen Stämme und für die Einrichtung von Bischofssitzen im Land der Germanen gesorgt. Mit dem Kirchenstaat verfügten sie über eigenes Land. Vielfältig waren sie mit den fränkischen und danach mit den deutschen Königen verbunden.

Seit Otto I. bestimmten die deutschen Könige, wer zum Bischof geweiht werden sollte. Die Kaiser waren die Schutzherren der Kirche, der Einfluss der Päpste auf ihre Entscheidungen eher gering. Um die Mitte des 11. Jahrhunderts entbrannte ein heftiger Kampf zwischen Papst und Kaiser. Ziel der päpstlichen Seite war es, die Kirche von außerkirchlichen Einflüssen unabhängig zu machen. Besonders ging es um das Recht des Kaisers, Bischöfe einzusetzen.

Arbeitsaufträge

1. Vergleiche die Karten M1 und M2 mit einer Europakarte von heute.
2. Erkläre, wie sich die beiden Reichsteilungen bis heute auswirken.
3. Kaiser und Papst kämpfen um die Macht. Schreibe die Forderungen des Papstes auf: Ich fordere … !

Slawen und Deutsche im östlichen Mitteleuropa

Die Slawen und das Frankenreich

In der Zeit Karls des Großen verlief die Grenze gegenüber den slawischen Siedlungsgebieten etwa entlang der Elbe und Saale. Vorstöße der Franken über diese Flüsse hinweg dehnten den fränkischen Einfluss im Gebiet der Slawen aus. Die Franken richteten hier *Marken* ein, die von *Markgrafen* kontrolliert und gesichert wurden.

Insgesamt war die Zeit Karls des Großen eher von friedlicher Begegnung bestimmt. Grenzorte wie Magdeburg, Halle und Erfurt wurden damals wichtig. Von hier aus zogen Packpferde und Ochsenkarren durch das Slawenland. Aus Holzplanken gefertigte Boote, die bereits mehrere Tonnen Ladung befördern konnten, befuhren die Ostsee und die Flüsse. Aus den slawischen Gebieten wurden vor allem versklavte Menschen ins Frankenreich gebracht. Pferde, Pelze und Häute, Wachs und Honig waren wichtige Handelsprodukte. Dazu kamen die Waren, die geschickte slawische Handwerker herstellten.

i

Marken: Gebiete an den Grenzen des fränkischen Reiches. Sie wurden von Markgrafen gesichert und verwaltet.
Obodriten: Ein slawischer Stamm an der Elbe.

Wie die Slawen lebten

Archäologen aus Schwerin haben zwischen 1973 und 1980 einen ehemaligen Siedlungsplatz der *Obodriten* im heutigen Mecklenburg freigelegt. Dabei machten sie viele Einzelfunde, die Auskunft darüber geben, wie die Bewohner gelebt haben. Auf einer flachen Insel im Sternberger Binnensee fanden sie einen runden Burgwall von 50 m Durchmesser.

Die Insel war durch eine etwa 100 m lange und 3 m breite Brücke mit dem Festland verbunden. Hier setzte sich die Brücke als ein 65 m langer Bohlenweg fort – die Hauptstraße einer Siedlung mit mindestens 33 Häusern, von denen jedes etwa 16 m² groß und wahrscheinlich von 5 – 6 Menschen bewohnt war.

Aus den Bodenfunden konnten die Archäologen und Archäologinnen erschließen, dass hier vor allen Dingen Handwerker gewohnt haben: Drechsler und Zimmerleute, Metallgießer und Schmiede, Schuhmacher und Kammmacher, Korbmacher und Fischer.

M1 *Nachbau eines Slawentempels im Freilichtmuseum Groß Raden.*

Unterwerfung und Erhebung

Deutsche Fürsten und Ritter drangen immer weiter im dünn besiedelten Slawenland vor. An wichtigen Stellen errichteten sie Burgen, von denen aus sie ihre Herrschaft über die umliegenden Siedlungen sicherten. Parallel zur Unterwerfung lief die Missionierung der Slawen, die Bekehrung zum Christentum.

Die Slawen verteidigten ihre Unabhängigkeit zäh. In einem großen Aufstand vertrieben sie 983 die Eindringlinge aus Burgen und Bischofssitzen zwischen Elbe und Saale. Im 12. Jahrhundert gelang es Heinrich dem Löwen, seine Macht über ganz Mecklenburg bis nach Vorpommern hinein auszudehnen. Schwerin wurde Mittelpunkt dieses Herrschaftsgebietes.

Arbeitsaufträge

1. Beschreibe, wo und wie die Slawen lebten.
2. Erkläre anhand der Karte M2 und des Autorentextes, wie neues Land im Osten besiedelt wurde.

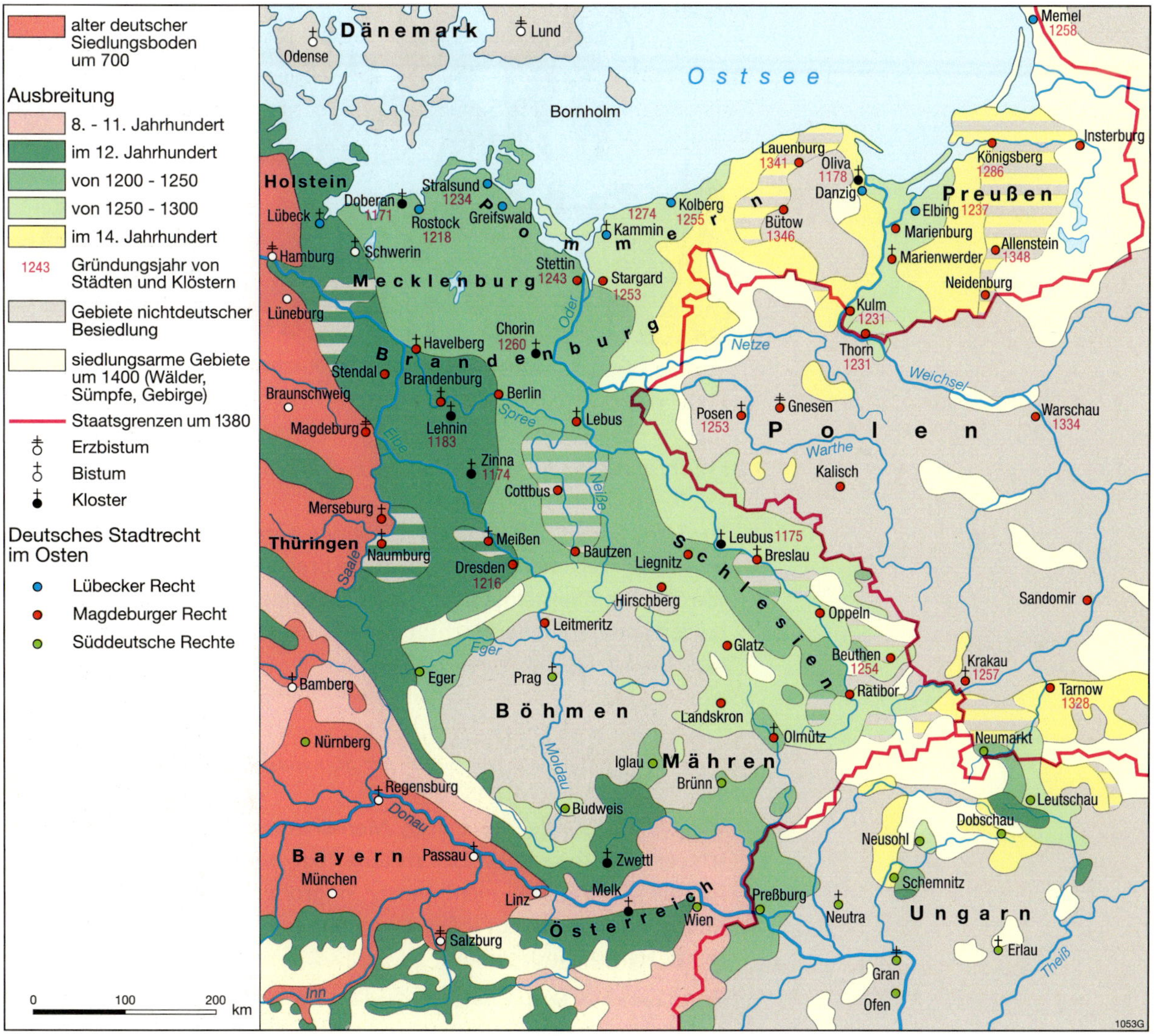

M2 *Siedlungen in Mitteleuropa vom 8. bis zum 15. Jahrhundert.*

Lebensformen im Mittelalter

Die Gesellschaft

i

Als *Mittelalter* wird die Zeit zwischen 500 und 1500 n. Chr. bezeichnet.

Im *Mittelalter* gehörte jeder Mensch einem *Stand* an. Es gab drei Stände: Geistliche, Adlige, Bürger und Bauern. Wer in einer Bauernfamilie geboren wurde, konnte nicht in einen höheren Stand aufsteigen. Die Menschen gehörten von Geburt bis zu ihrem Tod zu einem Stand. Die Kirche lehrte, dass dies von Gott gewollt sei.

M1 *Die Ständegesellschaft im Mittelalter.*

Q1 *Der Bischof von Laon zur Ständeordnung (1016):*

> Das Haus Gottes ist dreigeteilt: Die einen beten, die anderen kämpfen, die Dritten endlich arbeiten. Diese drei … können nicht getrennt werden. Die Dienste des einen sind die Bedingung für die Werke der beiden anderen. Jeder trachtet danach, das Ganze zu unterstützen.
>
> Nach: Schmid: Fragen an die Geschichte, 2, 11.

Q2 *Der Bischof Burchard von Worms zur Ständeordnung (1010):*

> Wegen der Sünde des ersten Menschen ist dem Menschengeschlecht als Strafe Knechtschaft auferlegt worden. Gott hat jenen, für die die Freiheit nicht passt, in großer Barmherzigkeit die Knechtschaft auferlegt … Die einen hat er zu Knechten, die anderen zu Herren eingesetzt.
>
> In: W. Lautemann, M. Schlenke (Hg.): Geschichte in Quellen, Mittelalter, München 1970, S. 71f.

Das Lehnswesen

An der Spitze der Gesellschaft stand der König oder der Kaiser. Er war der höchste Richter, erließ Gesetze und konnte entscheiden, ob Krieg oder Frieden sein sollte. Aber der König konnte nicht überall im Land zur gleichen Zeit sein. Deshalb brauchte er Leute seines Vertrauens, die ihm halfen, das Land zu regieren und zu verwalten. Das waren die „weltlichen“ und „geistlichen“ Fürsten: Herzöge und Bischöfe. Sie erhielten kein Geld für ihre Dienste, sondern Land.

Der König schenkte ihnen das Land aber nicht, er lieh es ihnen mit allen Dörfern und Bauern. Deshalb nannte man dieses Land *Lehen*.

Bekam der Lehnsmann das Land direkt vom König geliehen, war er ein *Kronvasall*, das Land war ein Krongut. Er gehörte zum Adel oder zur Kirche und hatte sehr viel Macht.

Aber auch Kronvasallen brauchten Hilfe. Deshalb verliehen sie Land an den niederen Adel: Grafen und Ritter. So machten sie sehr viele Menschen von sich abhängig. Es entstand eine Art Pyramide der Herrschenden, eine *Lehnspyramide*.

Wenn der Vasall starb, dann fiel das Lehen wieder zurück an den König. Dieser verlieh es für treue Dienste an einen anderen Vasallen.

M2 *Fürsten schwören ihrem König Treue und Dienstbereitschaft.*

i

Vasall: Ein Lehnsmann. Er leistet dem Lehnsherren treue Dienste und schützt ihn. Dafür hilft ihm sein Lehnsherr, wenn er in Gefahr ist.

① Diesen Teil behält der Kronvasall selbst.
② Lehen der Untervasallen.
③ Teil des Lehens, den hörige Bauern erhalten.

M3 *Das Lehen eines Kronvasallen.*

Arbeitsaufträge

1. Erkläre mithilfe von M1 die mittelalterliche Ständeordnung.
2. Beschreibe die Abbildung M2.
3. Erkläre anhand der Texte und M3 das Lehnswesen.

Leben auf dem Lande

Die Grundherrschaft

Seit der Zeit der Germanen hatte sich in Europa lange nicht viel verändert. Fast alle Menschen lebten auf dem Land. Es gab überall genug Platz. Bauern legten ihre Höfe dort an, wo es bequem und wo das Land fruchtbar war. Aber zwischen 800 und 1300 vervierfachte sich die Bevölkerung in großen Teilen Westeuropas. Jetzt mussten Siedler erst Gestrüpp und Wälder roden oder feuchte Niederungen trockenlegen, bevor Landwirtschaft überhaupt möglich wurde.

i

Hörige: Bauern, die ihr Land einem Grundherren überlassen hatten und es als Lehen gegen Abgaben zur Bewirtschaftung zurückerhielten. Sie waren vom Grundherren abhängig, mussten auf ihn „hören".
Zehnt: Abgabe an den weltlichen oder kirchlichen Herrn, die den zehnten Teil des jährlichen Ertrages von Ackerbau und Viehzucht betrug.
Frondienste: die Arbeit, die ein Herr von einem Hörigen verlangen durfte. Art und Umfang dieser Arbeiten waren meist genau festgelegt.
Grundherrschaft: Herrschaft über das Land und die Menschen, die auf ihm wohnten.

Freie Bauern verlieren ihre Rechte

Zu Beginn des Mittelalters lebten die meisten Menschen als freie Bauern, die ihr eigenes Land bewirtschafteten. Sie entrichteten keine Abgaben, aber im Kampf dienten sie ihrem König als Krieger. Doch schon zur Zeit Karls des Großen hatte die Mehrzahl der Bauern ihr Eigentum einem adeligen Grundherren oder einem Kloster übertragen. Sie lebten nun als *Hörige* in Abhängigkeit von ihren Grundherren. Wie war es dazu gekommen?

Der Weg in die Abhängigkeit

Nach dem Tod eines Bauern wurde der Grundbesitz unter seinen Söhnen aufgeteilt. So wurden die Ackerflächen der Höfe im Laufe der Zeit immer kleiner. Manchmal konnte nicht mehr genug angebaut werden, um den Hofbesitzer und seine Familie zu ernähren. Um der Verschuldung zu entgehen, gab der Bauer sein Land einem *Grundherren*. Er durfte den Hof weiter bewohnen und das Land bewirtschaften. Dafür zahlte er jetzt bestimmte Abgaben, den *Zehnt*. Der hörige Bauer musste auch Arbeiten, die *Frondienste*, für den Grundherren verrichten.

M1 *Bauern bei der Fronarbeit auf dem Land des Grundherren, zeitgenössische Malerei.*

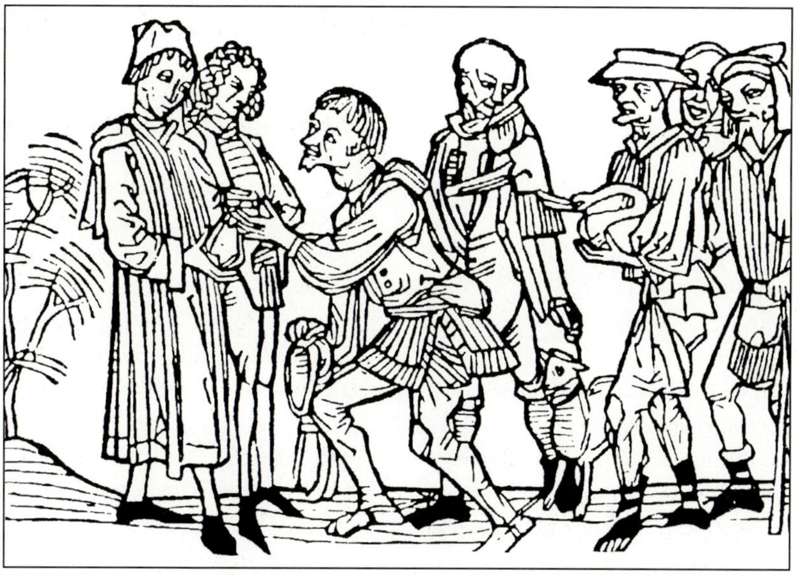

M2 *Bauern errichten ihrem Grundherren ihre Abgaben. Holzschnitt 1479.*

Hatten Hörige ein leichteres Leben?

Es gab aber auch Vorteile, die einem Bauern die Entscheidung für ein Leben in Abhängigkeit leichter machten: Kriegsdienste brauchte der Hörige nicht zu leisten; die Kosten für die Ausrüstung konnte er also sparen. Der Grundherr war außerdem verpflichtet, den Hörigen zu beschützen.

Doch der Hörige war kein freier Mann mehr. Seinen Hof verlassen durfte er nur mit Erlaubnis der Herrschaft. Auch wenn er heiraten wollte, musste der Grundherr damit einverstanden sein. Heiratete ein Freier eine Hörige, waren die Kinder aus dieser Ehe automatisch Hörige. Manche Bauern gerieten in noch größere Abhängigkeit, sie wurden Leibeigene, beinahe Sklaven. Die Hörigen und *Leibeigenen* waren aber nicht nur von ihrem Grundherren abhängig. Es gab auch Gerichtsherren und Kirchenherren. Der Grundherr sprach an Stelle des Königs oder Landesherren auch Recht. Im Laufe des Mittelalters und der frühen Neuzeit wurden die Frondienste und Abgaben durch Geldzahlungen ersetzt. Dennoch blieb die Grundherrschaft immer als Grundlage bestehen. Erst im 19. Jahrhundert ist sie endgültig zu Ende gegangen.

i

Leibeigene: Waren persönlicher Besitz ihrer Herren.

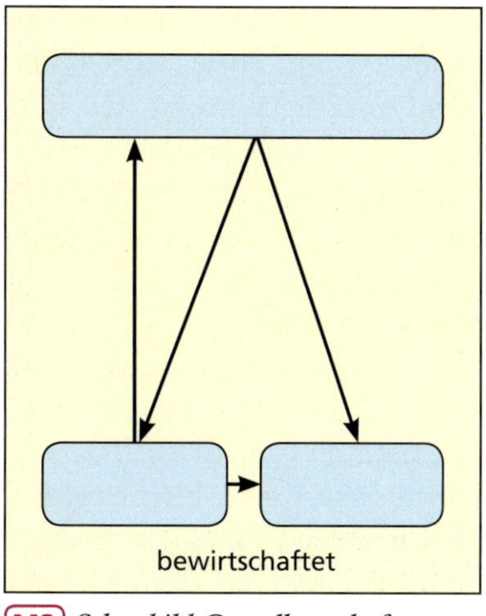

M3 *Schaubild Grundherrschaft.*

Arbeitsaufträge

1. Erkläre, wie ein freier Bauer von einem Grundherren abhängig werden konnte.
2. Zeichne das Schaubild M3 ab und vervollständige es durch die Begriffe *Grundherr, Höriger, Hof, besitzt, schützt, leistet Abgaben* und *Frondienste*.
3. Betrachte M1 und beschreibe, wie der Aufseher aussieht und auf dich wirkt.
4. Versuche herauszufinden, was die Bauern in M2 alles ihrem Grundherren geben.
5. Leben als Höriger oder als Freier? Zwei Bauern streiten sich. Entwickelt ein Rollenspiel.

M1 *Das Museumsdorf Düppel in Berlin, Foto.*

Bauern und Landwirtschaft

Tipp:
Mehr Informationen findest du im Internet unter http://www.dueppel.de!

Ein mittelalterliches Dorf – mitten in Berlin!

Im Museumsdorf Düppel wird versucht, ein ganzes Dorf mit seiner Umwelt so zu *rekonstruieren*, wie es vor etwa 800 Jahren tatsächlich ausgesehen hat. Auf einer Fläche von 16 ha gestalteten Projektmitarbeiter die mittelalterliche Bebauung und Landschaft nach. In Düppel gibt es neben alten Haustierrassen auch Nutzpflanzen, die heute nicht mehr angebaut werden. Auch längst vergessene Handwerkstechniken werden hier ausgeübt. Das Museumsdorf ist international bekannt.

i

rekonstruieren: Etwas dem Original entsprechend nachbauen.
Allmende: Das gemeinsame Eigentum der Dorfgenossenschaft an Wasser, Wald und Weide.

So wohnten die Bauern

Die Menschen auf dem Land wohnten in strohgedeckten Hütten aus Holz und Lehm. Im Winter war es darin kalt und zugig, so dass die ganze Familie dicht gedrängt um die offene Feuerstelle hockte. Die Luft war rauchig und rußig, denn es gab keinen Schornstein, sondern nur ein Rauchloch im Dach. Der Fußboden aus gestampftem Lehm war mit Stroh ausgelegt und diente auch als Schlafplatz.

Zusammenleben und Zusammenarbeit im Dorf

Die Dörfer der Bauern bestanden aus wenigen Hütten und Höfen. Die Äcker bewirtschafteten alle gemeinsam. Jeder Hof erhielt seinen Anteil an der Ernte. Weide, Wasser und Wald nutzten die Bauern als *Allmende*. Jeder Bauer brachte sein Vieh auf die gemeinsame Weide. Ein Schweinehirt trieb alle Schweine des Dorfes zusammen in den Wald, wo sie Eicheln und Bucheckern fressen konnten. Im Wald konnte man jagen und am Bach fischen. Jeder Bauer durfte soviel Holz sammeln wie er brauchte.

Verbesserungen in der Landwirtschaft

In der Zweifelderwirtschaft bestellten die Bauern immer nur ein Feld, das zweite lag für ein Jahr *brach* und konnte sich erholen. Im folgenden Jahr wurde gewechselt. Später fanden die Bauern heraus, dass Weizen und Roggen als Winterkorn schon im Herbst ausgesät werden konnten. Die jungen Pflanzen kamen dann im Frühjahr zeitig hervor. So fand die Ernte früher im Jahr statt. Hafer und Gerste waren Sommerkorn und kamen im Frühjahr in den Boden.

Nun teilten die Bauern die Felder in drei Teile auf. Auf einem Stück baute man Winterkorn an, auf dem zweiten Sommerkorn. Das dritte Stück blieb brach und diente als Weide. Im nächsten Jahr wurde gewechselt. Diese Methode hieß Dreifelderwirtschaft.

i

brach: Ungepflügtes Land, das nicht landwirtschaftlich genutzt wird.

Neue Pflüge erleichtern die Arbeit

Zu Beginn des Mittelalters bearbeiteten die Bauern ihre Äcker mit hölzernen Hakenpflügen, die von Ochsen gezogen wurden. Die Arbeit war schwer und langwierig, weil diese Pflüge kaum in den Boden eindringen konnten.

Dann bekam der Pflug Räder. Er ließ sich nun viel besser lenken. Seine eiserne Pflugschar drang tiefer in die Erde ein und war haltbarer als der alte hölzerne Haken. Auch schwere Lehmböden waren nun gut zu beackern. Als Zugtiere kamen statt Ochsen immer häufiger Pferde zum Einsatz. Wurden sie richtig angeschirrt, waren diese schneller und kräftiger, die Bauern konnten die volle Zugkraft der Tiere ausnutzen.

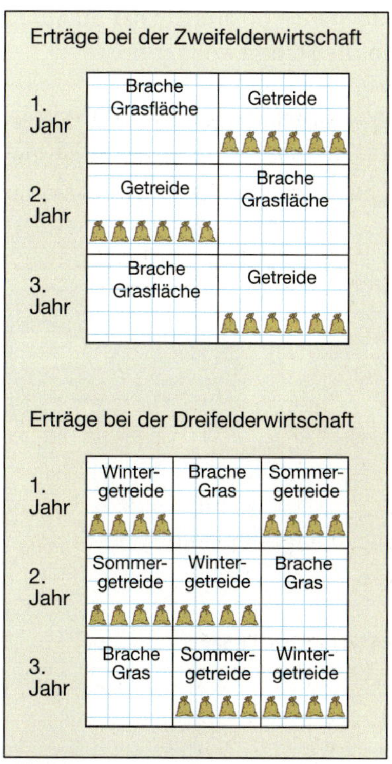

M2 *Erträge der Zwei- und Dreifelderwirtschaft im Vergleich. Schema.*

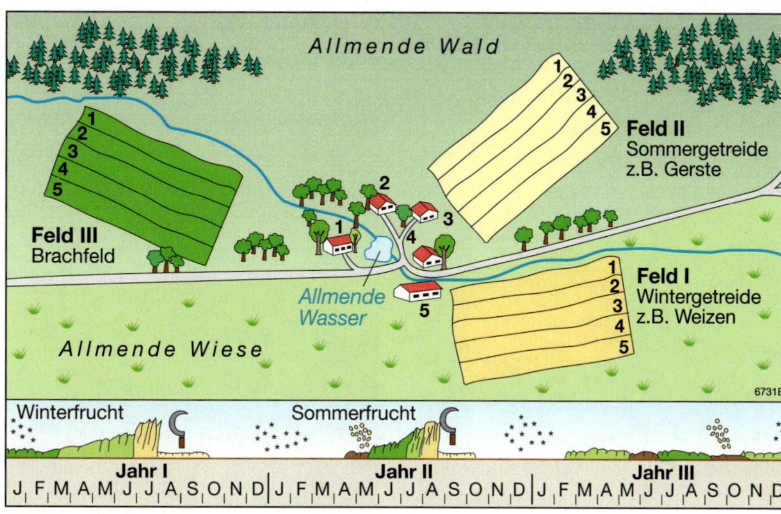

M3 *Dorf mit Dreifelderwirtschaft, Kartenskizze.*

Arbeitsaufträge

1. Beschreibe, wie die Bauern im Mittelalter in den Dörfern lebten.
2. Nenne die Neuerungen, die zur Verbesserung der landwirtschaftlichen Arbeit führten.
3. Erkläre genau, was auf der Karte M4 zu sehen ist. Warum haben die Felder je fünf Teile?
4. Finde heraus, wie die Bauern heute ihre Felder bewirtschaften.
5. Nenne mithilfe von M2 die Vorteile der Dreifelderwirtschaft.

Das Leben in der Stadt

Städte entwickeln sich

Zum Ende der Römerzeit hatten viele der ursprünglichen Bewohner ihre Städte verlassen. Germanen, die sich neu in den verlassenen Gebieten ansiedeln wollten, mochten als Bauern und Krieger hier nicht wohnen. Viele Städte verfielen und verödeten.

Neue Städte entstehen

Seit dem 9. Jahrhundert wuchs die Bevölkerung langsam aber stetig an. Die Menschen gründeten neue Siedlungen und Dörfer. An verkehrsgünstigen Plätzen entstanden schnell Handelsplätze. Kaufleute und Handwerker kamen von weit her und ließen sich hier nieder. Auf diese Weise entwickelten sich einige Siedlungen allmählich zu großen Städten, die immer mehr Menschen anzogen. Adelige Herren gründeten Städte auf ihrem Grundbesitz. Sie verdienten viel Geld, indem sie von einreisenden Kaufleuten Gebühren für die mitgebrachten Waren kassierten.

Kennzeichen einer Stadt

Auch Stadtbewohner waren auf die Landwirtschaft angewiesen. Auf dem *Marktplatz* im Mittelpunkt der Stadt handelten die Menschen überwiegend mit Fleisch und den Erzeugnissen, die die Bauern aus dem Umland anboten. In einer Stadt gab es außerdem *Kirchen* und *Häuser aus Stein*. Bald umgaben auch *Mauern* mit *Stadttoren* die Städte. So ähnelte das Stadtbild einer großen Burg. Deshalb nannte man die Stadtbewohner *Bürger*.

M1 *Orte, an denen oft Städte entstanden, heutige Zeichnung.*

M2 *Ladenstraße in einer mittelalterlichen Stadt, zeitgenössische Malerei.*

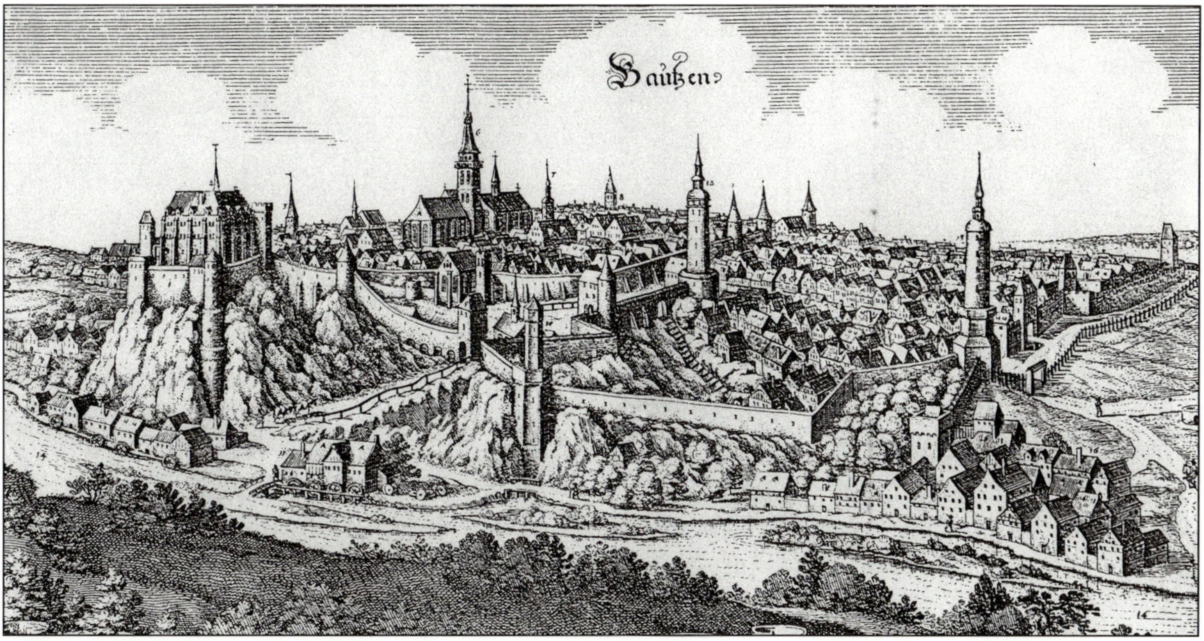

M3 *Stadtansicht von Bautzen, 1650.*

M4 *Rathaus in Duderstadt. Heutiges Foto.*

Städte regieren sich selbst

Viele Menschen erhofften sich in der Stadt ein freieres und besseres Leben. Sie waren den Städten als neue Bürger hochwillkommen. „Stadtluft" machte frei, denn Hörige und Leibeigene konnten in der Stadt untertauchen. Fand ihr Herr sie nicht innerhalb eines Jahres wieder, so waren sie freie Einwohner der Stadt.

Mit der Zeit wurden viele Städte unabhängig und verwalteten sich selbst. Die Regierung der Stadt bildeten die *Ratsherren*. Das waren meist Mitglieder alteingesessener und reicher Kaufmannsfamilien. Erst im 14. Jahrhundert konnten auch reiche Handwerker in den Rat gewählt werden. Frauen hatten kein Wahlrecht, ihnen blieb der Zugang zu allen Ämtern verwehrt. Auch Tagelöhner und Hilfsarbeiter durften nicht wählen. Sie besaßen kein Bürgerrecht.

Der Rat der Stadt erließ genaue Vorschriften, die das Leben in der Stadt regelten. Es gab sogar Vorschriften über Hochzeiten und die Kleidung der Bürger. Der Rat nahm aber auch die Steuern und Zölle ein und entschied über deren Verwendung für den Ausbau der Stadt.

Arbeitsaufträge

1. Beschreibe mithilfe von M1 die Orte, an denen häufig Städte entstanden. Begründe!
2. Benenne, was eine Stadt kennzeichnete.
3. Finde Kennzeichen einer Stadt in M2 und M3. Beschreibe sie genau!
4. Betrachte M2 und suche die Angehörigen der folgenden Berufe, die in der Straße etwas anbieten: Schneider, Apotheker, Bader (= ein im Mittelalter üblicher Beruf: eine Mischung aus Friseur, Zahn- und Wundarzt).
5. Überlege, warum Hörige und Leibeigene in die Städte zogen.
6. Erkläre, was der Spruch „Stadtluft macht frei" bedeutet.

M1 *Handwerk und Handel. Holzschnitte von Jost Amman, 1568.*

Menschen in der Stadt

Handwerker schließen sich zusammen

Viele Stadtbewohner arbeiteten als Handwerker. Sie hatten sich nach ihren Berufen zusammengeschlossen und strenge Regeln für ihre Arbeit aufgestellt. Damit wollten sie sich vor Konkurrenz schützen und ihren Verdienst sichern. Diese Zusammenschlüsse hießen *Zünfte*. Sie ließen nur wenige neue Mitglieder zu. Frauen durften keine Mitglieder werden. Außerhalb der Zünfte arbeiteten die Menschen als Lastenträger, Straßenreiniger, Kleinhändler/innen, Marktfrauen, als Mägde und Knechte. Diese wohnten im Haus ihrer Arbeitgeber und bekamen auch dort ihr Essen.

Armut in der Stadt

Viele Menschen verdienten nur unregelmäßig Geld. Besonders schwer hatten es Waisenkinder, armen Witwen und Menschen mit einer Behinderung oder Krankheit. Sie waren auf das Betteln angewiesen. Das war keine Schande, denn Christus sei auch arm gewesen, meinten einige. Andere sagten: Gott hat die Armen geschaffen, damit die Reichen zur Mildtätigkeit angehalten werden.

Bettlerinnen und Bettler gehörten zum Stadtbild. Auf Jahrmärkten sorgten Akrobaten, Spaßmacher und Musikanten für Unterhaltung und Abwechselung. Weil sie nirgendwo lange blieben und kein richtiges Zuhause hatten, hießen diese Leute das „Fahrende Volk".

Juden und Christen

Im Mittelalter lebten Juden und Christen anfangs friedlich miteinander. Die Juden wurden aber immer mehr aus Handel und Handwerk verdrängt. Sie mussten besondere Hüte tragen. Bald blieb ihnen nur noch das Wechseln und Verleihen von Geld als Berufsmöglichkeit, denn das war Christen verboten.

Aus Neid und religiösem Hass waren die Juden immer wieder Verfolgung und Mord ausgesetzt.

M2 *Kinderspiele, Gemälde von Pieter Breughel d. Ä. 1560.*

Kindheit im Mittelalter

Auf Kinder wurde im Mittelalter wenig Rücksicht genommen. Niemand kümmerte sich wirklich um sie. Was sie zum Leben wissen mussten, lernten sie im Alltag. Nur wenige Kinder hatte Gelegenheit, eine Schule zu besuchen. Dafür halfen sie aber schon früh bei der täglichen Arbeit auf dem Lande und in der Stadt mit. Endgültig zur Erwachsenenwelt gehörten die Kinder mit 14 oder 15 Jahren. Nun waren sie volljährig und alt genug um zu heiraten.

Dennoch gab es auch Kinderspiele. Kleine Kinder spielten mit Reifen, Kreiseln, Murmeln und Puppen. Ältere Jungen übten sich im sportlichen Kampf, besonders im Ringen und Boxen.

Arbeitsaufträge

1. Versuche herauszufinden, welche Handwerksberufe in den Abbildungen in M1 dargestellt sind.
2. Welche der dargestellten Handwerksberufe gibt es heute noch?
3. Betrachte M2 und beschreibe, was die verschiedenen Kinder auf dem Bild machen.
4. Welche Spiele werden auch heute noch von Kindern gespielt?
5. Vergleiche die Kindheit im Mittelalter mit deiner eigenen. Möchtest du mit einem Kind im Mittelalter tauschen? Begründe deine Meinung.

M1 *Die Wartburg bei Eisenach. Sie ist eine der größten und besterhaltenen deutschen Höhenburgen. Luftbild.*

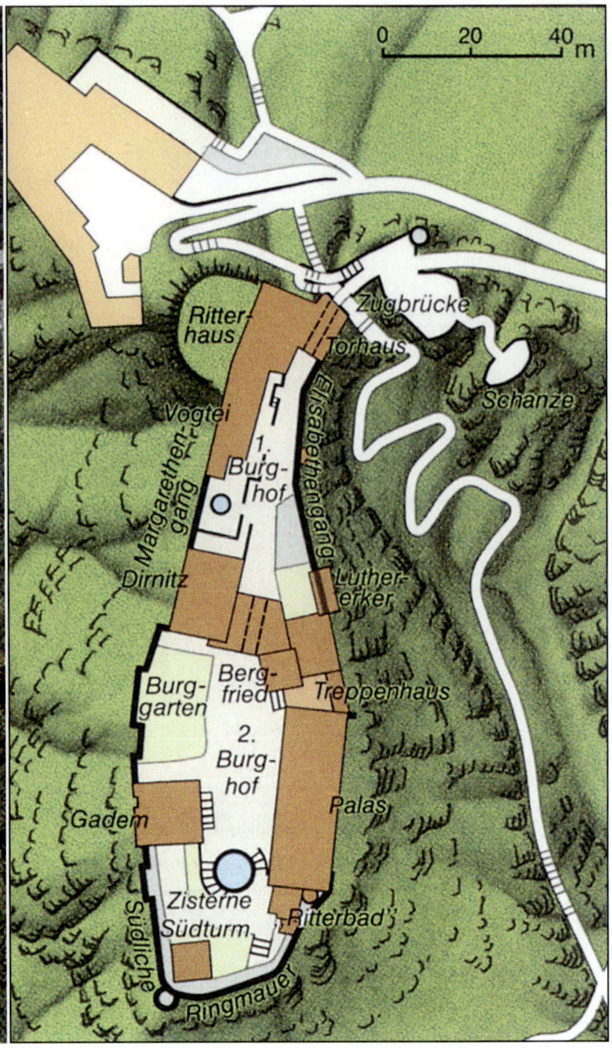

M2 *Grundriss der Wartburg.*

Leben auf der Burg

Wozu dienten Burgen?

Die Menschen im Mittelalter bauten Burgen, um sich vor Überfällen zu schützen und gegen Feinde zu verteidigen. Deshalb errichteten sie ihre Burg immer an einem sicheren Ort. Höhenburgen standen auf Bergen oder an schwer zugänglichen Steilhängen. Um Wasserburgen herum lief ein tiefer und breiter Graben, der für Angreifer kaum zu überwinden war. Die meisten Burgen waren zusätzlich durch eine dicke Mauer geschützt. Darüber hinweg führte ein Wehrgang. Wachposten hatten von hier aus eine gute Aussicht und konnten herannahende Feinde frühzeitig sehen. Der höchste und stärkste Turm einer Burg hieß Bergfried. Er bot den Verteidigern eine letzte Zuflucht.

(M3) *Ein Turnier, Buchmalerei, 14. Jhd.*

Leben auf den Burgen

In großen Burgen gab es außer Wohnräumen für die Bewohner auch Ställe für Vieh und Pferde, eine Zisterne zum Auffangen von Regenwasser und einen Garten. So waren die Menschen in der Burg bei einer Belagerung mit allem versorgt. Oft entstand um eine Burg herum ein Dorf oder eine kleine Stadt. Deren Bewohner konnten in die Burg flüchten, wenn ein Angriff bevorstand.

Auf den Burgen wohnten der Burgherr und die Burgherrin mit ihrer Familie. Ihnen dienten Knechte und Mägde, die als Viehknecht oder Küchenmagd die schweren Arbeiten verrichteten. Der Burgherr war ein Ritter, ein adliger Krieger. Manche Ritter verwalteten eine Burg auch nur als Burgvogt für den König oder einen anderen Lehnsherren. Auf großen Burgen wohnten auch Wachmannschaften. Das zur Burg gehörende Land wurde von armen Bauern bewirtschaftet, die dafür den Zehnten an den Burgherren bezahlten. War die Ernte schlecht, hatten auch die Burgbewohner wenig zum Leben. So musste die Burgherrin sparsam wirtschaften.

Ritterturniere

Große Burgen wetteiferten bei gesellschaftlichen Ereignissen miteinander. Kampfspiele zwischen Rittern, die Turniere, waren besonders beliebt. Hier traten zwei Ritter zu Pferde mit Lanzen gegeneinander an. Auf der Tribüne saßen die Burgherrinnen und andere adelige Frauen. Sie überreichten den Siegern die Preise.

Arbeitsaufträge

1. Erkläre, warum und an welchen Orten Burgen entstanden sind.
2. Suche die Anlagen des Grundrisses M2 in der Zeichnung M1.
3. Nenne die Teile einer Burganlage, die zur Verteidigung und zum Schutz der Bewohner besonders wichtig waren.
4. Berichte über die verschiedenen Bewohner der Burg und ihr Leben.

(M4) *Die Bewohner einer Burg. Rekonstruktionszeichnung.*

PROJEKT

Wir bauen ein Burgmodell

Burgen bauen macht Spaß!

Sicher habt ihr schon einmal eine Sandburg oder eine Burg aus Legosteinen gebaut. Auf diesen beiden Seiten seht ihr, wie Schülerinnen und Schüler einer dritten Grundschulklasse aus Pappschachteln, Papprollen und anderen Materialien Burganlagen entworfen und hergestellt haben. Unterricht im Fach Geschichte hatten diese Kinder noch nicht. Trotzdem haben sie Bauteile angefertigt, die es in mittelalterlichen Burgen wirklich gab. Könnt ihr diese Teile auf den Fotos erkennen und benennen?

Vorüberlegungen zum Burgmodell

Ein Modell ist der verkleinerte Nachbau einer Sache, die es tatsächlich gibt oder gab. Im Kapitel „Die Zeit der Römer" habt ihr ein Modell der Stadt Rom gesehen, das Geschichtswissenschaftler entworfen haben. Sie haben sich vorher genau informiert, um ihr Modell so echt wie möglich zu gestalten.

Auch euer Burgmodell soll einer mittelalterlichen Burganlage möglichst genau entsprechen. Überlegt, aus welchen Bauteilen eine Burg besteht. Betrachtet noch einmal M1 und M2 auf der vorangehenden Doppelseite. Denkt auch über die Größenverhältnisse zwischen den verschiedenen Gebäudeteilen nach.

Vorbereitungen

Ihr benötigt eine große und feste Stell- und Klebefläche, zum Beispiel eine dicke Pappe oder eine Spanplatte. Sammelt Pappschachteln und Papprollen in allen möglichen Formen und Größen. Außerdem braucht ihr: einen Eimer mit weißer Wandfarbe, verschieden dicke Pinsel, Scheren, Alleskleber und eure Wasserfarbkästen.

M1

M1 bis M5: Schülerinnen und Schüler entwerfen Burganlagen, Fotos 2001.

M2 *Die Burgen sind fertig. Foto 2001.*

M3

M4 *Eine einzelne Burganlage, Foto 2001.*

M5

So baut ihr euer Burgmodell

Am besten entwerft ihr in mehreren Gruppen verschiedene Burganlagen. Entwickelt euer Modell mit den gesammelten Pappschachteln auf der Stellfläche. Klebt noch nicht sofort, sondern probiert erst mehrere Möglichkeiten aus.

Klebt dann eure Schachteln auf der Stellfläche zu Mauern, Türmen, Häusern und anderen Gebäuden zusammen.

Farbe für die Burgen

Grundiert das Modell mit der Wandfarbe, damit die Originalbeschriftung der Pappschachteln nicht mehr zu sehen ist.

Wenn die Farbe am Modell getrocknet ist, könnt ihr mit der restlichen Wandfarbe und euren Wasserfarben Grau-, Braun-, oder Rottöne mischen. Entscheidet euch für einen Grundfarbton, den eure Burg bekommen soll und malt sie an.

Zum Schluss bemalt und malt ihr die kleineren Dinge: Dächer, Turmspitzen, Fenster und Tore, Gartenflächen auf dem Burggelände. Vielleicht habt ihr Ideen, wie und womit ihr auch kleine Bäume, Tiere und Menschen basteln könnt. Wenn ja, dann fügt die Figuren in euer Modell ein!

Arbeitsaufträge

1. Vergleicht eure fertigen Modelle in der Klasse. Sprecht über Gemeinsamkeiten, Unterschiede und Besonderheiten.
2. Stellt eure Burgmodelle in der Schule aus. Schreibt zu jedem Modell einen Informationstext für die anderen Klassen.

M1 *Modell einer mittelalterlichen Klosteranlage. Die Zeichnung ist dem Kloster St. Gallen nachempfunden.*

Leben im Kloster

Wer ging ins Kloster?

Das Christentum und die Kirche waren für alle Menschen im Mittelalter sehr wichtig. Manche wollten ihr ganzes Leben nur Gott dienen. Sie gingen als Mönche oder Nonnen in ein Kloster.

Viele Familien schickten auch ihre nicht erbberechtigten Söhne oder ihre unverheirateten Töchter in ein Kloster. Sie waren hier sicher, gut versorgt und konnten außerdem für das Seelenheil der Familie beten.

Klöster waren Selbstversorger

Mönche und Nonnen wollten ganz zurückgezogen von der Welt leben. Deshalb mussten sie alles, was sie brauchten, selbst herstellen. In einer Klosteranlage befanden sich daher nicht nur eine Kirche und Gebetsräume, sondern auch Werkstätten, Gärten, Viehställe. Ein Kloster ähnelte oftmals einer kleinen Stadt und bildete ein kulturelles und wirtschaftliches Zentrum für die Umgebung.

Das Kloster Maulbronn

Das Kloster Maulbronn wurde 1147 von *Zisterziensern* aus dem Elsass gegründet. Die Anlage ist vollständig erhalten und zeigt uns das genaue Bild eines mittelalterlichen Klosters. Der Kreuzgang neben der Kirche verbindet die Räume, die der Unterkunft und dem religiösen Leben der Mönche dienten. Um den Innenhof herum stehen Wirtschaftsgebäude.

i

Zisterzienser: Ein Mönchsorden, der im Jahre 1098 gegründet wurde.

Arbeitsaufträge

1. Erkläre, warum manche Menschen in ein Kloster gingen.
2. Vergleiche M1 und M2 miteinander.
3. Nenne Gemeinsamkeiten und Unterschiede zwischen einer Burg- und einer Klosteranlage.
4. Unterscheide die Gebäude im Kloster nach religiösen Zwecken und wirtschaftlichen Zwecken.

(1) Klostertor
(2) Gästehaus
(3) Schmiede
(4) Mühle
(5) Gemeindehaus
(6) Verwaltung
(7) Küferei (Gefäßmacherei)
(8) Fruchtkasten (Getreidevorräte)
(9) Kirche
(10) Küche
(11) Speisesäle
(12) Ehemals Schlafsaal
(13) Kreuzgang
(14) Ehemalige Abtswohnung

Die inneren Gebäude (Nr. 9 bis 13) durften im Normalfall nur Mönche betreten; man nannte sie auch Klausur. Die anderen Räumlichkeiten (Nr. 1 – 8 und Nr. 14) waren auch für Besucher zugelassen.

M2 *Das Kloster Maulbronn.*

M1 *Verzierter Anfangsbuchstabe „C“ aus einer Klosterhandschrift. Der Buchstabe gehört zum Wort cantare (lat.: singen).*

Klöster – Orte des Glaubens und Wissens

Bete und arbeite!

Eine wichtige Regel für das Leben in Klöstern hieß: „Bete und arbeite“. Den Tagesablauf von Mönchen und Nonnen bestimmten deshalb Gebete und verschiedene Arbeiten, zum Beispiel im Klostergarten, im Wald oder auf den Feldern. Es gab genaue Regeln für Essens-, Arbeits-, Ruhe- und Gebetszeiten. Nur selten war es den Klosterbewohnern erlaubt, miteinander zu sprechen.

Klöster sammeln Wissen

Die Mönche und Nonnen in den Klöstern beschäftigten sich aber auch mit anderen Dingen. In vielen Klöstern gab es Schreibstuben, in denen Mönche wertvolle Bücher sorgfältig mit der Hand abschrieben, denn das Drucken von Büchern war noch nicht erfunden. Viele Klöster besaßen große Sammlungen von Büchern. Oft wurden Bücher aus anderen Klöstern ausgeliehen um sie für die eigene Bibliothek abzuschreiben. Das waren nicht nur religiöse Schriften, sondern auch Bücher über Landwirtschaft, Verwaltung, Musik, Medizin und Bücher zu Fragen nach dem Sinn des Lebens. Bücher waren im Mittelalter selten und kostbar. Wenige Menschen außerhalb der Klostermauern konnten lesen und schreiben. Deshalb waren die Klöster auch Orte, an denen das Wissen über verschiedene Lebensbereiche aufbewahrt und weitergegeben wurde.

M2 *Verzierter Anfangsbuchstabe aus einer Klosterhandschrift. Dargerstellt sind Mönche, die Holz hacken.*

M3 *Mönch in einer Schreibstube. Buchmalerei, 14. Jh.*

(M4) *Die Äbtissin Hildegard von Bingen schreibt göttliche Eingebungen auf, Buchmalerei.*

Hildegard von Bingen

Hildegard von Bingen war eine bekannte Gelehrte, Autorin und gefragte Ratgeberin ihrer Zeit. Sie komponierte Lieder für den Gottesdienst und ihr wurden wahrsagerische Fähigkeiten nachgesagt. Besonders interessiert war sie an Fragen der Heilkunde. Sie kannte viele medizinische und pflanzenkundliche Bücher ihrer Zeit.

Geboren wurde Hildegard von Bingen 1098 in Rheinhessen als zehntes Kind einer adligen Familie. Mit acht Jahren begann sie ihren Lebensweg als Nonne im Kloster Disibodenberg. Hier lernte sie lesen und schreiben. 1150 gründete Hildegard von Bingen das Kloster Rupertsberg bei Bingen und 1165 das Kloster Eibingen bei Rüdesheim. 1179 starb sie im Kloster Rupertsberg.

Hildegard hat mehrere theologische Bücher verfasst und eine Reihe von geistlichen Liedern komponiert.

Heilkunde im Kloster

Hildegards medizinischen Empfehlungen richteten sich immer an den ganzen Menschen. Heilung war für sie ohne eine ausgewogene Lebensführung nach vernünftigen Regeln nicht denkbar. Deshalb hatte eine reine Behandlung mit Kräuterarzneien für sie wenig Wert. Leider sind große Teile ihrer eigenen medizinischen Schriften verlorengegangen oder wurden in späterer Zeit ergänzt und verändert. Aus den überlieferten mittelalterlichen Vorstellungen hat sich heute eine alternative „Hildegard-Medizin" entwickelt.

Hildegard von Bingen werden eine große Zahl an Rezepten gegen Fieber, Rheuma, Herzkrankheiten und andere Erkrankungen zugeschrieben. Die Wirksamkeit einiger Rezepte ist inzwischen nachgewiesen.

i

Äbtissin: Vorsteherin eines Klosters.

(Q1) *Ernährungstipps der Hildegard von Bingen:*

Hafer fördert bei gesunden Menschen ein fröhliches Gemüt, eine reine und helle Aufgeschlossenheit [Intelligenz] und die Haut wird schön. Wer aber krank und blutarm ist, soll keinen Hafer essen, weil seine Verdauung eine gute Durchblutung voraussetzt.
Wer Speisen ohne Salz isst, wird innerlich schwach. Wer sie daher mit Salz anmacht oder würzt, den stärken und gesunden diese Speisen. Allzu stark gesalzene Kost aber schädigt. Darum soll jede Speise so gesalzen werden, dass man die Speise vor dem Salz herausschmeckt.
Hühnerfleisch ist gut für Gesunde. Den Kranken erfrischt es.

In: Strehlow, Wighart: Das Hildegard-von Bingen-Kochbuch, S. 18, 24, 42.

(M5) *Krankenpflege als Aufgabe der Nonnen.*

Arbeitsaufträge

1. Betrachte M1 und lies die Bildunterschrift genau. Was machen die Mönche in dem Buchstaben wohl gerade?
2. Finde heraus, welcher Buchstabe in M2 dargestellt ist.
3. Erkläre, warum Klöster „Orte des Wissens" waren.
4. Suche in Lexika, Büchereien und im Internet nach weiteren Informationen über Hildegard von Bingen. Bewerte diese.

M1 *Eine typische mittelalterliche Stadt. Rekonstruktion.*

PROJEKT

Einen Stadtführer verfassen

Die Zeichnung zeigt eine typische mittelalterliche Stadt. Alle wichtigen Bauwerke, Straßen und weitere Einrichtungen hat die Zeichnerin eingefügt. Klärt erst einmal gemeinsam in der Klasse unbekannte Begriff: Was ist zum Beispiel der „Gottesacker“? Warum heißt der „Spitalweg“ so? Was sind „Krämer“ und „Gerber“?

Wenn ihr alle Begriffe geklärt habt, bildet Zweiergruppen und besprecht, was ein Besucher dieser mittelalterlichen Stadt unbedingt sehen muss.

1. Verfasst zu zweit einen Stadtführer durch die mittelalterliche Stadt.

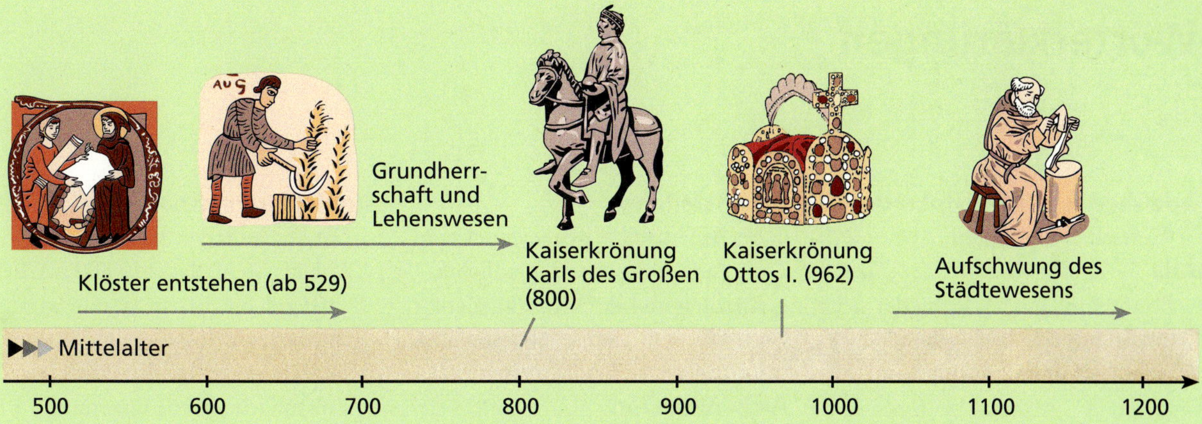

IN KÜRZE

Wichtige Begriffe:

Abgaben
Dreifelderwirtschaft
Frondienste
Grundherrschaft
Hörige
Kaisertum
Lehnswesen
Markt
Rathaus

In der Zeit *Karls des Großen* waren Kirche und Staat, Religion und Herrschaft eng miteinander verbunden. Karl der Große wurde 800 vom *Papst* zu *Kaiser* gekrönt. Seine Nachfolger teilten sein Reich unter sich auf. So entstanden mehrere christliche Königreiche in Europa.

Im 10. Jahrhundert erneuerte der deutsche König Otto I. das römische Kaisertum Karls des Großen. Seine Nachfolger behielten zwar die Kaiserkrone, konnten aber nicht die Herrschaft über die Könige in Europa erringen.

Das Zusammenleben der Menschen im Mittelalter wurde durch die *Ständeordnung* geregelt. Die Bauern waren von einem *Grundherren* abhängig. Sie mussten *Abgaben* und *Frondienste* leisten.

Die meisten Menschen im Mittelalter lebten auf dem Land. Das Leben der *Bauern* war hart, denn die Landwirtschaft brachte kaum ausreichend Erträge, um die eigene Familie zu versorgen.

Mönche und Nonnen in den Klöstern lebten nach der Regel „bete und arbeite“. Die *Klöster* waren auch Orte der Wissenschaft und der Kunst.

Seit dem 12. Jahrhundert entwickelten sich in ganz Europa *Städte*, die unter dem Schutz eines Stadtherren standen. Kennzeichen der Städte waren ein *Markt*, eine *Stadtmauer*, *Rathaus* und *Kirchen*.

Worterklärungen

Adelsherrschaft (Aristokratie)
Herrschaft der Besten.

Ädil
Beamter im antiken Rom, der sich um öffentliche Angelegenheiten, Sicherheit und Ordnung kümmerte.

Akropolis
Griechische Bezeichnung für den Burgberg in Athen.

Altmensch
Die Altmenschen, auch Neandertaler genannt, lebten vor etwa 250 000 Jahren in Europa. Sie wurden bis zu 1,60 m groß und hatten eine gedrungene Gestalt. Ihr Gehirn war größer als das der Frühmenschen.

Altsteinzeit
Die Altsteinzeit ist der früheste und längste Abschnitt der Steinzeit. Sie begann vor etwa drei Millionen Jahren und dauerte bis etwa 10000 v. Chr. In dieser Epoche lebten die Menschen als Jäger und Sammler.

Amphitheater
Römisches Freilichttheater, in dem Gladiatorenspiele und Tierhetzen stattfanden.

Antike
Bezeichnung für die Zeit von etwa 1000 v. Chr. bis ins 5. Jh. n. Chr. Während dieser Zeit herrschten die Griechen und die Römer im Mittelmeerraum. In dieser Zeit wurden die Grundlagen für die heutigen Demokratien geschaffen.

Apostel
(gr. = Gesandter). Die Apostel sind die 12 Jünger Jesu.

Aquädukt
Brücken der Römer, auf denen Wasser aus den Flüssen in die Städte geleitet wurde.

Arbeitsteilung
Als Arbeitsteilung bezeichnet man die Aufteilung unterschiedlicher Arbeiten und ihre Verteilung auf verschiedene Berufe. Sie setzt am Ende der Jungsteinzeit ein.

Archäologe /-in
Wissenschaftler, die sich mit dem Aufspüren, Ausgraben und Auswerten von Bodenfunden beschäftigen.

Aristokratie
Staatsform, bei der ein bevorzugter Teil des Volkes herrscht. Herrschaft der „Besten“ (Adligen).

Bandkeramik
Abschnitt der Jungsteinzeit, in der Tongefäße mit bandförmigem Schmuck verziert wurden.

Barbaren
Bezeichnung der Hellenen für Menschen, die kein Griechisch sprachen.

Bildquelle
Unter Bildquellen versteht man bildliche Überlieferungen der Vergangenheit. Sie können sehr unterschiedlich sein und bis weit in die Menschheitsgeschichte zurückreichen. Zu den Bildquellen zählen Höhlenmalereien, Karten, Fotos, Vasenmalereien, Dias und vieles mehr.

Bronzezeit
Epoche zwischen 2500 und 800 v. Chr., in der sich die Verarbeitung von Bronze für Werkzeuge, Waffen und Schmuck durchsetzte.

Bürgerrecht
Wer das Bürgerrecht besitzt, kann an politischen Wahlen teilnehmen und auch selbst gewählt werden.

Demokratie (gr. = Volksherrschaft)
So wird ein Staat genannt, in dem die Herrschaft vom Volk ausgeht.

Dreifelderwirtschaft
Die Dreifelderwirtschaft war ein Anbausystem, das etwa 800 n. Chr. entstand. Bei diesem System wurde abwechselnd Sommer- und Wintergetreide angebaut. Ein Drittel der Anbaufläche wurde ungenutzt liegen gelassen, um den Boden zu schonen.

Eiszeit
In den letzten 600 Millionen Jahren kam es auf der Erde zu mehreren starken Abkühlungsphasen, so genannte Eiszeiten. Die Gletscher rückten aus Nordeuropa vor.

Epoche
Zeitabschnitt der Geschichte. In der Geschichte ist dieser Zeitraum meistens durch ein herausragendes Ereignis oder eine Person gekennzeichnet.

Epos
Ein Heldengedicht.

Etrusker
Volk, das vorwiegend in der heutigen Toskana lebte. Es hatte starken Einfluss auf Kultur und Religion der Römer.

Fellachen
Als Fellachen bezeichnet man die Ackerbau betreibende Landbevölkerung in Ägypten, Syrien und Palästina.

Frühmenschen
Sie lebten etwa 2 500 000 v. Chr. in Gruppen. Sie konnten bereits aufrecht gehen.

Fruchtbarer Halbmond
Bezeichnung für das regenreiche Gebiet im Norden der arabischen Halbinsel.

Fürst
Hoher Adliger.

Germanien
Das von den Germanen bewohnte Gebiet zwischen Rhein und Weichsel, Küste und Alpen. Die Germanen waren kein einheitliches Volk. Sie setzten sich aus verschiedenen Stämmen, wie z. B. den Alamannen und Franken zusammen. Die Germanen lebten seit ungefähr 1500 v. Chr. in Norddeutschland, Dänemark und Südschweden. Von dort breiteten sie sich über ganz Europa aus.

Gladiator
(lat. gladius = Schwert) Schwertkämpfer, der zur Belustigung des Volkes in einer Arena auftrat. Er kämpfte gegen einen anderen Gladiator oder gegen Tier.

Grundherr
Adliger, dem von hörigen Bauern bewirtschaftete Höfe gehören.

Grundherrschaft
Herrschaft über das Land und die auf ihm wohnenden Menschen. Bauern erhielten vom Grundherren Land. Dafür mussten sie Abgaben und Frondienste leisten.

Gymnasion
Ursprünglich ein Platz, auf dem man nackt turnte. Sportschule in den griechischen Städten, in der auch Musik- und Literaturunterricht erteilt wurde.

Hellenen
Antike Bezeichnung für die Bewohner Griechenlands (Hellas).

Hellenismus
Bezeichnung für die von Alexander dem Großen eingeleitete Epoche, in der die Kultur der Griechen in östliche Länder eindrang und sich mit der dortigen Kultur vermischte.

Heloten
Die von den Spartanern unterworfene Bevölkerung.
Sie waren rechtlos und mussten das Land für die Spartaner bewirtschaften.

Hieroglyphen
(„Heilige eingegrabene Zeichen") Bilderschrift.

Höriger
Ein unfreier Bauer, der einen Hof bewirtschaftet, der einem Grundherren gehört.

Hünengräber
Übliche Bezeichnung für Großsteingräber aus der Steinzeit.

Jetztmensch
Die Jetztmenschen lebten vor etwa 100 000 Jahren in Afrika. Ihr Körperbau entspricht dem heutigen Menschen. Man nennt sie daher Jetztmensch.

Jungsteinzeit
Der zweite Abschnitt der Steinzeit heißt Jungsteinzeit. Er dauerte etwa von 10000 bis 2500 v. Chr. In dieser Epoche lebten die Menschen bereits von Ackerbau und Viehzucht und wohnten in Siedlungen.

Kastell
Kleines befestigtes Truppenlager der Römer.

Katakomben
Weit verzweigte unterirdische Begräbnisstätten für Christen.

Klienten
Jemand, der von einem einflussreichen, mächtigen Mann abhängig ist. In Rom waren die Klienten ursprünglich von ihrem Patron abhängig. Zur Zeit der Republik sammelten adlige Senatoren Arme als Klienten um sich, um so ihren Einfluss zu stärken.

Kolonisation
Auswanderung der Griechen und Besiedelung des Mittelmeerraumes (750 – 550 v. Chr.). Aus diesen Kolonien wurden vielfach bedeutende See- und Handelsstädte.

Kolosseum
Römische Arena, in der Kampfspiele durchgeführt wurden.

Komödie
Lustspiele auf dem Theater.

Konsul
Titel der höchsten römischen Beamten. Sie leiteten die Sitzungen des Ältestenrates und hatten im Krieg den Oberbefehl über das Heer.

Legende
Erklärung der Zeichen und Farben in einer Karte.

Legion
Die größte römische Heeresabteilung.

Lehnswesen
Grundlage der politischen Ordnung im Mittelalter. Der König verlieh seinen Gefolgsmännern Land und Leute als Lehen. Dafür schuldete der Lehnsmann seinem Lehnsherren lebenslange Treue und Gefolgschaft.

Limes
Allgemein die Grenze des Römischen Reiches. Im besonderen werden so die Grenzwälle am Rhein und an der Donau genannt.

Mission
Verbreitung einer Religion und die Gewinnung von Anhängern für sie. Im Frankenreich begann die Mission mit der Taufe Chlodwigs.

Mittelalter
Die Epoche, die zwischen Altertum und Neuzeit liegt. Es beginnt mit dem Ende des Römischen

Reiches (um 500 n. Chr.) und endet mit der Entdeckung Amerikas durch Kolumbus (1492).

Monarchie
Herrschaft eines Königs.

Mumie
Einbalsamierter Körper verstorbener Menschen und Tiere.

Mythos
Alte Erzählung von den Ursprüngen und dem Wirken der Götter.

Neandertaler
Auch als Altmenschen bezeichnet. Sie lebten vor 130 000 Jahren.

Neuzeit
Bezeichnung für die Epoche, die nach dem Mittelalter beginnt. Es ist eine Zeit, in der viele neue Dinge entdeckt und entwickelt wurden.

Nobilität
Die Schicht der herrschenden Familien in Rom.

Olympiade
Der Zeitraum von 4 Jahren zwischen den Olympischen Spielen.

Olympia
In Olympia fanden von 776 v. Chr. alle 4 Jahre Wettkämpfe der Griechen statt. 1894 wurden die ersten Olympischen Spiele der Neuzeit abgehalten.

Orakel
Schicksalsspruch, Zukunftsdeutung.

Papst
Oberhaupt der katholischen Kirche. Der Bischof von Rom erlangte eine besondere Macht. Seit dem 5. Jh. erhielten nur noch sie diesen Titel.

Papyrus
Schreibmaterial in Blatt- und Rollenform; besteht aus zwei Lagen kreuzweise aufeinander gepresster Streifen des Stängelmarks der Papyrusstaude.

Parthenon
Heiligtum der Athene auf der Akropolis.

Pater familias
(lat. = Familienvater) Das Oberhaupt der römischen Familie. Er hatte das volle Verfügungsrecht über alle Hausbewohner (Frauen, Kinder, Sklaven).

Patrizier
(lat. pater = Vater) Die Angehörigen der ältesten Adelsfamilien in Rom.

Patron
(lat. patronus = Schutzherr) Ursprünglich in Rom der Adlige, der vor Gericht die von ihm Abhängigen (Klienten) vertrat.

Periöken
(gr. = Umwohner)
Eine Bevölkerungsschicht in Sparta, die keine politischen Rechte hatte.

Pfalz
(lat. palatium = Palast) Befestigter Königshof, der dem König und seinem Gefolge als Unterkunft und Versorgungspunkt diente.

Pharao
Die Anrede ist die Bezeichnung des ägyptischen Herrschers. Der Name wurde ursprünglich nur für den Palast gebraucht und ging später auf den König über. Der Pharao wurde wie ein Gott verehrt, war Heerführer, Richter und Verwalter.

Plebejer
(lat. plebs = die Masse) Die Bewohner in Rom, die nicht Patrizier oder deren Klienten waren. Sie erhielten erst nach langen Kämpfen mit den Patriziern die volle politische Gleichberechtigung.

Polis (Plural: Poleis)
Staatsform im antiken Griechenland. Wirtschaftliche und politische Einheiten, die kaum größer waren als eine Stadt mit dem dazugehörigen Umland.

Prätor
Beamter im antiken Rom, der für die Rechtssprechung zuständig war.

Proletarier
(lat. proles = Nachkommen) Bezeichnung für die Menschen in Rom, die nichts als ihre Nachkommen hatten. Sie bildeten die unterste Schicht der Gesellschaft.

Provinz
Besitzungen der Römer außerhalb der Halbinsel Italien. Die Bewohner hatten weniger politische Rechte.

Quästor
Hilfsbeamter der römischen Konsuln. Er war zuständig für Staatsfinanzen und die Flotte.

Quelle
Alles, was Zeugnis von historischen Ereignissen und Zuständen gibt. Hierzu gehören Sachquellen, Bildquellen und Textquellen.

Republik
(lat. res publica = öffentliche Sache) Ein Staat, der keine Monarchie ist.

Ritter
Ursprünglich berittene Krieger.

Sachquellen
Je weiter man in die Geschichte zurückgeht, desto schwieriger wird es, schriftliche Quellen zu finden, die Hinweise auf das Leben früher geben können. Dann wird auf Gegenstände wie Kleidung, Knochen oder Münzen zurückgegriffen. Diese Materialien nennt man Sachquellen.

Sage
Eine mündlich überlieferte Erzählung aus alter Zeit.

Scherbengericht
Verfahren in Athen, mit dem Volk einen für den Bestand der Demokratie gefährlichen Bürger für 10 Jahre aus der Stadt verbannen konnte. An der Versammlung, auf der die Verbannung beschlossen werden sollte, mussten mindestens 6000 Bürger teilnehmen. Sie schrieben den Namen des zu Verbannenden auf Tontafeln. Die Mehrheit der Stimmen entschied.

Senat
In Rom gehörten die Beamten nach Ablauf ihrer Amtszeit dem Senat auf Lebenszeit an.

Sklave
Menschen, die als frei verfügbares Eigentum ihrer Herren angesehen wurden. Sie waren rechtlos.

Sold
Lohn für einen Berufssoldaten.

Stadt
Größere Siedlung von Händlern und Handwerkern mit eigenen Rechten (Markt- und Münzrecht) und eigener Gerichtsbarkeit.

Stand
Begriff für eine abgeschlossene Gruppe in einer Gesellschaft. Die Mitglieder bestimmen sich durch Geburt, Vermögen oder durch unterschiedliche Rechte.

Statthalter
Vorsteher einer römischen Provinz als Vertreter des Senats.

Therme
Große Badeanstalten in römischen Städten.

Thing
Volks-, Heeres- und Gerichtsversammlung der Germanen.
Auf ihr wurden alle Rechtsangelegenheiten des Stammes behandelt und über Krieg und Frieden beraten.

Toga
Die Toga war das Obergewand des freien römischen Bürgers, das er über der Tunika trug.

Tragödie
Trauerspiel auf dem Theater.

Triere
(„Dreiruderer") Kriegs- und Handelsschiff der Athener.

Urgeschichte
Die Urgeschichte ist eine Epoche der Menschen, aus der keine schriftlichen Überlieferungen vorliegen. In Deutschland endet die Urgeschichte etwa um 400 v. Chr.

Veto
(lat. = ich verbiete) Die römischen Volkstribunen hatten das Recht, Beschlüsse des Senats und Amtshandlungen der Beamten durch ihr Veto zu verbieten.

Völkerwanderung
Seit etwa 300 n. Chr. drangen germanische Völker in das Gebiet des Römischen Reichs ein. Im Westen ging das Frankenreich aus der Zeit der Völkerwanderung hervor.

Volkstribun
Beamte, die die plebejischen Bürger in Rom vor ungerechtfertigten Maßnahmen schützten.

Volksversammlung
Versammlung aller wahlberechtigten Bürger im antiken Griechenland und Rom. In ihr wurde über Krieg und Frieden entschieden und Gesetze beschlossen.

Vormenschen
Bezeichnung für die frühen Menschen. Im Gegensatz zu den Tieren konnten sie Werkzeuge herstellen. Sie lebten vor etwa 4 Millionen Jahren.

Wesir
Stellvertreter des Königs in Ägypten.

Register

Textquellen

65 Q1: H. Brunner: Die Lehre des Cheti. In: A. Scharff (Hg.): Ägyptische Forschungen 13, 1944, 22–24

67 Q1: Time life Bücher. Wie sie damals lebten – im Alten Ägypten, Amsterdam, S. 45.

71 Q1: Totenbuch, Kapitel 125. In: Eggebrecht, Arne (Hg.): Das alte Ägypten, München, Bertelsmann 1988, S. 341 (vereinfacht).

72 Q1: Haussig, Hans-Wilhelm (Hg.): Herodot, Historien 2, Stuttgart, Kroener, [4]1972, S. 86 (vereinfacht).

98 Q1: Xenophon, Hauswirtschaftslehre. In: Bux, Ernst (Hg.): Xenophon, Die sokratischen Schriften, Reclam Verlag, Stuttgart 1956, S. 63f. (vereinfacht).

104 Q1: Plutarch: Lykurg. In: Krieger, Herbert (Hg.): Das Altertum. Materialien für den Geschichtsunterricht, Diesterweg, Frankfurt/Main[5] 1982, S. 83f. (vereinfacht).

105 Q2: Plutarch: Lykurg. In: Geschichte in Quellen, Bd. 1, Bayerischer Schulbuch-Verlag, München[3] 1978, S. 141.

107 Q1: Herodot: Historien. Übersetzt von Josef Feix, Heimeran, München 1977, S. 78 (vereinfacht).

109 Q1: Didor. In: Gehrke, Hans-Joachim: Alexander der Große, München 1996, S. 100 (vereinfacht).

112 Q1: Strabon. Zitiert nach: Drosen, J. G.: Geschichte Alexanders des Großen, Laupheim 1950, S. 258 (vereinfacht).

113 Q1: Schneider, Wolf: Überall ist Babylon. Die Stadt als Schicksal der Menschen: von Ur bis Babylon, Econ-Verlag, Düsseldorf 1960.

123 Q1: Polybios, Geschichte, IV. Buch, Kap. 11ff. In: Drexler, H. (Übs.): Polybios, Gesamtausgabe in 2 Bd., Zürich, Stuttgart 1961.

125 Q1: Polybius, Geschichte. Nach: Borries, Bodo von: Römische Republik. Weltstadt ohne Frieden und Freiheit, Stuttgart 1980, S. 27.

128 Q1: F. Josephus, Der jüdische Krieg. Übers. H. Endros, München 1980, Buch 6, Kap. 1, 3, 5 ,9 (vereinfacht).

131 Q1: Plutarch, Tiberius Gracchus. In: Plutarch, Auswahl, hg. v. K. Ziegler, Frankfurt a. M. 1957.

132 Q1: Cassius Dio, 43f. In: Geschichte in Quellen, Bd. 1, München 1975, S. 535 (vereinfacht).

133 Q2: Res gestae divi Augusti. In: Geschichte in Quellen, Altertum, München [3]1978, S. 581ff.

139 Q1: Geschichte in Quellen, Bd. 1, Altertum, S. 506.

142 Q1: Seneca: Moralische Briefe. Übs. Von W. Schuhmacher. In: Geschichte in Quellen, Bd. 1, S. 627 (vereinfacht).

146 Q1: Plinius. In: Krüger, Horst: Briefe des Altertums, Zürich [2]1965, S. 24ff. (vereinfacht).

148 Q1: Tacitus. Annalen. In: Geschichte in Quellen, Bd.1 [3]1978, S. 622 (vereinfacht).

153 Q1: Tacitus: Germania, 11, 12. In: Tacitus: Agricola Germania, Dialogus de Oratoribus, Wiesbaden 2000, S. 155f. (vereinfacht).

165 Q1: Einhard. Nach: Einhard: Vita Caroli Magni. Das Leben Karls des Großen, übs. von E. Scherabon, Reclam, Stuttgart 1981, S. 5, 7. (überarbeitet).

166 Q1: Einhard. Nach: Einhard: Vita Caroli Magni. Das Leben Karls des Großen, übs. von E. Scherabon, Reclam, Stuttgart 1981, S. 41 (vereinfacht).

Bildquellen

Agence Photographique de la Réunion des Musées Nationaux, Paris: 164 M1, 191 u. li.
Ägyptologisches Institut der Universität Tübingen: 73 M6 (J. Feist, Pliezhausen)
akg-images, Berlin: Schutzumschlag, 20 M2, 22 M1, 24 M1, 34 M1, 62 M2, 89 M3, 101 M3, 108 M1, 116/117, 128 M1, 132 M1, 133 M4, 134 M1, 141 M6 (Schütze / Rodemann), 145 M4, 145 M5 (P. Connolly), 147 M3 (W. Forman), 148 M1, 156 M1 (Museum Kalkriese), 157 M5 (Museum Kalkriese), 160/161 (British Library), 162 M1, 179 M3, 183 M3; Lessing:18 M2, 20 M1, 23 M2, 25 M3, 73 M7, 90 M2, 91 M4, 98 M1, 105 M2, 135 M3, 148 M2, 159 u. re, 189 M4, 191 u. re.
Ancient Greece Cultural, Oxford: 107 M3
© Antikenmuseum, Basel und Sammlung Ludwig / Ägyptisches Museum, Kairo: 76 M1
Archäologisches Landesmuseum, Schleswig: 153 M5
Askani, B., Schwetzingen: 100 M1, 106 M2, 166 M1, 186 M1
Austen, D.R., Sidney: 55 M3

Baumgärtner, U., Puchheim: 96 M2
Bevilaqua, C.: 104 M1
Bibliotheque Publique, Dijon: 188 M2
Bildagentur -online, Burgkunstadt: 23 M3
Bildarchiv Preußischer Kulturbesitz, Berlin: 12 M3, 18 M1 (Vorderasiatisches Museum/SMB/ O. M. Teßmer), 64 M1, 66 M2, 73 M4 (J. Liepe), 87 M3, 99 M4 + M5, 102 M1, 131 M3 (RMN/H. Lewandowski), 137 M4, 143 M3, 144 M2, 151 M4, 152 M2 (H. Buresch), 164 M3,
Borromeo: 73 M5
British Museum, London: 70 M1, 81 u. re., 93 M3, 174 M1
Burckhard, H., Ludwigsburg: 53 M3

Comune di Roma: 142 M1

Das Fotoarchiv, Essen: 158 M1 (R. Franken)
Deutsches Architektur Museum, Frankfurt/M.: 37 M2

Fabian, Hannover: 163 M2
Focus, Hamburg: 26/27 (© 10/2001 H. Müller-Elsner / © Hessisches Landesmuseum, Darmstadt / Wissenschaftliche Rekonstruktion W. Schnaubelt & D. Kieser / Wildlife Art)
Förderverein Schöninger Speere – Erbe der Menschheit e.V., Stadt Schöningen / Niedersächsisches Landesamt für Denkmalpflege: 33 M3
Fotoarchiv vom Seminar für Griechische und Römische Geschichte der Universität, Frankfurt / M.: 132 M2
Fotostudio Südtiroler Archäologiemuseum, Bozen, Italien. www.iceman.it: 48 M2, 49 M3 + M4
Franey, J. Weinert, Sinthern / M. Scheller, Schleiden: 56 M1
Gemeinnützige Stiftung L. von Matt, Buochs: 125 M5, 139 M4 + M5
Goscinny / Uderzo „Asterix in Spanien" © Ehapa Verlag, Stuttgart: 132 M3
Grohe, M., Kirchentellingsfurt: 14 M2

Hamburger Museum für Archäologie: 41 M2
Harrer, H., CH-Mauren: 54 M1 + M2, 55 M4 - M6
Hayward Art Group: 140 M1
Hehmann, M., Osnabrück: 156 M2
Heidolph, T., Kottgeisering: 85 M2, 140 M2, 149 M3 167 M2
Hirmer Verlag, München: 103 M3

Judith, H., Gilzum: 11 M4
Kärntner Ansichtskartenverlag Schilcher-Steinmann, Klagenfurt: 140 M4

Kent, P. „Quer durch die Stadt" © 1996 Kinderbuchverlag Luzern/ Sauerländer AG: 14 M1
Kesper, I., Salzkotten 8/9: 11 M3, 31 M3, 39 M3, 40 M1, 45 M3, 61 M4, 66 M1, 81 u. li., 94 M1, 95 M2, 190 M1
Kulturgeschichtliches Museum, Osnabrück: 150 M1, 157 M3 + M4
Kunsthistorisches Museum, Wien: 181 M2

Landesamt für Denkmalpflege Baden-Württemberg, Stuttgart: 15 M3
Landesamt für Denkmalpflege u. Archäologie Sachsen-Anhalt – Landesmuseum f. Vorgeschichte, Halle: 50 M1+ M2 (J. Lipták)
Landesmuseum für Natur und Mensch, Oldenburg: 44 M2

Landesmuseum für Vor- und Frühgeschichte, Dresden:
12 M2
Liepe, J., Berlin:
63 M4, 67 M3
Lohrey-Zwick, M. Brachttal:
77 M3 – M6
Lotus-Film, E. Thiel, Kaufbeuren:
60 M2, 62 M1, 66 M1, 72 M2, 76 M2, 81 u. Mi., 120 M1, 121 M3, 159 u. li.

Maaß, P., Zwintschöna: 87 M2
mauritius-images, Mittenwald:
68 M3 (J. Beck), 82/83 (E. Nägele), 86 M1 (R. Mayer)
Medialog, Hamburg:
182 M1 + M2
Müller, B., Bartensleben:
134 M2, 153 M4, 173 M2
Musée de la Civilisation Gallo-Romain, Lyon:
143 M2
Musée de l'Assistance Publique - Hôspitaux de Paris:
189 M5
Musées Royaux d'Art et d'Histoire, Brüssel:
98 M3,
Museo Nazionale, Neapel:
125 M4
Museumsdorf Düppel: 176 M1
Mussmann, O., Hannover:
84 M1

Naumann, B., Braunschweig:
13 M4
Neanderthal-Museum, Mettmann:
32 M2, 57 u. Mi.

Pankratz, W., Wallenhorst:
17 M3
Pfannenschmidt, D., Hannover:
88 M2
Photo Scala, Florenz:
91 M3, 118 M1, 130 M1 + M2, 138 M2 (mit freundlicher Genehmigung Ministerio Beni e. Att. Culturi), 155 M2
Picture Press, Hamburg:
58/59 (STERN/Ihrt)
Picture-Alliance, Frankfurt/M.:
16 M2 (ZB/P. Förster, 51 M3 (ZB/P. Endig), 68 M1 (Bildagentur Huber/Fantus Olimpio), 89 M4 + M5 (akg-images/E. Lessing), 114 M1 (Berlin Picture Gate/S. Sabeth), 140 M3 (akg-images/Hilbich), 144 M3 + 159 u. Mi. (dpa/Barone), 179 M4 (dpa/U. Gerig),
Pucciarelli:
137 M3

Reader, John:
28 M1, 57 u.li.
Rheinisches Landesamt für Bodendenkmalpflege, Bonn:
15 M4
Rheinisches Landesmuseum, Trier:
135 M4 (H. Thöring), 139 M3 (Zühmer)
Roger Viollet, Paris:
98 M2
Römisch-Germanisches Museum, Köln: 129 M3
Römisch-Germanisches Zentralmuseum, Mainz:
126 M1

Schmidt Fotografie, Regensburg:
42 M2
Schwanke & Raasch, Hannover:
32 M1
Seipelt, A., Vechelde:
178 M1
Silkeborg Museum, Denmark:
152 M1
Staatliche Münzsammlung, München: 92 M2 (2), 123 M3 (2)
Staatliche Museen zu Berlin, Preußischer Kulturbesitz – Antikenmuseum: 13 M6 (I. Geske)
– Münzkabinett:
164 M2 (Saczewski)
– Museum für Vor- und Frühgeschichte: 16 M1 (R. Göken)
Stekovics, Halle/Saale:
188 M1
Stolt, M., Hamburg:
24 M2
Studio X, Paris:
48 M1

Tegen, Hambühren:
31 M2
The Bridgeman Art Library, London:
21 M3
The Salariya Book Co. Ltd., London © 1990:
183 M4, 191 u.Mi.
Tonn, D., Bovenden:
10 M1, 43 M3, 56/57, 74.1 – 74.6, 81 o., 115 o., 159 o., 191 o.

ullsteinbild, Berlin:
13 M5 (Jost), 74 M1 (P. Arnold), 96 M1, 109 M3, 146 M2 (Granger Collection), 170 M1 (Cording), 189 M3 (Granger Collection),

Walzer-Mirwald, Bissendorf:
158 M2, 184 M1 + M2, 185 M3 – M5
Westermann Archiv:
44 M1, 97 M3, 109 M2, 115 u.Mi., 180 M1 (6)
Westfälisches Museum für Archäologie, Herne:
12 M1, 45 M4
Wood, R., London:
18 M3, 144 M1
Württembergisches Landesmuseum, Stuttgart:
53 M2, 57 u. re., 127 M2

alle übrigen Schaubilder und Karten:
Westermann Kartographie/Technisch Graphische Abteilung, Braunschweig